Dr. Manfred Oetting · Falle Stress

Windmühle

Dr. Manfred Oetting

So entkommen Sie der
Falle Stress

Ein Selbstlernbuch mit Trainingsbausteinen
auf Grundlage von Standards der
Weltgesundheitsorganisation WHO

Zu diesem Buch gibt es unter
www.aok.de/stress-im-griff
ein Internet-Programm der
AOK – Die Gesundheitskasse

 Windmühle

ISBN-10: 3-937444-10-6
ISBN-13: 978-3-937444-10-9

© 2006
Windmühle Verlag GmbH
Postfach 73 02 40
22122 Hamburg
Telefon +49 40 679430-0
Fax +49 40 67943030
info@windmuehle-verlag.de
www.windmuehle-verlag.de

Layout: FELDHAUS VERLAG, Hamburg
Umschlaggestaltung: Reinhardt Kommunikation, Hamburg
Druck und Verarbeitung: WERTDRUCK, Hamburg

Bibliografische Information der Deutschen Nationalbibliothek
Die Deutsche Nationalbibliothek verzeichnet diese Publikation in der
Deutschen Nationalbibliografie; detaillierte bibliografische Daten
sind im Internet über http://dnb.d-nb.de abrufbar.

"Was die Raupe
Ende der Welt nennt,
nennt der Rest der Welt
Schmetterling"

LAO-TSE
Tao Te Ching

Der Autor

Dr. Manfred Oetting, Diplom Psychologe BDP, war lange an der Universitätsklinik Göttingen und ist in eigener Praxis tätig. Er ist zertifiziert als Arbeits-, Betriebs- und Organisationspsychologe BDP. Er hat sich einen Namen bei der Ausbildung von Führungskräften großer, mittlerer und kleiner Unternehmen (z. B. BMW, Telekom, Lufthansa) gemacht, die besonders mit dem Problem Stress zu kämpfen haben. Er ist gefragt als Sachverständiger und Coach für alle psychologischen Fragestellungen zur Leistungsfähigkeit von Unternehmen und ihren Mitarbeitern.

Im Rahmen dieser breit gefächerten Aktivitäten hat er sein umfangreiches Wissen darüber gesammelt, welche Einstellungen und welche Sicht der Menschen zu Stress führen und wie sie bessere Voraussetzungen für Wohlbefinden, Gesundheit und Erfolg schaffen können.

In zahllosen Vorträgen und Seminaren hat er vielen Menschen Orientierung geben können in einer Welt, die immer mehr durch Überforderung, Zweifel und mangelnde Erfüllung des Individuums gekennzeichnet ist.

Sein Modell der stressfördernden Verhaltenspräferenzen wurde von der AOK-Bundeszentrale für ihr Anti-Stress-Programm übernommen. So kann das hier beschriebene Modell einem großen Kreis von Betroffenen helfen, ihrer persönlichen »Falle Stress« besser zu entkommen.

Dr. Manfred Oetting ist Vorstandsmitglied in der Sektion Freiberufliche Psychologen des Berufsverbandes Deutscher Psychologinnen und Psychologen.

Inhaltsverzeichnis

Einführung

Liebe Gestresste und die, die es nicht werden wollen! Stress ist bei uns zum verbreiteten Lebensverhinderer und zur häufigsten Krankheitsursache geworden. Immer mehr Menschen leiden darunter.

Wenn der Stress unausweichlich erscheint, wenn jeder kleine Anlass zu Anspannung führt, wenn sich Ärger in der Familie, andauernde Überlastung in der Arbeit oder auch finanzielle Sorgen auf das Gemüt zu legen beginnen, dann wird es Zeit, nachzudenken. Es wird Zeit nachzudenken, bevor ein schleichender Prozess einsetzt mit allgemeiner Nervosität, Niedergeschlagenheit, Antriebslosigkeit oder auch erhöhtem Alkoholkonsum, die sich wiederum in ersten Einschränkungen der Leistungs- und Liebesfähigkeit auswirken und schließlich zu größeren oder gar irreparablen Schäden am eigenen Leben führen. Bei den meisten tun die Folgen von Stress nämlich erst weh, wenn nichts mehr zu ändern ist.

Seit Jahren begleite ich Menschen in meiner Praxis, im Coaching und in Seminaren bei der Stressbewältigung. Sie lernen dort, Herausforderungen aktiv und entschlossen zu begegnen. Sie lernen, ihr Verhalten vorbeugend so auszurichten, dass ihnen Stress nicht zum Risiko wird. Viele sind aber mit zunächst beherrschbaren, später oft schwerwiegenden Stresssituationen alleingelassen. Für sie habe ich dieses Selbstlernbuch geschrieben.

Es gibt nichts, was Stress macht. Das, was wir gemeinhin als »Stress« bezeichnen, entsteht nur im Kopf. Folglich finden wir den Schlüssel zu mehr Widerstandsfähigkeit gegen Stress in unserem Erleben, Denken und Verhalten.

»Jeder hat doch eine Macke. Sagen Sie mir, was meine Macke ist!« bat mich eine Patientin, die unter erheblichem beruflichen und privaten Stress litt. Den Schlüssel zu weniger Stress fanden wir bei ihr selbstverständlich nicht in einer »Macke«, sondern in ihrer persönlichen Art, auf das Leben zu reagieren und im Leben zu agieren.

Jeder hat so eine persönliche Art des Erlebens und Verhaltens. Und für jeden gibt es daher Bedingungen und Situationen, die bei ihm ganz persönlich zu Stress führen.

Ich habe versucht, eine übersichtliche Ordnung dieser Erlebens- und Verhaltensmuster zu liefern, die prinzipiell in jedem von uns vorhanden sind. Nur ihre Ausprägung ist von Mensch zu Mensch verschieden. Ich bezeichne sie als »Verhaltenspräferenzen«: Gezeigt wird bei jeder einzelnen Verhaltenspräferenz, warum sie unter bestimmten Bedingungen zu Stress führt. Gezeigt wird auch, wie Menschen mit dieser Neigung versuchen, dem Stress zu entkommen – und ihn dadurch oft nur noch schlimmer machen. Und schließlich wird auch gezeigt, in welche Richtung Sie an sich arbeiten können, um widerstandsfähiger gegen Ihre »Stressoren« zu werden.

Ich habe die Verhaltenspräferenzen am Beispiel kurzer Geschichten meiner Patientinnen und Patienten beschrieben, damit Sie sich diese besser vorstellen können. In fast jeder dieser Geschichten werden Sie einiges von sich selbst und Ihren Neigungen – und damit von Ihren persönlichen Stressfallen entdecken. Sie finden dazu jeweils Empfehlungen und Aufgaben.

Wichtig ist mir – wie bei all meiner Arbeit – ein verantwortbarer wissenschaftlicher Hintergrund. Ich habe dazu auf internationale Standards der Weltgesundheitsorganisation WHO und der Amerikanischen Psychiatrischen Gesellschaft APA zurückgegriffen. Diese Ordnungen sind heute verbindliche Grundlagen für Psychotherapeuten und Krankenkassen in Deutschland. Für eine gute Verständlichkeit habe ich mich der bewährten Darstellungsform des Sufi-Kreises bedient, ohne dessen inhaltliche Schwächen zu übernehmen.

Und so ist das Buch aufgebaut:

Im ersten Teil erfahren Sie das über Stress, was Sie unbedingt wissen sollten. Im 2. Teil klären wir stressfördernde Denkfehler, die immer wieder zu denselben Problemen führen. Mit der Seuche »Negatives Denken« beschäftigen wir uns im 3. Teil. Im 4. Teil entwickeln wir Zielvorstellungen für das eigene Verhalten. Im 5. Teil finden Sie die Geschichten, in denen Sie Ihre persönlichen Verhaltenspräferenzen und Stress-Fallen entdecken. Schließlich gibt es im 6. Teil Methoden, um mit anderen weniger Stress zu haben und im 7. Teil Unterstützung für das Schwierigste: die Umsetzung Ihrer Vorhaben zur Stärkung Ihrer Widerstandsfähigkeit gegen Stress.

Ich habe mich bemüht, einen Satz von Einstein zu beherzigen: »Man soll die Dinge so einfach wie möglich sagen, aber auch nicht einfacher.«

Ich bitte die verehrten Leserinnen um Verständnis dafür, dass ich zugunsten der leichteren Lesbarkeit die weibliche Form zumeist unterschlagen habe.

In Zusammenarbeit mit der AOK-Die Gesundheitskasse und WeCare habe ich das Internetprogramm »Stress im Griff« entwickelt. AOK-Versicherte, die unter www.aok.de/stress-im-griff einen Fragebogen ausfüllen, bekommen einen ausführlichen Brief, der ihre persönlichen Verhaltenspräferenzen beschreibt und ein entsprechendes Selbstlernprogramm beinhaltet.

Ich wünsche Ihnen einige Aha-Erlebnisse und besten Erfolg bei Ihren Bemühungen, Ihre Stress-Fallen unschädlich zu machen. Ich würde mich sehr freuen, wenn dieses Buch dazu einen Beitrag leisten könnte.

Manfred Oetting

1 Was jeder über Stress wissen sollte

1.1 Die Stressreaktion ist eine wunderbare Fähigkeit unseres Organismus

Stress ist eine Reaktion unseres Organismus auf eine Situation, die wir als belastend erleben. Deshalb sprechen wir von einer »Stressreaktion«.

Jeder kennt diesen Begriff und jeder kennt dieses Gefühl. Jeder hat auch schon erlebt, dass sich dabei im Körper etwas tut: In der »milden« Form fühlen wir uns »aufge-kratzt«. Wenn es härter kommt, bekommen wir Herzrasen und Schweißausbruch.

Dahinter verbirgt sich eine äußerst komplexe Welt von chemischen und elektrischen Steuerungen unseres Organismus. Es ist ein geniales Programm, das sich im Laufe der Evolution durch Herausforderungen der Umwelt entwickelt hat. Einer kurzfristigen Gefahr zu entkommen ist der spezielle Zweck, der diese Entwicklung bewirkt hat.

Die Stressreaktion wird deshalb auch als »Notfallprogramm« unseres Organismus bezeichnet. Sie hat viele positive und sogar lebenserhaltende Funktionen. Wenn wir z. B. eine heiße Herdplatte berühren, tritt diese blitzschnelle Notfallreaktion ein – glück-licherweise.

Diese Stressreaktion hat positiven Einfluss auf die Entwicklung unseres Gehirns und damit auf unsere Problemlösefähigkeit und Intelligenz, sofern wir das auslösende Problem – wenn auch unter Anspannung – letztlich lösen konnten. Eingehend und allgemein verständlich hat das Gerald Hüther beschrieben (Biologie der Angst, ISBN 978-3-525-01439-4, als Parallellektüre empfehlenswert).

Das Gehirn von Menschen, die sich wenig Herausforderungen stellen, entwickelt hingegen weniger Fähigkeit zur Problemlösung. Das belegen Ergebnisse der Hirn-forschung.

Arm dran sind jene, denen von Eltern wie Hiltrud (siehe 5.3) stets alle Schwierigkeiten abgenommen wurden. Sie hatten wenig Möglichkeiten, Vertrauen in die eigene Problemlösefähigkeit zu entwickeln. Wichtige Erziehungsziele sollten deshalb immer Selbstständigkeit und Unabhängigkeit des Kindes sein.

Deshalb graust es mich z. B., wenn ich erlebe, dass Kinder ein eigenes Fernsehgerät in ihrem Zimmer haben. Der Verführung zu längeren Phasen der Passivität, des Zuschauens und Konsumierens anstelle des Selbermachens können sie sich aufgrund der Faszination dieses Mediums kaum entziehen. Sie verpassen wichtige Chancen zum Ausbau ihrer Hirnstrukturen durch eigenes Tun und Problemlösen. Man könnte das – etwas salopp formuliert – geradewegs als »Dummheitstraining« bezeichnen.

Stress, der durch zu bewältigende Herausforderungen entsteht, sollten wir also weder verteufeln noch etwas gegen ihn tun. Verstehen wir ihn eher als Preis für ein erfülltes Leben.

Jeder hat schon erlebt, dass ein gewisser Stress die Lebensgeister weckt und zu positiven Ereignissen und Ergebnissen führt. Nach großen Anspannungen, zähem Ringen, Ärger, Problemen und Stress schließlich Erfolg zu haben ist ein wunderbares Erlebnis.

Der Wechsel von Anspannung und Entspannung ist für uns von besonderem Reiz. Diese »Aktivationsschaukel« können wir eindrucksvoll bei Kindern beobachten, wenn sie von dem Spiel »erschrecken – entspannen – erschrecken ...« nicht genug bekommen können.

Stress können wir nicht durch eine objektive Skala definieren, wie z. B. »Menge der Arbeit, Anzahl der Störungen, Lautstärke des Chefs, Häufigkeit der Vorwürfe meines Lebenspartners«. Es muss etwas Individuelles, Persönliches mit in die Definition hinein. Versuchen wir es einmal damit:

> Stress ist das individuelle Erleben besonderer Belastung.

Das ist sicherlich richtig, aber wohl etwas harmlos formuliert. Gehen wir also schärfer ran:

> Stress ist das individuelle Erleben besonderer Belastung.
> Er ist mit einer Stressreaktion des Organismus verbunden.
> Chronischer und/oder unkontrollierbarer Stress ist
> ein Risiko für die Gesundheit.

Vielleicht klingt das für Sie noch zu banal. Interessant wird es, wenn wir näher betrachten, was eigentlich »Gesundheit« ist: »Wenn ich nicht krank bin!« Mir (und vielen anderen) genügt das nicht. Neuerdings bezieht die Fachwelt in die Definition von Gesundheit endlich das Wohlsein (auf Deutsch: Wellness) mit ein. War das nicht die Beschreibung für den inneren Zustand, den ich nach dem Saunagang im Liegestuhl verspüre? Sicher nicht, denn dann könnte ich ja nur in Ausnahmefällen »gesund« sein, und ich würde sehr schnell wieder »krank« sein wollen, weil mir schlicht langweilig würde.

Über das Nicht-Kranksein hinaus besteht für mich Gesundheit darin, mit mir selbst im Reinen zu sein. Dazu gehört in erster Linie, dass ich frei bin von Unerledigtem, von Befürchtungen, von Dingen, die mich wurmen, von negativen Gedanken, von dem, was auf mir lastet, von Krankheit – kurz: von seelischer Belastung.

Zu negativ formuliert? Dann ergänzen wir es: Ich brauche zur Gesundheit auch noch etwas Interessantes, etwas, was mir Spaß oder Freude bereitet, etwas, was ich gerne tue. Ich brauche dazu Erfolge. Ich muss irgendetwas geschafft oder hinbekommen haben, etwas haben, was mich bestätigt. Das kann ruhig auch höchste Konzentration und Anspannung erfordern. Das kann im privaten wie im beruflichen Bereich sein, im geheimen wie im öffentlichen. Und noch eine Voraussetzung für Gesundheit: Ich muss mich körperlich in Ordnung fühlen, ausgeschlafen sein und wach. Ich meine, das ist es, was Gesundheit bedeutet.

Die Weltgesundheitsorganisation WHO macht es etwas kürzer: Gesundheit ist der Zustand des vollkommenen körperlichen, seelischen und sozialen Wohlbefindens (»well-being«). Danach wären wohl viele Menschen meistens nicht gesund. Aber nehmen wir es als Orientierung für das, worauf wir unsere Aufmerksamkeit richten.

Jetzt können wir Stress einfach definieren:

**Stress ist das Erleben einer übermäßigen Belastung,
die meine Gesundheit gefährdet.**

1.2   Wenn Stress zum Problem wird

Unter Stress verstehen viele das, was in uns unter Hektik entsteht. Es gibt aber noch weit mehr Auslöser. Bringen wir etwas Ordnung in die verbreitetsten Stressoren:

Erstens sind es hohe Belastungen bei der Arbeit: Zeitdruck, hohe Verantwortung, viele Störungen, unklare Anforderungen, mangelnde Information, unnötige Doppel- oder Mehrarbeit, menschliche Probleme mit Chef oder Kollegen gehören dazu.

Zweites haben viele Menschen Stress durch Alltagsbelastungen: Sorgen, Probleme sich unfreiwillig aufdrängende Gedanken, zu viele zu erledigende oder zu organisierende Aufgaben, mangelnde Anerkennung, Überflutung mit Information, Spannungen und Konflikte mit anderen finden sich in diesem Feld.

Drittens sind da schwerwiegende Lebensereignisse, wie Verlust oder Trennung von Nahestehenden, Krankheit Nahestehender, Arbeitsplatzverlust, oder schreckliche Erlebnisse als Stressoren zu nennen. Auch Opfer von Betrug oder Gewalt zu sein ist für viele (aber nicht für alle) der Auslöser von chronischem Stress.

Viertens gibt es Menschen, die eine ganz andere Art von Stress haben: Sie haben zwar grenzenlos Zeit, weil sie arbeitslos sind. Ihr Stress liegt in einer schleichenden Entwicklung, die allmählich ihr Selbstverständnis und ihr Selbstwertgefühl zerfrisst. Sie haben das nagende Gefühl, überflüssig zu sein, nicht gebraucht zu werden, wertlos zu sein. Auch sie leiden unter der Verarmung ihres Gefühlslebens. Ihr Dasein wird zum grauen Einerlei, aus dem sie kaum mehr etwas herausreißt. Sie werden mit der Zeit antriebsärmer und fühlen sich miserabel.

Stress entsteht uns also nicht nur bei Hektik und Arbeitsüberlastung, sondern auch durch Kummer und bedrückende Sorgen.

Jeder weiß, dass sich Menschen erheblich darin unterscheiden, ob die genannten Umstände Stress bei ihnen auslösen oder nicht. Für uns ist hier interessant, warum die einen diese Situationen »gesünder« überstehen als die anderen. Es sind im Wesentlichen zwei Gründe:

Erstens die Erfahrung mit sich selbst in belastenden Situationen: Wer in seinem Leben schon viele Probleme selber lösen musste, ist eher davon überzeugt, ein aktuelles Problem lösen zu können. Hinter diesem Glauben an die »Selbstwirksamkeit« steht die Anpassungsfähigkeit des Gehirns an die Anforderungen, denen man im Leben ausgesetzt ist. Wie gesagt: Diejenigen, denen im Leben immer alles abgenommen wurde hatten hier weniger Lernmöglichkeiten als jene, die von früh auf mit vielen Nöten und Problemen selber fertig werden mussten.

Zweitens hat der Rückhalt durch andere größte Bedeutung: Wer vertrauensvolle Beziehungen zu anderen Menschen hat, wer Nähe und Intimität zu anderen erfährt, wer gefühlsmäßig durch andere unterstützt wird, ist widerstandsfähiger gegen Stress. Hilfe von anderen in Form von Informationen, praktischen Hilfen und unterstützenden Sichtweisen sind hier von großem Wert, um vielen Stressoren ihren Schrecken zu nehmen. Leider ist aber die Nähe anderer nicht immer unterstützend und verständnisvoll. Die meisten tun sich schwer, das Einfachste und Sinnvollste zu tun, nämlich dem Betroffenen zuzuhören, ihn so zu lassen, wie er ist, und sich Ratschläge (sind oft auch »Schläge«) zu verkneifen.

Und noch ein Wort zum Optimismus: Ich habe größtes Verständnis dafür, wenn so manchem jeder Optimismus angesichts seiner Belastungen vergangen ist. Alle Forschungsergebnisse deuten allerdings darauf hin, dass eine optimistische Grundeinstellung ausgesprochen gesundheitsförderlich, d. h. also auch stress-verringernd ist. Optimismus darf jedoch nicht mit einer wirklichkeitsfremden Leugnung von Schwierigkeiten verwechselt werden. Gemeint ist hier das Vertrauen in die eigene Kraft zur Bewältigung der Herausforderungen des Lebens. Sich viel zu beklagen und die Ursachen für die eigenen Schwierigkeiten anderen zuzuschreiben ist hingegen stressfördernd. Bedenklich wird es, wenn eine Situation unbedingt gemeistert werden muss, aber der Glaube an die eigene Kraft und die notwendige Hilfe nicht vorhanden ist.

Wenn wir ein Problem haben, dessen Lösung zwar alle unsere Kräfte erfordert, uns aber dennoch als grundsätzlich lösbar erscheint, dann sprechen wir von »kontrollierbarem Stress«. Nach der Lösung des Problems beruhigt sich unser Organismus wieder, soweit wir genügend Ruhe und Ausgleich finden. Erscheinen uns existenzielle Probleme aber unlösbar und ausweglos, dann droht daraus »unkontrollierbarer Stress« zu werden mit den im nächsten Abschnitt beschriebenen Risiken. Er hält uns unbarmherzig und nachhaltig gefangen, weil sich die Systeme in unserem Organismus sozusagen gegenseitig aufschaukeln. Vereinfacht gesagt: Das Nervensystem sendet Impulse an Organe, die Stresshormone ausschütten. Diese Stresshormone (speziell Kortisol) bewirken wiederum, dass Übererregung im Nervensystem entsteht. Das bewirkt wiederum, dass vermehrt Stresshormone ausgeschüttet werden, usw.

1.3 Was passiert in unserem Organismus, wenn wir Stress haben?

Neuerdings wird viel darüber geschrieben, dass wir »in Balance« sein sollen. Neu ist das Modewort, jedoch nicht das, was dahintersteckt. Unser Organismus balanciert nämlich pausenlos in vielfältiger Hinsicht. Wenn uns zu warm wird, schwitzen wir, um durch Verdunstung von Schweiß abzukühlen. Wenn uns zu kalt wird, zittern wir, um durch Muskelaktivität und Durchblutung wieder wärmer zu werden. Unser Organismus strebt stets bestimmte Zustände an, die ihn im Gleichgewicht halten. Es gibt Hunderte solcher Regelkreise, die für Balance sorgen.

Störungen dieses Gleichgewichts können Zustände innerhalb unseres Organismus sein: Sie wissen selbst, wie sich unsere Persönlichkeit verändert, wenn unsere Körpertemperatur drei Grad über dem Soll-Wert liegt. Eine Störung kann aber auch durch die Wahrnehmung von äußeren Reizen eintreten, die plötzlich auftauchen oder ungewohnt sind oder als bedrohlich erlebt werden.

Abweichungen vom Soll-Zustand können so groß werden, dass unser Organismus mit der normalen Regulation überfordert ist. Dann löst das Gehirn eine »Notfallreaktion« aus, eben die Stressreaktion.

Sehen wir uns den Ablauf der Stressreaktion genauer an: Am Beginn steht die Wahrnehmung eines Reizes: Soeben habe ich in der Post meinen neuesten Kontoauszug gefunden. Ich entnehme ihm, dass die Abbuchung der Miete durch eine Rücklastschrift rückgängig gemacht wurde. Ich weiß, dass mein Vermieter keine Miete für diesen Monat erhalten wird.

Bis hierher spielt sich alles zwischen meinem Auge und der Hirnrinde ab (früher auch bezeichnet als »Großhirn«, weil es am meisten Volumen hat – oder als »Neuhirn«, weil es der entwicklungsgeschichtlich jüngste Teil des Gehirns ist).

Damit endet der Ablauf nicht. Die Information wird weitergereicht an eine andere Hirnregion (»limbisches System«) Wir können sie uns vorstellen als Prüfinstanz mit einem riesigen Archiv. Dieses besteht aus Unmengen von Karteikarten, von denen jede ein Ereignis aus meinem Leben enthält. Auf jeder Karteikarte ist zudem eingetragen, wie ich mich in der Situation gefühlt habe.

Der Kontoauszug löst dort Alarm aus: Das Alarmsignal besteht aus eben den Ängsten und Befürchtungen, die ich früher in vergleichbaren Situationen gehabt habe. Jetzt nimmt die Störung meines inneren Gleichgewichts ihren Lauf. Die Erregung breitet sich in meinem Gehirn aus. Die Stressreaktion nimmt ihren Lauf.

Durch diesen Alarm wird auch eine dritte Gehirnregion informiert, der Hirnstamm (»Reptilienhirn«). Er ist sozusagen die Steuerungszentrale unseres Körpers. Bedenken Sie, dass in unserer Vorgeschichte Bedrohungen lauerten, auf die sofort mit Kampf oder Flucht reagiert werden musste, um zu überleben. Also wurde eine Steuerungszentrale gebraucht, die das gesamte System sehr schnell auf größtmögliche Muskelleistung, sozusagen auf »Gefechtsbereitschaft« umstellen kann.

Als Steuerungssignale dienen sowohl Hormone (Noradrenalin, Adrenalin, Kortisol) als auch elektrische Impulse. Ist der Stress nur kurz (während ich noch auf den Kontoauszug starre, ruft meine Mutter an. Sie verspricht mir, die Miete heute noch zu überweisen), dann stoppt der ganze Prozess. Das Noradrenalin löst sich schnell wieder auf. Adrenalin kommt nicht zum Einsatz. Dieser Fall hat sogar – wie beschrieben – positive Auswirkung auf das Wachstum meiner Hirnstrukturen.

Wenn meine Mutter aber nicht anruft und ich weiter durch mein Problem schwer belastet bin, geht die Stressreaktion weiter. Meine Erregung schaukelt sich im Gehirn durch Überflutung mit elektrischen Impulsen selbst auf. Ich kann meine finsteren Gedanken kaum mehr bremsen. Adrenalin und schließlich Kortisol werden vermehrt ausgeschüttet, geraten ins Blut und bringen das ganze System sozusagen auf Hochtouren für einen speziellen Einsatz, nämlich: höchste Muskelleistung.

Alles, was mit Appetit, Nahrungsaufnahme, Verdauung, Fortpflanzung und weiteren im Augenblick der Gefahr nicht überlebensnotwendigen Bereichen zu tun hat, wird heruntergefahren. Dagegen werden erhöht: Herzschlag, Verengung der Blutgefäße, Blutdruck, Durchblutung von Muskulatur und Gehirn, Muskelspannung und Sauerstoffaufnahme. Fett und Zucker als »Treibstoff« für die Muskeln gelangen vermehrt in die Blutbahn. Kurzfristig (max. ca. eine Stunde) werden die Immunkräfte gestärkt und die Schmerzempfindlichkeit gesenkt.

Biologisch betrachtet bin ich jetzt bestens gerüstet für eine Prügelei mit dem Bankangestellten, der die Miete zurückgehalten hat. Aus meiner Erfahrung weiß ich aber, dass ich durch diese Lösung noch mehr Stress bekommen würde. Also tue ich erst einmal: nichts!

Würden Sie den Motor Ihres Autos einen ganzen Tag im Leerlauf unter Vollgas laufen lassen? Genau das geschieht aber unter Überlastung. Im Körper ist der Teufel los: Fett und Zucker geraten in die Blutbahnen, ohne verbraucht zu werden. Das Herz dreht im Leerlauf Hochtouren. Das Aktivierungshormon Adrenalin wird nicht abgebaut. Das biologisch einzig Sinnvolle wäre jetzt sportliche Betätigung. Die fällt aber aus, weil ich durch meine Probleme seelisch wie gelähmt bin. Schlafen kann ich auch nicht, weil mein ganzer Körper auf das genaue Gegenteil eingestellt ist. Alkohol? Tagsüber geht nicht, weil ich noch arbeiten muss. Abends? Sicherlich hilft mir das Überschreiten meines gewöhnlichen Quantums beim Einschlafen. Aber es fehlt der Tiefschlaf. Am nächsten Morgen mangelt es mir dann an der notwendigen Konzentration und Problemlösefähigkeit, weil ich mich im Schlaf nicht richtig erholt habe. Die ganze Situation ist irgendwie verfahren.

Chronischer oder gravierender Stress ohne ausreichende Erholungsmöglichkeiten hat langfristig problematische Folgen für unseren Organismus. Es ist gerade so, als ob wir ein »Gesundheitskonto« haben, das wir nach und nach plündern, bis wir richtig krank werden.

Zur Erzielung höchster »Kampfbereitschaft« stellt der Organismus die erforderliche Energie zur Verfügung. Weil dieser Treibstoff aber nicht verbraucht wird, verstopft er – zusammen mit verklumpenden Blutplättchen – die während der Stressreaktion ohnehin schon verengten Blutgefäße. Es steigt das Arteriosklerose-Risiko. Das wiederum kann schließlich zum Infarkt von Gehirn, Herz oder Lunge führen.

Chronischer Stress verändert unseren Organismus. Das, was früher Gleichgewicht war, reicht nicht mehr, um die ständige Anspannung aufrechtzuerhalten. Der Soll-Wert wird erhöht – bis zur Erschöpfung und Schädigung von Organen. So leidet u. a. die Elastizität der Blutgefäße. Das wiederum bewirkt chronisch erhöhten Blutdruck. Deshalb steigt wiederum das Risiko von Herz-Kreislauf-Erkrankungen. Das anhaltende Signal zu erhöhter Produktion von Zucker schließlich täuscht den Zuckerproduzenten unseres Körpers vor, es könne nicht genug Zucker produziert werden. Das Diabetes-Risiko steigt langfristig.

Die chronische Überaktivierung mindert darüber hinaus generell unsere Fähigkeit zur Erholung. Wie ein verbrauchter Akku kommen wir nicht mehr auf unsere volle Kapazität. Wir ermüden sehr schnell.

Nicht zuletzt wirkt sich chronischer Stress auch auf unser Immunsystem aus. U. a. steigt die Anfälligkeit für Infektionskrankheiten. Neuere Forschungen weisen darauf hin, dass das Tumorwachstum mit seiner Auswirkung auf den Krebsverlauf gefördert wird.

Ziehen wir daraus eine einfache Schlussfolgerung: Die Problemlösemethoden unseres Organismus passen nicht mehr zu unseren Problemen. Schauen wir uns typische Stresssituationen in unserem Kulturkreis an, dann erfordert die Lösung dieser Probleme intelligente, kreative und konstruktive Ideen. Unsere »Natur« behindert uns aber geradezu dabei, solche Lösungen zu finden, wenn wir übermäßig unter Stress stehen. Folglich müssen wir uns ganz andere Wege ausdenken, wie wir der Falle Stress entkommen. Davon handelt dieses Buch.

1.4   Stress ist ein großer Verhinderer in unserem Leben

Wenn wir Lust haben, haben wir keine Zeit. Wenn wir endlich Zeit haben, sind wir müde und haben keine Lust. Wenn wir nicht mehr müde sind, müssen wir auch schon wieder arbeiten oder Dringendes erledigen (Tucholsky: »Irgendwas ist immer«). So lässt sich in unserem Kulturkreis der Alltag häufig beschreiben. Dabei ist es ganz gleich, ob wir unsere Leistungen in der Firma oder vielleicht als Mutter in der Familie oder gar in beidem zusammen erbringen müssen.

Sicherlich ist es höchstes Glück, verliebt zu sein. Wenn daraus später eine Familie mit Kindern, Verpflichtungen und Problemen zwischen den Partnern wird, verfliegen bei vielen allzu leicht die Glücksgefühle unter dem Alltagsstress. Viele sind dann nur noch froh, wenn sie »einigermaßen über die Runden kommen«. Die Standardbegrüßung kennen Sie: »Wie geht's? – Muss ja!« Von einem erfüllten Leben sprechen dann nur noch wenige Menschen. Es ist traurig, wenn es dann im hohen Alter heißt: »Und das soll nun alles gewesen sein?«

Sicherlich ist es verführerisch interessant, in einer großen Firma große Aufgaben und vielleicht auch ein großes Gehalt zu haben. Zusätzlich verschafft es das großartige Gefühl, etwas erreicht zu haben, jemand zu sein. Man kann anspruchsvoller auftreten. Aber sind das wirklich »Werte«? Sind es nicht vielmehr Versüßungen des Daseins um den Preis chronisch überhöhter Leistungsanforderungen? Viele junge Berufstätige merken davon zunächst nichts. Die Welt der Arbeit mit ihren vielfältigen Eindrücken und Möglichkeiten wirkt sensationell. Sie gewöhnen sich an einen Lebensstil, in dessen Mitte höchste berufliche Leistung und Belastung stehen.

Ob privat oder beruflich: viele Menschen können sich diesem Sog nicht entziehen. Sie müssen damit rechnen, früher oder später in einen **Teufelskreis der Erschöpfung** zu geraten: Es beginnt mit körperlicher Erschöpfung, weil normale Schlaf- und Ruhephasen nicht mehr ausreichen.

Allmählich tritt darüber hinaus die schleichende Erschöpfung der Gefühlswelt ein: Vieles wird gleichgültig, unwichtig, verzichtbar oder erweist sich als enttäuschend, was einmal von hohem Wert war. Die Beziehung zum Partner wird ärmer und einsamer. Man schafft es einfach nicht mehr, große Gefühle zu haben und aus vergleichsweise »kleinen« Dingen positive Erlebnisse zu beziehen, wenn man ansonsten »ein großes Rad dreht«. Das sind die ersten depressiven Symptome. Schließlich lässt auch noch die geistige Spannkraft, insbesondere auch die Entscheidungsfähigkeit nach. Es wird immer schwieriger und mühevoller, das gewohnte Leistungsniveau aufrechtzuerhalten. Wenn dieser Prozess über Jahre dauert, sprechen wir von »Burn out«. Die Bezeichnung »ausgebrannt« passt gut: Man wird zunehmend erschöpft, hat zu wenig Antrieb für die Erledigung anstehender Aufgaben und kommt selbst aus dem Urlaub nicht wirklich erholt zurück. Der Betroffene hat das Gefühl, er kann nichts mehr, er will nichts mehr, es ist alles vorbei. Das hätte verhindert werden können!

Die für uns wichtige Frage ist, ob wir den Dingen ihren Lauf lassen, oder selbst steuernd eingreifen, damit Stress nicht zum großen Verhinderer in unserem Leben wird. Dazu möchte ich mit Ihnen einige Schritte gehen, mit deren Hilfe Sie wirksam vorbeugen können.

1.5   Es gibt nichts, was Stress erzeugt

Viele Menschen neigen dazu, Ursachen für Stress überall außer bei sich selbst zu suchen. (Es gibt leider auch den umgekehrten Fall, darüber später mehr.) Nach ihrem Stressor (= der Reiz, der bei ihnen Stress auslöst) befragt, geben viele z. B. an: »der böse Chef, der mich mit zu viel Arbeit eindeckt«, oder »mein Ehepartner mit seiner verfluchten Pingeligkeit«, oder »der langsame Autofahrer vor mir«. Hauptsache, die anderen oder die Umstände sind schuld!

Ich muss Sie enttäuschen: Keine dieser Situationen macht Stress. Zum Stressor wird etwas erst dadurch, dass ich es als Stressor bewerte. Erst wenn es mich berührt, dass der Chef mir zu viel Arbeit aufhalst oder dass mein Mann mir vorwirft, ich sei unordentlich oder dass ich nicht überholen kann, wird für mich daraus Stress.

Etwas, das den einen stresst, braucht den anderen noch lange nicht zu stressen: Die eine erklärt ihr Leben für beendet und verkriecht sich, weil ihr Hund verstorben ist; die andere blüht auf und gedeiht erst richtig, weil ihr Mann das Zeitliche gesegnet hat. Es könnte auch genau umgekehrt sein. Stress ist etwas sehr Persönliches, jedenfalls nichts »Objektives«.

Für die Senkung Ihrer Stressanfälligkeit ist es grundlegend wichtig, dass Sie Folgendes verstanden und verinnerlicht haben:

Stress entsteht nur durch mich, das heißt, durch meine Bewertung und mein Erleben.

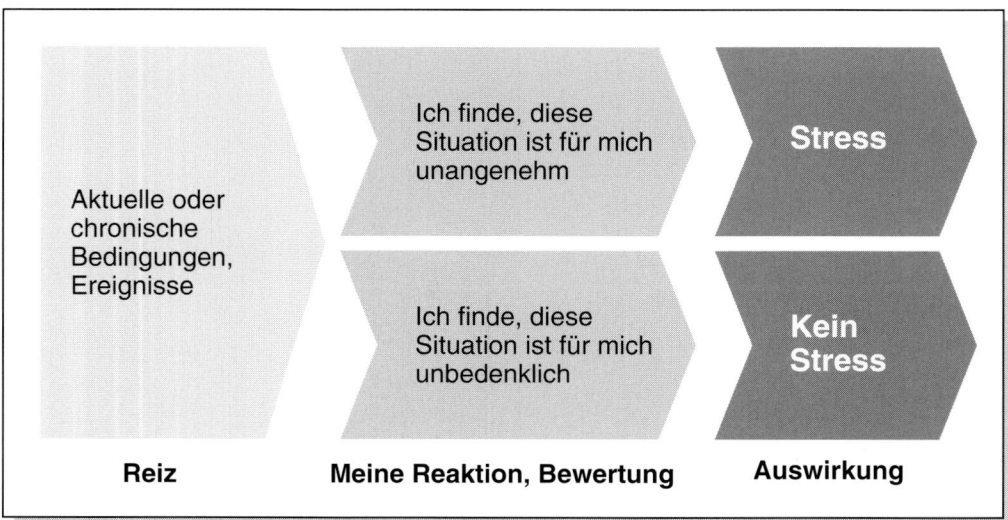

Sie sehen, zwischen der Situation und dem Stress stehen Sie mit Ihrer Bewertung dieser Bedingung als »unangenehm«. Die »Situation« kann z. B. sein: ein anderer versucht mich bloßzustellen; ich denke, der andere denkt schlecht über mich; ich komme zu spät zur Verabredung; ich komme nicht weiter, weil ich mich um lästigen Kleinkram kümmern muss, ich schaffe die Arbeit nicht; ein Bild hängt schief an der Wand, usw.

Jeder von uns nimmt sich überall hin selber mit: Jeder hat individuelle Reaktionsmuster, die sozusagen »in ihm lauern«. Sie können durch äußere »Reize« jederzeit aktiviert werden. So ein Reiz kann genauso Kindergeschrei sein wie die Kündigung des Arbeitsplatzes. Auf diesen »Reiz« reagieren wir auf sehr persönliche Weise.

1.6   Stress entsteht, wenn...

Sehen wir uns dazu zwei Beispiele an: Karin hat einen neuen Vorgesetzten, mit dem sie nach kurzer Zeit erhebliche Probleme bekommt: Er ist unzuverlässig, braucht ewig für Entscheidungen, greift störend in ihren Arbeitsablauf ein und ist ihr zudem mit Aussagen, die er einem Mann gegenüber nie gemacht hätte, zu nahe getreten.

Karin fährt morgens bereits mit sehr unangenehmen Gefühlen zur Arbeit. Die Situation wird schlimmer: Sie fängt an, schlecht zu schlafen, kommt nicht mehr ausgeruht zur Arbeit und macht die ersten Fehler.

Zweites Beispiel: Daniel hat eine Küchenfirma. Die Auftragslage ist schlecht. Allmählich werden seine Ersparnisse für die Altersversorgung aufgezehrt. Das geht schon seit über einem Jahr so. Er sieht auf sich zukommen, dass er das eigene Wohnhaus der Familie verkaufen muss. Tag und Nacht quälen ihn diese Vorstellungen.

Was ist das Gemeinsame an diesen Beispielen?

1. Stressbedingung:
   Ich sehe keine Möglichkeit, die Bedrohung durch eigenes Handeln abzuwenden. Die Situation erscheint mir aussichtslos.

Es gibt eine weitere Gemeinsamkeit: Karin könnte einfach kündigen und Daniel könnte in Ruhe könnte alles über sich zusammenbrechen lassen. Wir ahnen, welche negativen Folgen das in beiden Fällen hätte. Deshalb lautet die ...

2. Stressbedingung:
   Ich sehe nur solche Lösungsmöglichkeiten, die erhebliche negative Folgen hätten.

Alle Entstehung von Stress ist durch diese beiden Bedingungen gekennzeichnet. Stress-verstärkend wirken sich dabei aus: erstens eine persönliche Neigung, sich etwas zu sehr zu Herzen zu nehmen, zweitens zu wenig Glaube an die eigenen Problemlöse-Fähigkeiten und drittens fehlende Hilfen und Mittel (besonders auch Familie, Freunde, Kollegen).

In den folgenden Beispielen können Sie diese Bedingungen wiederfinden:

Ich fühle mich im Privatleben Leistungserwartungen ausgesetzt, denen ich mich nicht gewachsen fühle.

Beispiele: Ärger in der Familie zu schlichten; sich in Gegenwart bestimmter Personen vorteilhaft darstellen zu müssen (schön, reich, jung); die Miete bezahlen zu müssen;

mit einem uneinsichtigen Nachbarn ein Grenzproblem zu lösen; sich unter Reichen nicht arm, unter Schönen nicht hässlich, unter Jungen nicht alt zu fühlen; eine Trennung von Nahestehenden zu überwinden; mit der eigenen Figur zufrieden zu sein; sich gegenüber anderen zu behaupten, usw.

Ich fühle mich im Beruf Leistungserwartungen ausgesetzt, denen ich mich nicht gewachsen fühle.

Kennen Sie noch den »Rolltreppen-Effekt«: Jeder wird so lange befördert, bis er überfordert ist. Sowohl Über- als auch Unterforderung rufen bei vielen Menschen Stressreaktionen hervor, die auf die Dauer zu gesundheitlichen Schäden führen – von den seelischen Verformungen ganz zu schweigen.

Oft ist es nicht einmal Über- oder Unterforderung, sondern meine Neigung, mich durch Arbeitsbedingungen übermäßig belastet zu fühlen: Ich lasse mir das Leben schwer machen von Arbeitsmenge, Termindruck, Fehlern in der Steuerung und Koordination durch Vorgesetzte, unnötiger Doppelarbeit durch mangelnde Planung und Abstimmung, unsinniger Arbeit und Abläufen, häufigen Störungen, Erschwerung der Arbeit durch veränderte Organisation, drohendem Arbeitsplatzverlust, unangenehmen Kollegen, usw.

Auch hier liegen wieder beide Bedingungen vor: Ich meine, ich kann die Situation nicht ändern, bzw. ich kann ihr nicht entrinnen, ohne noch schlimmere Folgen in Kauf zu nehmen.

Wenn Entspannung nicht mehr oder zu wenig möglich ist, dann kann Stress auf die Dauer zum erheblichen gesundheitlichen Risiko werden. Der »Tod am Schreibtisch« japanischer Manager (durch Infarkt) ist fast eine moderne Form von »Heldentod« eines sich selbst für die Firma aufopfernden Managers. Das ist sicherlich nur die »Spitze des Eisberges«.

1.7 Drei Gefühle sind Anzeichen von Stress

Nach heutigem Stand der Forschung unterscheiden wir drei Formen der Stressreaktion, weil sie im Organismus unterschiedlich ablaufen:

1. **Ärger** ist immer die Folge von Frustration (zu Deutsch: Verhinderung der Befriedigung eines Bedürfnisses). Als Folge entstehen Aggressionen, die entweder nach außen (gegen andere Personen, Sachen) oder gegen sich selbst gerichtet sind. Im Verhalten äußert sich das in Überreaktionen, unter denen die Selbstkontrolle leidet: sich schnell und selbst über Kleinigkeiten aufzuregen, sich leicht angegriffen zu fühlen, immer auf dem Sprung zu sein, rastloses Arbeiten, andere zu bedrängen, nicht loslassen zu können, sich leicht zu erschrecken, schnell entsetzt zu sein usw. Diese Abläufe werden als Stress vom Typ A bezeichnet.

2. **Furcht** ist ein Gefühl der Bedrohung. Diese kann real und damit rational begründbar sein – z. B. beim nächtlichen Gang durch eine heruntergekommene Gegend oder auf dem Weg zum »Abwatschen« durch einen Chef, dem durch seine Allmacht jedes Gefühl für Mitmenschen abhanden gekommen ist. Sie ist aber leider auch bei vielen irrational: Sie befürchten stets irgendein Unheil, ohne dass es einen konkreten Anlass gibt. Ein extremes Beispiel ist die Frau, die in der Nachkriegszeit an Hunger starb, während das ganze Haus mit Nahrungsmittelpaketen vollgestopft war. Ein anderes Beispiel ist unbegründete Eifersucht, die schreckliche Folgen haben kann. Wir hatten eine wunderbare türkische Kinderfrau, die eines Tages von ihrem Mann erstochen wurde. Er war überzeugt, dass sie uns Liebesdienste leistet, weil wir (aus seiner Sicht) mit so hässlich dünnen Frauen verheiratet waren.

   Furcht ist ein unangenehmer Zustand. Er löst Fluchtreflexe aus: Neben der »körperlichen« Flucht gehört dazu genauso eine »geistige« Flucht in Form von Realitätsflucht (»Eskapismus«) und Einbildung. Diese können zu Anpassungsproblemen (alle halten den Betroffenen für »merkwürdig« oder »nicht normal«) und schließlich zu erheblichem Stress führen.

3. **Hilflosigkeit/Depression** entsteht u. a., wenn jemand länger in einer für ihn schwierigen Lage ist und keinen Ausweg sieht (unkontrollierbarer Stress). Ob eingebildet oder real spielt dabei keine Rolle. Dieses Schicksal erleiden in unserem Kulturkreis z. B. viele Frauen, die in ihrer Ehe keine Möglichkeiten mehr sehen, ihre Bedürfnisse zu befriedigen, keine Aufgaben und Erfüllung mehr haben (die Kinder sind aus dem Haus) und zugleich keine Möglichkeit sehen, ihre Situation zu verändern. Auch chronische Versagensängste, Minderwertigkeits- und Schuldgefühle, Unterforderung, seelische Schäden durch sexuellen Missbrauch oder Gewalt sind Beispiele, aus denen es im Erleben des Betroffenen keinen Ausweg gibt. Die Folgen sind oft Antriebsarmut und Passivität, oder wie es früher hieß: Melancholie. Sowohl Furcht als auch Hilflosigkeit und Depression werden als Stress vom Typ C bezeichnet.

Bevor Sie jetzt nach dem Typ B fragen: Er wird als »positiver Stress« bezeichnet, ist nicht gesundheitsgefährdend und gehört zu der Kategorie: »Es war aufregend, spannend und hat Spaß gemacht«. Den Typ B brauchen wir deshalb hier nicht zu behandeln. Er ist – wie im Abschnitt 1.1 beschrieben – das Salz in unserem Leben. Er wird dennoch als »Stress« bezeichnet, weil im Organismus auch hier dieselben Aktivierungsabläufe eintreten.

Dieses Selbstlernprogramm soll Ihnen helfen, etwas für Ihre seelische und körperliche Gesundheit zu tun.

Unsere Zielrichtung heißt ganz klar »Gesundheit«. Wie Sie, liebe Gestresste, sehen, kommt dieser Zustand allerdings nicht von alleine. Da die Ursachen von Stress in uns selbst, in unserem Erleben und Denken liegen, müssen wir erst einmal mit ein paar verbreiteten Vorurteilen über unser Denken und Verhalten sowie deren Ursachen aufräumen. Durch diese Vorurteile werden viele immer wieder leicht zu »Opfern« ihres Umfeldes und geraten immer wieder unter Stress. Hier setzen wir den Hebel an.

Im nächsten Kapitel lernen Sie deshalb einige wenige psychologische Grundtatsachen, die Sie unbedingt kennen sollten. Das stärkt Ihre Fähigkeit, Stress in Ihnen gar nicht erst entstehen zu lassen.

2 Wir räumen mit einigen stressfördernden Vorurteilen auf: etwas Psychologie

2.1   So entstehen Einstellungen und Verhalten, die zu Stress führen

Im ersten Teil haben wir geklärt, dass die Entstehung von Stress eine bestimmte Art voraussetzt, Situationen zu erleben. Dieses »Erleben« ist etwas ganz Persönliches, das sich im Laufe des eigenen Lebens entwickelt hat. Es kann von Person zu Person äußerst unterschiedlich sein. Den einen bringt etwas außer Fassung und beschäftigt ihn tagelang, während einen anderen dieselbe Situation gar nicht berührt.

Wirksame Stressvermeidung setzt voraus, dass wir die Quellen unseres stressfördernden Erlebens und Denkens kennen.

Das hilft uns, unser Verhalten nicht mehr einfach als »normal« zu betrachten, sondern uns sozusagen neben uns selbst zu stellen. Aus der Entfernung sieht man manches klarer. Den meisten Menschen fällt bei anderen alles Mögliche auf – bei sich selbst aber nicht. »Jeder ist sich selbst der Blindeste« (siehe auch Abschnitt 6.4): diese alte Regel müssen wir in unserem Stress-Vermeidungs-Vorhaben außer Kraft setzen.

Vier Einflussbereiche haben große Auswirkungen auf die Entwicklung unserer Persönlichkeit. Es entstehen individuelle Reaktionsmuster, die Einfluss darauf haben, wer oder was für uns zum Stressor (das ist der Reiz, auf den wir mit Stress reagieren) werden kann.

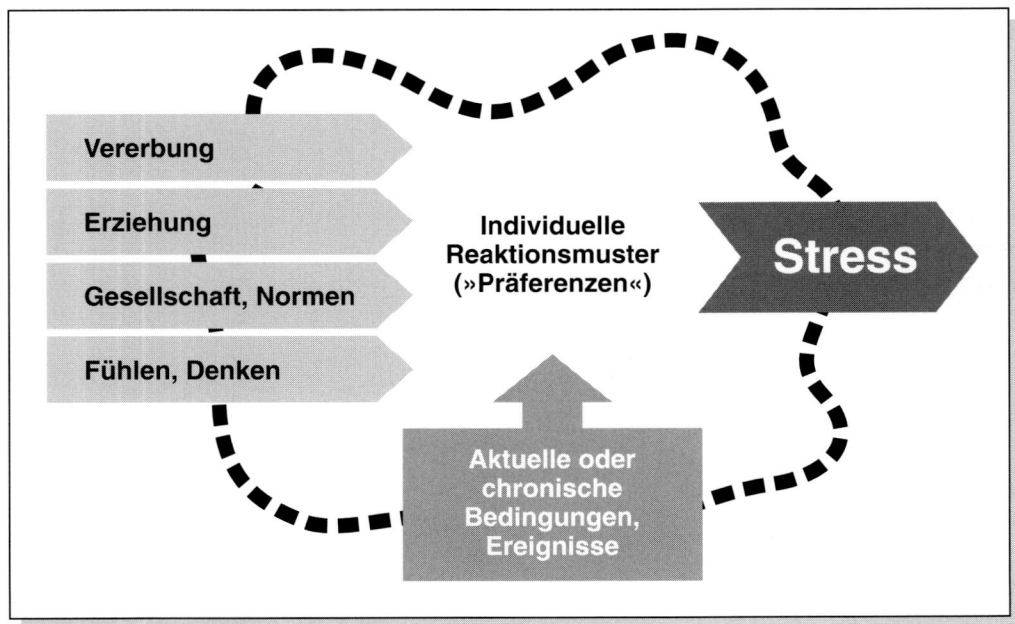

Vererbung

Erstens gibt es eine vererbte »Bereitschaft«, stressförderndes Erleben zu entwickeln:

So haben z. B. beim allgemeinen Antrieb sowie der Neigung zur Ängstlichkeit auch genetische Vorgaben einen wichtigen Anteil. Meist führen sie aber erst zusammen mit Erlebnissen zur Festlegung des für die Person charakteristischen Erlebens und Verhaltens. Es ist also weder richtig, eine stressfördernde Art des Erlebens als »erblich bedingt« zu bezeichnen, noch ist es richtig, sie einseitig auf das Verhalten der Erzieher zurückzuführen. Erst die Wechselwirkung aus unseren genetischen Vorgaben und dem, was wir (besonders als Kind) erleben, führt zu der erstaunlich stabilen Art des Erlebens, die sich schließlich in uns einnistet. Es erscheint uns schließlich als so etwas wie unsere »Natur«. Denken Sie nur an die Sprache: Der Dialekt, der im Kindesalter erlernt wurde, bleibt bei den meisten lebenslang – auch wenn sie schon vor Jahrzehnten in einen anderen Sprachraum übersiedelt sind.

Wenn wir zum Beispiel versuchen würden, einen Umtriebigen in Richtung zu »mehr Ruhe« zu beraten, dann wäre das aus Sicht eines entspannungsorientierten Beraters vielleicht verständlich. Er würde aber eventuell dem armen Gestressten erst richtig Stress machen, weil der es kaum ertragen könnte, tatenlos herumzusitzen.

Erziehung

Zweitens haben uns Kindheitserlebnisse stressanfällig gemacht:

Es ist unvermeidlich, dass Eltern Fehler bei der Erziehung machen. Es ist aber unsinnig, sich darauf später zu berufen oder sich gar damit zu entschuldigen – das hilft nicht weiter. Wer ernsthaft seinen Stress verringern will, der muss für sich selbst die Verantwortung übernehmen und herausfinden, welche »offenen Flanken« der eigenen Persönlichkeit die Entstehung von Stress in ihm ermöglichen.

Die Umfeldbedingungen, unter denen wir aufwachsen, haben erheblichen Einfluss auf die Entstehung unseres Erlebens und Verhaltens, unserer Persönlichkeit:

Der eine ist von den Eltern behütet und gehegt worden; um den anderen wurde sich nicht viel gekümmert; der nächste musste immer artig sein, weil sonst Gefahr von Herabsetzung oder gar Strafe drohte. Alle drei haben ganz unterschiedliche Erfahrung mit Menschen gemacht. Der erste ist offen für andere und hat wenig Befürchtungen; der zweite bemüht sich sofort, wenn andere in seine Nähe kommen, deren Aufmerksamkeit zu erlangen, und der dritte ist stets auf der Hut, wenn jemand auftaucht – im schlimmsten Fall sogar, selbst wenn es der eigene Lebenspartner ist.

Hier sei angemerkt, dass die Entwicklungsrichtung einer Person nicht im Sinne von »Wenn ..., dann ...« vorhergesagt werden kann. Das würde der Komplexität des - Menschen nicht gerecht. Solche vereinfachenden Beispiele dienen hier der Verständlichkeit.

Je früher und je eindrucksvoller wir diese Erfahrungen gemacht haben, desto prägender sind sie gewöhnlich. Bei allem, was wir später als Erwachsene denken und tun, läuft im Hintergrund die Frage ab, ob die aktuelle Situation, in der wir uns gerade befinden, zu ähnlichen Erfahrungen führen könnte, wie wir sie früher gemacht haben (siehe Abschnitt 1.3, »Archiv«). Das gilt im Positiven wie im Negativen.

Wofür wurden wir gelobt, wofür bestraft, wann haben wir Zuwendung, Liebe und Wertschätzung erfahren, wie oft hatten wir Angst, davon zu wenig zu bekommen, oder: bestraft, der Lächerlichkeit preisgegeben, erniedrigt zu werden? Diese Eindrücke bleiben lebenslang tief in der Seele verankert. Sie beeinflussen unser Erleben, Fühlen und Handeln – und damit unsere Stressanfälligkeit erheblich, ohne dass es uns unbedingt bewusst ist.

Schauen wir uns am praktischen Beispiel an, wie so eine Entwicklung abläuft: Thomas ärgert sich (= Stress) jeden Tag über seine Frau. Das zerstört immer wieder die Atmosphäre zu Hause. Das hat die beiden schon um viele schöne Stunden gebracht. Thomas findet aber keine Möglichkeit, seiner Frau das verständlich zu machen. Darunter leidet er.

Gehen wir einige Jahre zurück: Thomas spielt mit Sascha im Sandkasten. Thomas hat seine Schaufel mitgebracht, Sascha nicht. Sascha möchte auch gerne schaufeln und nimmt deshalb Thomas dessen Schaufel weg. In der Meinung, dieser Verstoß gegen das Recht am Privateigentum müsse bestraft werden, gibt Thomas ihm eine Ohrfeige. Daraufhin geschieht für ihn etwas völlig Unerwartetes, was er nie wieder vergessen wird: Sascha haut ihm seinerseits wieder eine runter. Was »lernt« Thomas aus diesem Ereignis? Ganz einfach: Wenn ich mich gegenüber einem anderen aggressiv verhalte, dann muss ich – selbst wenn ich »im Recht« bin – befürchten, selbst zum Opfer von Aggressionen zu werden.

30 Jahre später: Thomas stört an seiner Frau immer mehr, dass sie dauernd alles herumliegen lässt. Er getraut sich aber nichts zu sagen. Er befürchtet, dass sie sich dann – wie schon passiert – sehr erregt und nun ihn wegen allem Möglichen beschimpft (»Sei du ganz still, du ..« + Vorwürfe). Deshalb sieht er davon ab, seinen Ärger zu äußern. Die frühere Erfahrung sitzt ihm »in den Knochen«. Sachlicher formuliert: Er geht der Gefahr aus dem Wege, dieselbe schmerzliche Erfahrung wie damals im Sand-

kasten zu machen. Er stellt sein Bedürfnis nach mehr Ordnung hinten an. Dadurch vermeidet er etwas für ihn noch Unangenehmeres, nämlich seine Angst, Opfer von Aggressionen zu werden. Also hat er immer wieder Stress.

Anmerkung: Seine Frau hat durch viele Erlebnisse mit Thomas instinktiv gelernt, wie sie ihre Wünsche durchsetzen kann: Sie wird laut und aggressiv. Das setzt Thomas seelisch schachmatt. Psychologisch betrachtet »belohnt« Thomas sie jedes Mal für ihr Verhalten, indem er nachgibt. Dadurch bleibt er das gestresste Opfer seiner eigenen Nachgiebigkeit.

Es ist bezeichnend für Thomas, dass er seit dem Erlebnis mit Sascha kaum je ausprobiert hat, ob es noch stimmt, dass etwas passiert, wenn er sich negativ gegenüber jemand anderem verhielte. Sensibel registriert er, wenn andere leiden müssen, weil sie sich gegen jemanden aufgelehnt haben. Fälle, in denen das positive Folgen hatte, nimmt er dagegen kaum wahr. So hat er mit der Zeit gelernt zu schweigen: »Wer nichts macht kann nichts falsch machen«. Vielen Menschen mangelt es durch diese soziale Ängstlichkeit an Zivilcourage. Sie vernachlässigen eigene Interessen und Wünsche »um des lieben Friedens willen«. In Wirklichkeit geht es ihnen aber darum, Angst vor möglichen Aggressionen anderer zu vermeiden. Das kann zu schweren Nachteilen führen, weil sich prompt diejenigen finden, die das instinktiv spüren und ausnutzen – schlussendlich auch zu Lasten des Ängstlichen.

Ein verbreiteter Nährboden für die spätere Entstehung von Stress in der Beziehung zu anderen Menschen ist der Entzug von Zuwendung als Erziehungsmittel (»Wenn ich nicht kritisiere, ist das Anerkennung genug«): Als Folge bleibt oft lebenslang Unsicherheit, Abhängigkeit, Übertreibung u. a. in Beziehungen. Im Teil 5 des Buches ist beschrieben, welche stressfördernden Auswirkungen das im Erwachsenenalter hat (besonders in den Mustern Perfektion, Hingabe, Loyalität und Harmonie).

Wir können nicht über Quellen stressfördernder Einstellungen sprechen, ohne das Thema »**Schuldgefühle**« zu streifen. Sie entstehen, wenn das Kind für seine selbst gewählten Formen der Bedürfnisbefriedigung (Beispiel: das wunderbare Vergnügen, mit Matsch zu schmieren) herabgewürdigt oder bestraft wird. Aus heiterem Himmel kommt eine Negativ-Reaktion der Eltern wie ein Blitz über das Haupt des Kindes, das nichts Schlimmes an seinem Verhalten fand. Leider kommt vielen Eltern ein »Ih, das ist ja eklig« zu oft und zu leicht über die Lippen. Dieser Blitz kommt von der »göttlichen Institution der reinen Wahrheit« (so erleben ja Kinder die Eltern). Das Kind fühlt sich schuldig. Das prägt: Lebenslange irrationale Schuldgefühle, falsche Scham und Einschränkungen des Lebensvollzuges sind bei vielen die Folge.

So kommt es, dass fleißige, intelligente Leute sich als Versager fühlen, besonders reinliche Leute nie das Gefühl loswerden, in Wirklichkeit unsauber zu sein und prüde, lustfeindliche Menschen sich insgeheim als triebhaft einstufen.

Oftmals ist ihnen das nicht bewusst – man braucht sie aber nur einmal reden zu hören, wenn sie anderen etwas vorwerfen, was ihnen (vermeintlich) selbst zu eigen ist. Es ist eindrucksvoll, wie gerade besonders »anständige« Leute sich dann in aggressiven und vulgären Reden ergehen können. Ihr Nutzen (siehe: »Alles menschliche Verhalten dient der eigenen Bedürfnisbefriedigung«) liegt in der momentanen Erleichterung von Schuldgefühlen: Im Vergleich mit dem Beschimpften stehen sie weniger schlimm da. Mit Hilfe dieses aggressiven Verhaltens reagieren sie ihren Selbsthass ab.

Im fürchterlichsten Sinne des Wortes »lebensbedrohlich« kann es schließlich werden, wenn es zu der Kombination aus solcher Selbstablehnung, einem offiziell angeprangerten Sündenbock (»Juden, Ausländer usw.) sowie einer Heilslehre (»Ihr seid die Herrenmenschen, die auserwählten Gottes« usw.) kommt. Das hat schon zu oft aus »ganz normalen, anständigen Leuten« brutalste, menschenverachtende Schlächter gemacht. Stets wird sich dabei auf eine Rechtfertigung berufen, die außerhalb der eigenen Person liegt. Der Täter tut gut daran, sich dahinter zu verstecken. Das klingt besser. Psychologen nennen das »Akzentuierung der Selbstdarstellung im Sinne sozialer Erwünschtheit«.

Zur Durchsetzung ihrer Vorstellungen greifen viele Eltern auf die bedenklichen Angstmacher »Was sollen die Leute denken!« und »Der liebe Gott sieht alles!« zurück. Sie sind der Nährboden für Stress durch irrationale Glaubensgrundsätze, allgemeine Befürchtungen und sonstige Hirngespinste jeder Art. Sie werden später nie überprüft, weil man sich ja sicher ist, dass alle Leute genauso denken und man mit einer Nachfrage nur Peinlichkeit heraufbeschwören würde. Und der liebe Gott kann nun mal nicht befragt werden, was er gesehen hat. Überanpassung, Unterdrückung legaler Wünsche, Einschränkung der inneren Freiheit und des Lebensvollzuges sind die Folge. Unter diesem Druck verkümmern viele Menschen seelisch. Andere werden aggressionsbereiter, gerade so, als ob sie sich dauernd für irgendetwas rächen müssten. Das alles löst in vielen Stress aus.

Traurige Berühmtheit haben Fälle von Verängstigung erlangt, die zu seelisch bedingten schweren körperlichen Erkrankungen geführt haben. So löste z. B. eine Mutter durch Horrorgeschichten über Männer bei der Tochter eine (nicht simulierte) Beinlähmung aus. Damit »sicherte« sich der Organismus gegen die »gefährlichen« Annäherungsversuche von Männern ab.

Gesellschaft, Normen

Drittens können uns reale und vermeintliche gesellschaftliche Normen Stress bereiten:

Jede Gesellschaft braucht Normen zur Regelung des Verhaltens. Es gibt formelle Normen (Gesetze), deren Einhaltung Stress vermeiden kann.

Für unser Thema »Stress« sind darüber hinaus »informelle« Normen von großer Bedeutung: Was tut »man« und was tut »man« nicht?

Sie können stressvermeidend sein – z. B. wenn in unserer Firma die Norm gilt, bei Konflikten immer erst beide Seiten zu hören, bevor reagiert wird, oder beim Essen als Benimm-Regel vermittelt wird: »Man beißt nicht mit den Zähnen auf dem Glas herum«.

Sie können aber auch die Grundlage für späteren Stress legen, wenn z. B. in den Medien Schönheitsideale definiert werden, an denen sich Menschen messen und dadurch unglücklich, unzufrieden und schüchtern werden oder sich verstümmeln. Ich entsinne mich einer TV-Sendung für Teenager, nach der sich eigentlich jeder als zurückgebliebener Außenseiter vorkommen musste, der nicht irgendwo Metallkugeln an seinem Körper montiert hat (sog. Piercing).

Unsere Kulturgeschichte ist voll von übertriebenen lebens- und lustfeindlichen Normen (»Sünde«). Aus meiner Sicht sind diese Normen selbst die wahre »Sünde«: sie sind Quelle unterdrückten, verschrobenen und perversen Umgangs mit der Sexualität. Sie schwächen die Widerstandsfähigkeit gegen Stress und seine Folgekrankheiten. Ein unbelastetes Sexualleben, in dessen Zentrum Zärtlichkeit, Freude und Spaß stehen (»Glückshormone«), ist hingegen von größtem Wert für unsere persönliche Integrität.

Was wir so gehört und gesehen haben, wie das Umfeld und die Gesellschaft sich verhält, oder wie sie in den Medien dargestellt wird, d. h. also, was wir für »normal« bzw. »die Norm« halten (wer kennt sie schon wirklich?), beeinflusst unser Erleben. Die meisten von uns haben eine Menge solcher Normen übernommen. Der Grund ist meist nicht, dass wir diese Normen gutfinden. Vielmehr machen wir uns diese Normen zu eigen, damit wir nicht befürchten müssen, von anderen abgelehnt oder herablassend behandelt zu werden.

Auf was haben Sie als Erwachsener schon alles verzichtet, um auf Ihren Ruf als »normaler« Mensch zu achten? Bei vielen geht das leider so weit, dass sie vieles gar nicht mehr ausprobieren, was ihnen Spaß machen würde, obwohl sie, wenn sie es ausprobieren würden, merken würden, dass gar nichts von dem passiert, wovor sie sich fürchten. Auch das führt bei vielen zu Verkümmerung und Stress. Eine meiner

Patientinnen war mit ihren 55 Jahren völlig am Ende: Ihr Leben bestand eigentlich aus nichts anderem mehr, als sich »anständig« zu verhalten, so dass ihr niemand (auch nicht sie selbst) Vorwürfe machen konnte. Sie war ein bedauernswerter Fall von »vorauseilendem Gehorsam«, d. h. der irrationalen Übererfüllung eingebildeter Normen.

Sie bewegte sich sozusagen in einem »inneren Gefängnis«. Dessen Grenzen bestanden aus lauernden Ängsten. Sie überschritt diese Grenzen nicht, weil sie sonst befürchten musste, Angst zu bekommen.

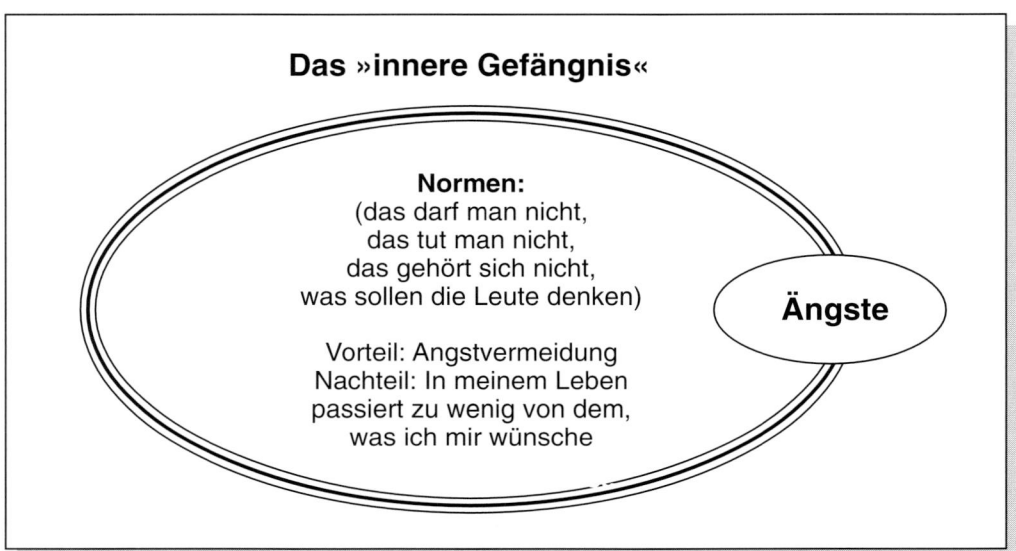

Das »innere Gefängnis«

Normen:
(das darf man nicht,
das tut man nicht,
das gehört sich nicht,
was sollen die Leute denken)

Ängste

Vorteil: Angstvermeidung
Nachteil: In meinem Leben
passiert zu wenig von dem,
was ich mir wünsche

Fühlen, Denken

Schließlich ist da viertens noch unser Denken und Fühlen:

Das ist zwar mehr eine Folge aus den ersten drei Bedingungen. Ich führe es jedoch hier unter den Stress-Quellen auf, weil wir unser Denken ja auch selbst eigenverantwortlich steuern können. Es ist also nicht nur eine Folge von genetischen, erzieherischen und normativen Einflüssen. Wir verarbeiten laufend »Anregungen« aus dem Umfeld – solche, die uns weiterbringen, aber auch solche, die unsere Stressfallen noch gefährlicher machen.

Unser Denken erscheint uns logisch und rational. Es erscheint uns so. Leider schleichen sich in unser Denken aber auch stressfördernde Denkfehler ein. Jeder Programmierer kann Ihnen Opern davon singen, wie begrenzt unsere Fähigkeit zum logischen

Denken ist, weil ihm die Programmiersprache seine Denkfehler gnadenlos und sofort meldet.

Der nächste Abschnitt stellt einiges klar, was immer wieder durcheinander gebracht wird. Allein diese Kenntnisse werden Ihnen helfen, sich nicht mehr so leicht zum Opfer Ihrer Stressoren machen zu lassen.

2.2   Alles menschliche Verhalten ist zutiefst emotional gesteuert: Das Denken ist ein Werkzeug in der Hand unserer Gefühle

Mal sehen, ob Sie dieses Buch nach diesem Abschnitt in die Ecke werfen:

Ja, Sie haben richtig gelesen. Auch der »coolste Rationalist«, dem nie eine Gefühlsregung anzusehen ist, wird genauso wie alle anderen von seinen Gefühlen gesteuert. Er würde sich z. B. sehr schlecht *fühlen,* wenn er anderen seine Gefühle zeigen müsste. Deshalb meidet er es, Gefühle zu zeigen. Vielleicht gibt er sich so cool, weil er bei anderen beobachtet hat, dass man sich dann groß, stark und überlegen *fühlen* kann (da stellt sich uns doch sofort die Frage: welches Motiv treibt ihn, sich groß, stark und überlegen fühlen zu wollen?). Vielleicht wurde er schon als Kind entwürdigend behandelt, wenn er Gefühle zeigte (»Heulsuse, ein Indianer kennt keinen Schmerz«). Heute ist er vielleicht schon so weit, dass er seine Gefühle gar nicht mehr bewusst wahrnimmt.

Unsere Gefühle geben die Richtung unseres Denkens und unserer Wahrnehmung vor. Das Denken und unsere Wahrnehmung sind sozusagen Werkzeuge in der Hand unserer Gefühle. **Die Vorstellung, man könne rein rational handeln, ist schlicht irrational.** Wer so denkt, verkennt die Natur des Menschen – und damit auch seine eigene. Das ist eine gefährliche Stress-Falle: Er manövriert sich im Glauben an das Rationale mit seinen Argumenten in eine Stress-Situation und kann sein Verhalten eventuell nicht mehr zweckmäßig steuern.

Ganz nebenbei: Frauen sind übrigens keineswegs »emotionaler« als Männer. Männer haben eben meist andere Emotionen.

2.3 Wer sich für »vernünftig« hält, macht sich verdächtig

Unter »Vernunft« wird gerne etwas »Rationales, Zielstrebiges, Richtiges, Begründetes«, usw. verstanden. Die Philosophie definiert Vernunft als »Handeln im Sinne höherer Werte nach den Regeln der Formallogik«. Es wird sich auch gerne darauf berufen: »Das musst du doch einsehen. Das ist doch vernünftig!« oder ... »Wir wollen eine vernünftige Politik machen«. Wer die Menschen reden hört, könnte fast glauben, alle Menschen meinten, sie handelten immer vernünftig.

Stellen Sie sich nur einmal vor, wir würden mit der Zeitmaschine in die erste Hälfte des letzten Jahrhunderts zurückfahren: Mit wem Sie auch sprechen würden – (fast) alle unsere Frauen würden zu Schlampen erklärt, (fast) alle unsere Männer zu Weichlingen. Wer ist denn nun »vernünftig«? Friedrich Dürrenmatt hat über die Nazi-Herrschaft dazu ein passendes Theaterstück (Die Physiker) geschrieben: Drei Physiker ziehen sich als »Irre« getarnt in eine Nervenklinik zurück, um sich vor dem Rest der Welt zu schützen, der wirklich verrückt geworden ist.

Ein typisches Beispiel für Stress durch den Irrglauben, es gäbe reine Vernunft, ist der folgende Streit zwischen Ehepartnern: Der eine will sparen, der andere das Leben genießen. Jeder findet seine Argumente vernünftig, die des Partners unvernünftig. Der Beziehungsstress ist vorprogrammiert, weil in Wirklichkeit nicht »Logik« und »Vernunft« hinter den Argumenten stehen, sondern »Psycho-Logik«, d. h. Ängste und Sehnsüchte. Wenn den beiden das aber nicht klar ist, können sie sich gegenseitig Stress ohne Ende bereiten.

So manche Frau wurde schon mit Hilfe der »Vernunft« ihres Mannes in die Depression getrieben, weil dadurch ihre Bedürfnisse zu kurz kamen. Denken Sie z. B. an »vernünftige« Totschlagargumente der Art: »Wir können nicht ..., weil ich arbeiten muss«. Ob das immer der wahre Grund ist, warum die Frau verzichten soll?

Wie viele ruinöse Auto-Neuanschaffungen wurden schon mit »Wirtschaftlichkeitsberechnungen« begründet, obwohl das eigentliche Motiv war, das Neueste zu besitzen oder es herzeigen zu können?

Bedenken Sie, was im Laufe der Menschheitsgeschichte schon alles als »vernünftig« betrachtet wurde. Zum Beispiel: »Die Erde ist eine Scheibe, Die Frau sei dem Manne untertan, Der König ist von Gott eingesetzt, Frauen dürfen nicht wählen/keinen Führerschein machen« usw. »Vernunft« hat Millionen Menschen auf dem Gewissen. Das sollten wir nie vergessen.

Uns Stressvermeidern hilft meine Definition von Vernunft:

Vernunft ist nichts weiter als eine subjektive Meinung – ganz gleich, ob individuell oder kollektiv.

Der Weg in den Stress ist häufig mit »vernünftigen« Argumenten gepflastert. Das kann groteske Züge annehmen, wie das folgende Beispiel zeigt:

»Mein Nachbar macht Stress«, berichtet ein Seminarteilnehmer. Er habe nie viel mit ihm geredet, weil er für ihn einfach uninteressant, uninformiert und voller Vorurteile sei. Damit habe er wohl dessen Erwartungen an einen »Nachbarn« nicht entsprochen. Der Nachbar fände ihn im Gegenzug arrogant, obwohl – und wohl gerade weil – er überhaupt nichts getan hatte. Der Nachbar ist gegen alles, was er mache, und wolle jetzt seinen Carport nicht akzeptieren, obwohl der selbst einen hat, der genauso weit an die Straße reicht wie seiner. Schließlich brüllt ihn der Nachbar an: »Ich fackele das Ding (seinen Carport) ab!« Darauf angesprochen, dass er ja selber einen Carport bis zur Straße habe, begründet der Nachbar seine Aussage damit, dass sein Carport Eisenpfeiler habe, während seiner mit Holzpfeilern gebaut sei.

Wundern Sie sich auch gelegentlich, mit welchen Argumenten andere Ihre Ansichten oder ihr Verhalten begründen? Noch schlimmer: Sie glauben auch noch daran! Eine wichtige psychologische Grundregel sollten Sie sich zur Vermeidung von Stress gleich jetzt merken:

In der Not ist kein Argument zu blöde, als dass es nicht verwendet würde!

Glauben Sie also niemandem, der rein »vernünftig« daherkommt – auch sich selbst nicht. Und hüten Sie sich vor Leuten, die wissen, was »richtig« ist. Jeder Mathematiklehrer kann Ihnen leicht beweisen, wie falsch die Annahme sein kann, 1 + 1 wäre gleich 2!

Sie ersparen sich eine Menge Stress, wenn Sie bei Menschen von vornherein mit dem Schlimmsten (an Argumenten) rechnen. Wundern Sie sich über nichts, bleiben Sie ruhig und denken Sie sich Ihren Teil. Hören Sie rechtzeitig auf, gegenan zu argumentieren: Wenn jemand nicht will, nützt das beste Argument der Welt nichts. Es bringt nur Stress.

Zu viel Stress macht unkreativ. Je entspannter Sie bleiben, desto bessere Ideen werden Sie haben, wie Sie mit unsinnigen oder verletzenden Äußerungen anderer umgehen können. Dieses Buch soll Ihnen helfen, ruhiger zu bleiben und stressfreier mit solchen Situationen umzugehen.

Möchten Sie andere besser verstehen lernen? Hier kommt die erste von drei Fragen, die Ihnen hilft, sozialen Stress zu verringern:

Frage 1: »Wie lautet die Vernunft meines Gesprächspartners?«

Egal was der andere tut oder sagt, wie verrückt, selbstschädigend, unwahr oder »daneben« es sein mag: Gehen Sie immer davon aus, dass es ihm selbst »vernünftig« erscheint! Interessieren Sie sich in wertschätzender Weise für seine Äußerungen. Dann werden Sie die Menschen besser verstehen, sich besser durchsetzen und stressfreier mit ihnen umgehen können.

Das ist Ihnen schwer vorstellbar? Im Teil 6 ist beschrieben, wie Sie in schwierigen Gesprächssituationen Ihr Gegenüber führen können. Dort finden Sie auch die Fragen 2 und 3. Diese Fertigkeiten werden Ihr Selbstvertrauen fördern, weil Sie in jeder Situation wissen, wie Sie reagieren können.

Und wie steht es um Ihre eigene »Vernunft«? Vielleicht gibt es auch in Ihnen stressfördernde **irrationale Glaubensgrundsätze.**

Sehen auch Sie »Katastrophen« kommen, wo keine sind? Oder haben Sie das Gefühl, dass Sie »nutzlos und unwürdig« sind? Im Teil 5 – »Ihre Verhaltenspräferenzen« – können Sie prüfen, ob auch Sie »irrationalen Glaubensgrundsätzen« (nach Ellis) aufsitzen.

2.4 Alles menschliche Verhalten dient der eigenen Bedürfnisbefriedigung – ausnahmslos

Etwas für andere zu tun, eine ehrenamtliche Tätigkeit zu übernehmen, anderen zu helfen, für Menschen, die in Not geraten sind zu spenden, einem unerfahrenen Kollegen unter die Arme zu greifen: das sind Beispiele für gesellschaftlich nützliches und wertvolles Verhalten. Es bildet eine wichtige Grundlage der Existenz für jeden von uns.

Unter diesen Menschen gibt es allerdings einige, die glauben, ihr Einsatz sei selbstlos und uneigennützig. Das ist ein beliebter und deshalb verbreiteter Irrtum.

Wer glaubt, er tue etwas selbstlos »nur für den anderen, nur für die Armen, nur für die Natur, nur für die Familie, nur für die Firma, nur für Gott, nur für das Vaterland«, verkennt die menschliche Natur in einem oft entscheidenden Punkt: Für alles, was wir tun, gibt es nur einen einzigen wirklichen Grund, nämlich die eigene Bedürfnisbefriedigung. Anders gesagt: Alles menschliche Verhalten ist – ohne Ausnahme – egoistisch und eigennützig. Wenn ein Nutzen für andere entsteht, dann ist das ein »Abfallprodukt« des Handelns im Eigeninteresse. Selbst wenn dieses »Abfallprodukt« für den anderen von hohem Wert ist, ändert das nichts an dieser Tatsache.

Die eigenen Wege der Bedürfnisbefriedigung sind gewöhnlich keine vorsätzlichen, bewussten Entscheidungen von uns. Sie haben sich im Laufe unserer Entwicklung so ergeben. Teils stammen sie von Vorbildern, teils sind sie das Ergebnis erfreulicher oder unerfreulicher Folgen, die unsere frühen Verhaltensexperimente oder deren Beobachtung bei anderen hatten. Sie sind uns jedenfalls zur »zweiten Haut« geworden. Ich bringe meiner Frau jeden Morgen Kaffee ans Bett. Ich habe dabei keine Hintergedanken (»Dann bügelt sie mir wieder die Hosen«). Nein, es macht mir Spaß, ihre Freude und die gute Stimmung zu erleben, wenn sie morgens diesen Service genießt. Achtung: Haben Sie genau gelesen, wem es Spaß macht, d. h., wer da seine Bedürfnisse befriedigt? Genau! Mir macht es Spaß. Das Vergnügen meiner Frau ist leider nur ein (angenehmes) »Abfallprodukt«.

Ich entsinne mich an unsere Zeit in der Klinik: Als wir diese Erkenntnis »verinnerlicht« hatten, hieß es dann bei uns zum Spaß: »Ich tue mir mal was Gutes und koche dir einen Kaffee.«

Leider hat dieses ‚Ich-tue-etwas-für-Dich' aber auch oft stressfördernde Auswirkungen. Die können sich regelrecht zerstörerisch auf eine Beziehung auswirken. Ich meine damit jene, die anderen oder ihrem Partner (oft auch ihren Kindern) allzu oft meinen sagen zu müssen, was für sie gut ist und was sie unbedingt tun oder lassen müssen (»Ich will ja nur dein Bestes! Das tue ich alles nur für dich/euch«). Sie glauben eben nur, sie wollten das Beste für den anderen. In Wirklichkeit ist das oft nur ein Vehikel für die Durchsetzung eigener Vorstellungen, Ansprüche oder auch eigener Angstvermeidungs-Strategien. Das ist das Förderband, auf dem viel Neurotisches, unsere nationalen Charakterfehler und anderer Unrat von Generation zu Generation weitergereicht werden.

Geradezu gemeingefährliche Züge kann das annehmen, wenn diese Einstellung mit Macht verknüpft ist. Die Geschichte der Religionen ist voller Abscheulichkeiten, die selbstredend alle im Namen Gottes vollbracht wurden. Hitler und seine kriminelle Vereinigung haben Millionen Menschen gequält und umgebracht – selbstverständlich alles nur für Deutschland. Menschen zu Hunderten bei lebendigem Leibe verbrennen (Inquisition), Hände abhacken, Frauen steinigen (Scharia); alles im Namen eines Gottes? Die dafür Verantwortlichen waren oder sind unerschütterlich davon überzeugt, dass sie dies nicht um ihrer selbst willen tun oder getan haben.

Selbst wenn ein Verhalten gesellschaftlich von hohem Wert ist, ändert sich nichts an der Tatsache, dass es egoistisch ist. Es ist für uns alle eine glückliche Fügung, wenn jemand seine Bedürfnisse befriedigt, in dem er etwas für die Gemeinschaft oder andere tut.

Lassen Sie mich noch deutlicher werden: Vergleichen wir Mutter Theresa mit einem Heroin-Dealer am Frankfurter Hauptbahnhof. Wenn ich sage, dass bei beiden die Nase mitten im Gesicht sitzt, dann hat niemand ein Problem damit. Jeder weiß, dass das zur menschlichen Natur gehört. Sage ich aber, dass beide gleich egoistisch sind bzw. waren, dann ... (fast hätte ich geschrieben: ... ist der Teufel los), obwohl beide auch diese Eigenschaft (übrigens auch mit allen anderen Menschen) gemein haben.

Der Unterschied zwischen beiden liegt woanders, nämlich in dem Weg der Bedürfnisbefriedigung. Der ist aber ein »erlerntes Motiv« und eben nicht der eigentliche Grund ihres Handelns. Ich habe größte Achtung vor dem, was Mutter Theresa für die bedauernswerten Menschen in Indien getan hat, aber es bleibt, dass sie ihre Bedürfnisse befriedigt hat, wenn sie anderen geholfen hat.

Egoismus (= eigene Bedürfnisbefriedigung) ist weder gut noch schlecht, sondern ist unser aller Natur. Es kommt nur darauf an, welche Bedürfnisse wir haben und wie wir sie befriedigen. Sie glauben gar nicht, wie viel Beziehungsstress Sie abbauen, wie viel Entspannung und gegenseitige Erfüllung Sie in Zweier-Beziehungen bringen können, wenn das erst einmal von beiden Partnern begriffen wurde. Das trägt wesentlich dazu bei, dass beider Wünsche besser artikuliert und akzeptiert werden. Die Befriedigung in der Beziehung wächst und macht sie für beide attraktiver.

Ich weiß, das ist für viele »schwerer Tobak«. Lassen Sie es mich daher am krassen Beispiel meiner Patientin Doris zeigen, dass der Nutzen bzw. die Bedürfnisbefriedigung ganz etwas anders sein kann als das, was gemeinhin unter »Nutzen« verstanden wird: Doris war mit einem schwer alkoholkranken Mann verheiratet, der sie schlug und regelmäßig die Wohnung verwüstete. Sie blieb treu an seiner Seite, ertrug die Schmerzen, räumte wieder auf und hatte kein Geld, um sich auch nur den kleinsten Wunsch zu erfüllen. Eine Heilige? Keineswegs. Überlegen Sie einmal, welchen Nutzen, welche Bedürfnisbefriedigung Doris von ihrem Verhalten haben könnte?

Jetzt kommt etwas sehr Wichtiges: Es ist ein Schlüssel, der vielen von Ihnen helfen wird, mit anderen Menschen wesentlich besser zurechtzukommen. Sie werden dadurch in die Lage versetzt, Gesprächen die (hoffentlich konstruktive) Richtung zu geben, die Sie möchten. Wenn Sie einen Menschen vor sich haben, der sich für Ihre Begriffe und Erwartungen merkwürdig, »abartig«, böswillig, unverschämt, selbstzerstörerisch oder sonst irgendwie schlimm verhält, stellen Sie sich immer eine grundlegende Frage. Es ist die zweite Frage, die uns hilft, mit anderen Menschen besser zurechtzukommen (die 3. Frage kommt später im Abschnitt 6.2: »Wer hat eigentlich das Problem?«):

Frage 2: »Welchen Nutzen, welche Bedürfnisbefriedigung hat der andere davon, sich so zu verhalten, wie er sich verhält?«

Kommen wir zurück zu Doris. Doris hatte natürlich Nutzen von ihrer »Treue«: Sie hatte erhebliche Selbstwertprobleme. Sie war das »erzogene Opfer«. Insofern war es für sie nicht einmal besonders verwunderlich, dass schlecht mit ihr umgegangen wurde – obwohl sie darunter litt. Sie war froh, dass sie überhaupt einer genommen hatte, denn sie hatte sich als junge Frau schon in der ewigen Rolle des Aschenputtels gesehen. Sie brauchte sich keine Sorgen zu machen, mit dem (vermeintlichen) Makel »spätes Mädchen« oder »alte Jungfer« behaftet zu sein. Das war wichtig für ihr Selbstverständnis.

Doris hatte einen weiteren Nutzen aus ihrem Zusammensein mit diesem Mann: Viele, denen sie von ihrer Situation erzählte, empfanden großes Mitleid mit ihr. Das war jedes Mal pure Beachtung und Wertschätzung, die sie erfuhr. Was kann es für einen Menschen mit chronisch defizitärem Selbstwertgefühl Schöneres geben als Zuwendung durch und sichtbare Wirkung auf andere?

Der Stress von Doris war zurückzuführen auf ihren inneren Konflikt (siehe 2.5): Einerseits wollte sie die Vorteile aus der Beziehung behalten, andererseits litt sie unter den Umständen, die sie in der Beziehung erdulden musste. Solange sie hier keine Entscheidung traf, hatte sie immer wieder denselben Stress – aber auch denselben Nutzen.

Vielen Menschen musste ich längere Erklärungen bieten, bis sie dies eingesehen hatten. Hoffentlich tun Sie sich damit nicht zu schwer. Sonst wird es für einige unter Ihnen schwierig, Ihren »Stressfallen« zu entkommen: Sie werden z. B. eine »leichte Beute« von Menschen, die geschickt mit dem so genannten **»Dankbarkeitsmanöver«** operieren (siehe auch Hiltrud und die Präferenz »Hingabe«).

Dankbarkeitsmanöver sind eine Unterabteilung der Klasse **»Sozialmanöver«.** Der (meist unbewusste) »Psychotrick« ist ganz einfach: Alina ist stets in Sorge, andere könnten sie nicht mögen, weil sie selbst nicht viel von sich hält. Alina tut Robert (scheinbar) »selbstlos« etwas Gutes: sie bringt ihm selbstgebackene Kekse mit. Robert hat dadurch (psychologisch) Dankesschulden bei Alina. An sich liegt ihm nichts an ihr. Sein Problem: Er mag ihr das aber nicht zeigen, weil sie so nett zu ihm war. Alina hat – sozialpsychologisch gesprochen – eine »**Tötungshemmung**« in Robert ausgelöst. Er fühlt sich verpflichtet, etwas zu tun, was er gar nicht möchte, nämlich nett zu Alina zu sein. Alina bekämpft ihre Angst mit »selbstloser« Nettigkeit. Über all das wird zwischen den beiden kein Wort gesprochen.

Ich entsinne mich an eine Patientin, die klagte: »Ich weiß auch nicht, was mit den Männern ist: Ich tue alles für sie und sie laufen mir immer weg!« Diese Patientin lieferte ein Bilderbuch-Beispiel für eine »**sich selbst erfüllende Prophezeiung**«: Wegen ihres negativen Selbstbildes war sie in Sorge, sie könne den Männern nicht gefallen. Sie verhielt sich deshalb so auffällig unterwürfig und überangepasst, dass sie tatsächlich für die Männer unattraktiv wurde. Deshalb liefen diese schließlich weg.

Was ist eigentlich mit **Menschen, die nicht »NEIN« sagen können** oder die sich etwas antun, die sich selbstzerstörerisch verhalten? Tun die das auch aus egoistischen Gründen zur Befriedigung eigener Bedürfnisse?

Es gibt keine Ausnahme! Einer, der nicht NEIN sagen kann, hat den Vorteil, dass er die unangenehmen Konsequenzen nicht erleben muss, die (vermeintlich) einträten, wenn er NEIN sagen würde. Allerdings nimmt er dadurch in Kauf, dass die Dinge anders laufen, als er es möchte. Er hat zwei Alternativen, die er beide nicht haben möchte: Er möchte das nicht tun, um was er gebeten wird, er möchte aber auch nicht NEIN sagen wegen der befürchteten unangenehmen Konsequenzen (»Nachher mag der mich bestimmt nicht mehr leiden«). Also wählt er die weniger schlimme Variante und sagt »JA«.

Karl war Außendienstmitarbeiter und auf seinen Führerschein angewiesen. Leider hat er ihn zum zweiten Mal verloren, weil er unter Alkohol gefahren ist und dabei ertappt wurde. Karl ist nicht alkoholabhängig. Er hatte gewaltigen Stress durch den Verlust des Führerscheins und seiner Arbeit. Nach dem ersten Mal hatte er sich geschworen: »Nie wieder!«. Kürzlich musste er während einer Dienstreise wieder im Hotel übernachten. Abends an der Bar kam er mit anderen ins Gespräch. Schließlich gab einer eine Runde aus. Karl wollte sich nicht ausschließen (NEIN sagen) und trank ein Glas Bier mit. Der nächste, der eine Runde ausgab, musste schon deutlich nachhelfen, damit Karl weiter mitmachte. Aber der Widerstand von Karl schmolz dahin. Irgendwann war es dann soweit: Die anderen signalisierten ihm recht deutlich, dass sie äußerst enttäuscht reagieren würden, wenn er nicht auch mal einen ausgäbe. Da war es wegen des Restalkohols zum zweiten Mal um Karl, seinen Führerschein und seine Arbeit geschehen ... Welcher Stress!

Wir unterscheiden also zwischen zwei Motiven, dem primären und dem sekundären. Das »**primäre Motiv**« ist der eigentliche Grund unseres Handelns. Der ist nie anders als egoistisch, denn er dient der eigenen Bedürfnisbefriedigung. Früh mussten wir lernen, dass naive direkte Befriedigung eigener Bedürfnisse bösen Ärger nach sich ziehen kann. Wenn wir z. B. zum Malen einfach die schönen Farben aus Mutters Schminktäschchen genommen haben, hatte das üble Folgen.

Wir haben durch unsere Lebenserfahrung gelernt, was sich am besten oder problemlosesten eignet, unsere Bedürfnisse zu befriedigen. Dieses erlernte Motiv ist das »**sekundäre Motiv**«. Psychologisch naiven Menschen kommt das so vor, als sei dies die eigentliche Triebfeder ihres Handelns. Wer so denkt, kennt sich selbst nicht. Er läuft ständig Gefahr, sich selber in die »Falle« zu gehen.

Wir dürfen bei der Frage: »Welchen Nutzen, welche Bedürfnisbefriedigung hat der andere davon, sich so zu verhalten, wie er sich verhält?« nicht übersehen, dass die Bedürfnisbefriedigung sehr häufig darin liegt, bestimmte Befürchtungen nicht erleben zu müssen. Ob z. B. Petra sich vor Fleiß fast umbringt, um ihren Versagensängsten zu entkommen oder Lothar sich unterwirft, um nicht verlassen zu werden – immer haben sie einen Nutzen, eine Bedürfnisbefriedigung durch ihr Verhalten.

Bedürfnisbefriedigung kann also darin liegen:

1. etwas Positives zu erreichen (z. B. mit sich selbst im Reinen zu sein, Anerkennung, Spaß, Geld)

2. etwas Negatives zu vermeiden (z. B. trotz Zeitdrucks langsam zu fahren, um eine Geldstrafe zu vermeiden, oder eine unangenehme Arbeit anzunehmen, um die Existenz zu sichern, oder auf Freuden zu verzichten, um sich nicht schämen zu müssen bzw. das Ansehen zu wahren, usw.)

2.5 Innere Konflikte:
Warum wir uns so oder so entscheiden

Unter einem »Konflikt« verstehen die meisten einen Interessengegensatz zwischen zwei Menschen oder zwischen Parteien. Wesentlich häufiger erleben wir aber »Innere Konflikte«, die uns regelrecht lähmen können: Wir müssen uns zwischen zwei oder mehr Möglichkeiten entscheiden; möchten das eine, müssen aber dann das andere (unangenehme) in Kauf nehmen; oder wir müssen uns zwischen zwei Dingen entscheiden, die wir an sich beide haben möchten (»der Esel zwischen zwei Heuhaufen«); oder wir müssen uns zwischen zwei unangenehmen Möglichkeiten entscheiden (»einen Tod muss man sterben«).

Sie können sich in schwierigen Situationen einigen Stress ersparen, wenn Sie wissen, worin Ihr Konflikt besteht. Schreiben Sie das Für und Wider der verschiedenen Entscheidungsmöglichkeiten auf, wenn Sie einen »Inneren Konflikt« haben. Sie kommen sonst leicht durcheinander, wenn Ihnen zu viele Gedanken durch den Kopf schwirren – besonders dann, wenn Gefühle mit im Spiel sind.

Es gibt drei Formen von Innerem Konflikt:

(Appetenz = positiv = will ich haben.
Aversion = negativ = will ich nicht haben.)

Appetenz-Appetenz-Konflikt: Ich muss mich zwischen (mindestens) zwei Dingen entscheiden, die ich eigentlich beide haben möchte. Beispiel: Welche der beiden Einladungen nehme ich an? Welchen der beiden attraktiven Männer heirate ich?

Appetenz-Aversions-Konflikt: Ich muss mich zwischen (mindestens) zwei Dingen entscheiden. Wenn ich das eine haben will, muss ich das andere unangenehme in Kauf nehmen: »Ich möchte gerne mal alleine verreisen, dann ist aber mein Mann sauer. Ich möchte gerne noch dieses Paar Schuhe kaufen, dann kann ich mir aber den Dampfkochtopf nicht mehr leisten. Ich würde diesen Mann gerne heiraten, aber er interessiert sich nicht für Fußball.«

Aversions-Aversions-Konflikt: Ich muss mich zwischen (mindestens) zwei Dingen entscheiden. Beide sind unangenehm. Beispiel: Die Reparatur meines Autos ist mir zu teuer – ich möchte aber auch nicht zu Fuß gehen. Ich will nicht mehr weiterleben, aber ich möchte auch nicht tot sein.

Je schwieriger es Ihnen fällt, eine persönliche Entscheidung zu fällen, desto betroffener sind Sie gewöhnlich. Wenn die Betroffenheit ein gewisses Maß übersteigt, macht das unkreativ: Wir haben keine Ideen mehr, wie wir das Problem lösen können. Überlegen

Sie deshalb vielleicht zusammen mit Menschen Ihres Vertrauens, ob es noch andere Lösungsmöglichkeiten geben kann. Laotse: »Was die Raupe das Ende der Welt nennt, das nennt der Rest der Welt Schmetterling«. Oft sind wir einfach zu befangen, um neue Lösungen zu finden. Wir vertiefen das später.

Die folgende Tabelle auf gibt Ihnen eine Übersicht, wie Sie Ihren Inneren Konflikt einordnen können:

	Appetenz	Aversion
Appetenz	»Der Esel zwischen zwei Heuhaufen«	Ich möchte das tolle Auto kaufen – ich möchte keinen Krach mit Else. Ich würde gerne weiter Wein trinken – ich will nicht meinen Führerschein verlieren.
Aversion		Nicht NEIN sagen können: Ich möchte nicht tanzen – ich möchte aber auch nicht, dass er böse auf mich ist. Ich will nicht arbeiten – ich will aber auch nicht ohne Geld sein.

Überlegen Sie auch, was passiert, wenn Sie keine Entscheidung treffen. Das ist nämlich auch eine Entscheidung.

Oft ist es hilfreich, sich nicht jetzt zu entscheiden, sondern einen Termin in der Zukunft zu wählen, an dem man die Entscheidung fällen wird. Das entlastet von dem ständigen Druck, eine Entscheidung treffen zu müssen. Es macht innerlich freier, kreative Lösungen zu finden.

Schreiben Sie Ihre verschiedenen Lösungsmöglichkeiten auf. Sammeln Sie möglichst viele Argumente, die für und gegen eine Lösung sprechen. Schreiben Sie diese unbedingt auf (am besten in zwei Spalten, damit Sie danach einen besseren Überblick haben). So bekommen Sie einen klaren Kopf. Wenn es komplizierter wird, schauen Sie im letzten Teil 7 nach, was Sie tun können.

3 Stress-Risiko Negatives Denken

3.1 Wenn uns negative Gedanken nicht mehr loslassen – über Schicksalsschläge, drohende Katastrophen und das befürchtete Ende

Quält eine Familie der drohende Verlust von Haus und Auto wegen Zahlungsunfähigkeit, dann haben wir großes Verständnis dafür, dass sie unter schweren Stress gerät.

Wenn sich ein 17-jähriges Mädchen aus Liebeskummer umzubringen versucht, dann verstehen wir zwar ihren Grund, haben aber kein Verständnis mehr für sie. »Mein Gott, nur wegen einem Kerl! Es gibt so viele attraktive Männer! Du musst rausgehen, dann lernst du wieder jemand kennen!« höre ich Familie und Freunde reden.

Hat uns das Mädchen noch leid getan (»Ach, ich war ja auch mal sooo verliebt«), so haben wir für ein Kind, das untröstlich ist, weil sein Kaninchen gestorben ist, eigentlich nur noch ein müdes Lächeln übrig. Wir warten ab, bis der »Anfall« vorüber ist. Uns berührt das kaum.

Alle drei sind aber in der gleichen Situation: Sie erleben »das Ende, hinter dem es nicht mehr weitergeht«. Der Stress, die seelische Belastung ist zum Zerreißen groß. Ein Unterschied besteht nur in uns, dem außen stehenden Beobachter: Wir haben unterschiedlich großen Abstand zu den drei Stress-Ursachen.

Den »größeren Abstand« erreichen die Betroffenen in fast allen Fällen durch die Zeit. Das kann allerdings im Einzelfall Jahre dauern. Versuchen wir deshalb, uns diesem schwierigen Thema vorsichtig mit anderen Überlegungen zu nähern.

Die grundsätzliche Frage ist meines Erachtens, ob es Situationen gibt, aufgrund deren das Leben nicht mehr lebenswert ist. Ich war noch nicht in einer derartigen Situation und kann es daher nicht beurteilen. Einstweilen kann ich nur mit allem Respekt akzeptieren, dass es Menschen gibt, die diese Frage bejahen.

Was ist es, das Menschen zum Aufgeben bewegt? Ist es der Verlust von Halt und Sicherheit? Ist es die trügerische Erwartung, es gäbe Stabilität im Leben? Ist es die Unfähigkeit, sich aus Gewohntem zu lösen? Ist es die Unfähigkeit, dem eigenen Leben einen eigenen Sinn zu geben?

Ich weiß aber auch, dass es viele Menschen gibt, die unter unvorstellbar schrecklichen Umständen oder trotz tiefsten Schmerzes über den Verlust eines geliebten Menschen ihren Lebenswillen aufrechterhalten haben.

»Das Ende, hinter dem es nicht mehr weitergeht«, gibt es – rein technisch betrachtet – nur beim Suizid. Bei allen anderen Situationen geht es weiter. Das ist zwar für den

Betroffenen im Moment oft nicht vorstellbar, aber es ist so. Das wusste auch der Betroffene, als er noch nicht betroffen war.

Was soll nun geschehen? Im Verlaufe meiner Tätigkeit in der psychiatrischen Uniklinik in Göttingen habe ich die Erfahrung gemacht, dass man Menschen – so sie unbedingt wollen – ihr Leben erfüllen lassen muss. Etwas klarer gesagt: Man muss in besonderen Fällen auch akzeptieren können, dass sich jemand sehenden Auges ins Unglück stürzt oder gar zugrunde richtet. Da bleibt einem Außenstehenden nur das Zuhören: Menschen, die Leidensdruck haben, hilft nichts mehr, als über ihr Leiden zu sprechen – sofern ihnen nicht anerzogene Barrieren im Wege stehen, wie z. B. Scham oder Selbstverleugnung.

In jedem Falle ist es hilfreich, immer wieder mit anderen zu sprechen, wenn Sie denn jemanden finden, der sich Ratschläge oder gar hilflose Sprüche (»Da musst du durch«) verkneifen kann. Am besten sagen Sie dem anderen, dass Sie beides nicht brauchen. Besonders schwierig ist es, wenn Sie alleine mit dieser seelischen Belastung fertig werden müssen. Ihnen möchte ich eine bewährte Anregung geben, deren Wirkung Sie erst durch das Tun erleben werden:

Lernen Sie im Kopf strikt zu trennen zwischen

a) Ihrer Bewertung (Gefühle, Gedanken) der Situation und

b) der tatsächlich vorhandenen Situation (Fakten).

Gehen wir dieses Vorgehen am Beispiel von Cornelia durch, die durch ihre Brustamputation seelisch schwer belastet war.

Cornelia hatte sich durch ihre Brustamputation stark verändert. Sie zog sich mehr und mehr zurück, konnte bei allem, was ihr vorher Freude bereitet hatte, nichts mehr empfinden und war – mit ihren Worten – »in ein tiefes Loch gefallen«.

a) Cornelias persönliche »**Bewertung«,** d. h., wie sie die Amputation erlebt: Für sie ist es das Ende ihrer Fraulichkeit. Ein zentrales Merkmal ihres weiblichen Selbstverständnisses, ein wichtiges Element in der Beziehung zu ihrem Mann ist unwiederbringlich verloren. Sie fühlt sich nicht mehr »vollwertig«. Diese Gefühle »fressen sich« förmlich in ihre Seele, machen sie traurig und nehmen ihr die Lust am Leben. Die liebevollen Beschwichtigungen ihres Mannes ändern daran nichts. Der Stress wird chronisch.

b) Die tatsächlich vorhandene Situation, d. h., die reinen **Fakten** sind: Ihre Brust wurde amputiert. Der Krebs wurde zum Stillstand gebracht. Sie muss regelmäßig zur Nachkontrolle. Durch eine Prothese ist äußerlich nichts zu erkennen. Sie hat gute Chancen, diese Krankheit zu überleben. Da Cornelia schon etwas in die Jahre gekommen ist, trägt sie sowieso keine ausgeschnittenen Kleider mehr. Ihr Mann sieht sie so gut wie nie mehr unbekleidet, da sie wegen seines Schnarchens schon seit langem getrennt schlafen und unterschiedliche Bettzeiten haben. Irgendwelche nennenswerten Veränderungen in ihrem Leben oder faktische Nachteile entstehen ihr daraus also nicht mehr.

Die Trennung von Fakten und Erleben ist der wichtigste Schritt, mit dem Sie Ihre Stressvermeidung einleiten. Sie sollten das in jedem Falle schriftlich beginnen und so lange fortführen, bis Ihnen diese Trennung in Fleisch und Blut übergegangen ist. Wenn es also wieder losgeht mit Ihren traurigen oder verzweifelten Gedanken, dann sollten Sie vorher zurechtgelegtes Schreibzeug nehmen und Folgendes aufschreiben:

Fakten	Meine Bewertung: Gefühle, Befürchtungen, Sorgen

Diese einfache Methode hat mehrere Vorteile:

1. Ihr »Negativkarussell«, d. h. Ihre Gedanken, werden gestoppt, weil Sie sich mit etwas Konkretem beschäftigen müssen. Das wirkt sich besonders nachts positiv aus, wenn Sie nicht wieder einschlafen können.

2. Sie haben das Gefühl, aktiv etwas zu tun zur Bewältigung des Problems (tun Sie ja dann auch). Dadurch sinkt die Anspannung bzw. seelische Belastung.

3. Ihre Fähigkeit, zwischen Fakten und Erleben zu trennen, wird jedes Mal besser und ermöglicht Ihnen, neue Betrachtungen anzustellen.

4. Sie werden mehr Abstand gewinnen zu Ihrem Erleben. Dadurch werden Sie es besser steuern können. Sie gewinnen allmählich ein Mittel, um nicht mehr so tief in diesen irrationalen Strudel zu geraten. Ihr Erleben entwickelt sich mehr in Richtung des Beispiels mit dem Tod des Kaninchens.

Eine Anmerkung zu Schlafstörungen, die bei seelischen Belastungen häufig auftreten: Schlafstörungen fördern Stress, Stress fördert Schlafstörungen. Regelmäßige Durchschlafstörungen können seelische oder körperliche Ursachen haben. Alkohol ruft sie übrigens auch hervor. Es gibt zur Behebung von Schlafstörungen eine hervorragende Anleitung von der Stiftung Warentest (ISBN 978-3-931908-72-0). Zu empfehlen ist auch der www.schlaftrainer.de im Internet. Tun Sie etwas, sofern Sie davon betroffen sind.

Nicht das, was uns belastet zählt, sondern wie sehr wir darunter leiden.

»Ich weiß gar nicht, was die hat. Die haben genug Geld, sie braucht nicht zu arbeiten und hat alles – ein Haus, einen ordentlichen Mann, zwei nette Kinder. Mein Gott, was will die mehr?« redete eine weniger bemittelte Frau über ihre depressive Nachbarin. Die meisten Menschen haben kaum Verständnis dafür, dass jemanden etwas belastet, was sie selbst nicht belastet bzw. belasten würde. Damit müssen Sie von vornherein rechnen.

Der Maßstab bei der Frage, ob etwas ein Problem ist, darf nie der Gegenstand des Leidens sein. Der Maßstab ist allein das Ausmaß des Leidens. Grundsätzlich kann jede beliebige Situation, jeder beliebige »Reiz« auch schwerste seelischen Belastungen auslösen.

Für Sie ist wichtig zu wissen: Wenn Sie zu denen zählen, die durch negative Gedanken gequält werden, dann ist es völlig gleichgültig, was der Grund ist. Es zählt allein, wie sehr Sie darunter leiden. Viele Betroffene wissen sogar nicht, weshalb sie leiden; sie sind schlicht gefangen in einer grauen Welt der Befürchtungen und des Unwohlseins. Im Beispiel dieser Frau war es Reizarmut. Der Mangel an Sinn und Herausforderungen machte sie depressiv.

Wenn auch Sie Stress durch negative Gedanken haben, sollten Sie sich auf keinen Fall »komisch, daneben, verrückt« als »Mimose« oder »Prinzessin auf der Erbse« fühlen. Stehen Sie zu Ihrer Schwierigkeit und gehen Sie diese entschlossen an – am besten mit der Selbstverständlichkeit, mit der Sie Ihre Waschmaschine reparieren lassen.

Aber wie? Gehen Sie davon aus, dass Sie befangen sind und selber schwerlich eine Lösung finden oder durchsetzen können. Auch hier zeigt sich wieder die große Bedeutung des sozialen Rückhalts durch Freunde. Wenn Sie niemanden nahestehenden haben, mit dem Sie reden können, sollten Sie sich überlegen, ob Sie nicht professionelle Hilfe in Anspruch nehmen wollen. Falls Sie das tun: Klären Sie am Beginn den Auftrag, nämlich Sie herausfinden zu lassen, wie Sie Ihre Lebensumstände oder Ihr Erleben so ändern können, dass die belastenden Bedingungen wegfallen. Wenn Sie einen Partner haben, dann fordern Sie Verständnis von ihm. Es steht Ihnen zu.

Wenn Sie gar niemanden haben, dem Sie sich anvertrauen können, bleibt immer noch das Schreiben eines Tagebuchs als Lösung, die vielen geholfen hat. Es ist nämlich, als ob Sie das tun, was allen Erleichterung verschafft: Sie Erzählen von dem, was Sie bedrückt. Schreiben Sie sich ohne jeden literarischen, grammatikalischen, orthografischen oder sonstigen Anspruch alles von der Seele. Fluchen und weinen Sie hinein, lassen Sie Ihr ganzes Elend heraus. Aber zeichnen Sie immer mal wieder dazwischen einen Kasten, in dem Sie die Fakten und Ihre Bewertung getrennt notieren.

3.2   Ein »gutes Gewissen« ist ein sanftes Ruhekissen – ein »schlechtes Gewissen« macht Stress

Ich spreche dieses Thema hier an, weil mir immer wieder Menschen berichten, dass Sie häufig Stress durch ein schlechtes Gewissen und Schuldgefühle haben.

»Gewissen« ist eine Bezeichnung für eine Art innerer Prüfbehörde. Sie prüft, ob das eigene Handeln moralisch vertretbar ist. »Moral« ist die Sammlung unserer »Werte«, also die Sammlung all dessen, was uns etwas wert ist. Wie mächtig uns unsere Werte leiten, demonstriere ich Seminarteilnehmern gern mit der (nicht ernst gemeinten) Bitte an einen Teilnehmer, mir doch seine Frau für eine Nacht zu überlassen, da ich meine zu Hause gelassen habe.

Weltliche und religiöse Institutionen haben schon immer versucht, offiziell festzulegen, was Moral ist. Was etwas wert ist, legt aber letztlich wieder der Einzelne fest. Dabei gibt es erhebliche Unterschiede. Um es deutlich zu sagen: Auch jede kriminelle Vereinigung ist eine Wertegemeinschaft mit einer Moral, in der man ein schlechtes Gewissen kennt (leider nicht gerade gegenüber den Opfern).

Sie sehen schon an dieser Definition, dass Moral und Gewissen höchst persönliche, subjektive Empfindungen sind. So machte sich z. B. die 52-jährige Renate selbst schwerste Vorwürfe, sie kümmere sich zu wenig um ihre kranke Mutter, obwohl sie jeden Tag längere Zeit an deren Seite verbrachte – wozu sie eigentlich wegen Familie und Beruf keine Zeit hatte. Sie war enorm gestresst und am Ende mit ihren Nerven.

Aus meiner Sicht haben Menschen wie Renate keinen gerechtfertigten Grund für Gewissensbisse – aus meiner Sicht(!). Auf der anderen Seite habe ich beobachtet, dass manch einer, der aus meiner Sicht (!) Gewissensbisse haben sollte, diese gerade nicht hat.

Es gibt Menschen, die den ganzen Tag schuften, sich um alles kümmern, überall Verantwortung auf sich nehmen und dennoch oft unsicher sind, ob sie denn genug getan haben. Auch sie haben Stress durch ein schlechtes Gewissen.

Die Lösung des Rätsels ist einfach: Das Gewissen ist eine sehr persönliche, emotionale Angelegenheit. Wie sehr jemand zu Gewissensbissen neigt, hat viel mit Erlebnissen in Kindheit und Jugend zu tun. Es hat damit zu tun, inwieweit jemand dazu neigt, Furcht zu entwickeln. In der Verhaltenspräferenz »Loyalität« zeige ich Ihnen am Beispiel der Geschichte von Lothar, wie betont zurückweisendes, kritisierendes oder strafendes Verhalten von Eltern oder eines Elternteiles zu lebenslanger erhöhter Angstbereitschaft führt; gerade so, als könne man dauernd bei irgendetwas ertappt werden, oder irgendjemand könne urplötzlich böse auf einen sein. Das schlechte Gewissen wird zum ständigen Begleiter.

Die Therapie ist hingegen schwierig: Zunächst einmal ist es wichtig zu erkennen, dass im Laufe der Zeit eine gefährliche Verzerrung der Wahrnehmung entstanden ist. Statt stolz zu sein und die verdiente Anerkennung zu genießen bzw. sogar einzufordern, haben die Betroffenen auch noch ein schlechtes Gewissen oder Schuldgefühle. Und das, obwohl sie sich bereits übermäßig Verantwortung aufgebürdet haben. Diese verzerrte Wahrnehmung wird zur einer Stressfalle für Sie.

Abhilfe schafft hier eine Dokumentation der eigenen Leistungen. Wer einmal protokolliert, was er an einem Tag alles geleistet und erledigt hat, wird abends vielleicht selbst den Kopf schütteln: »Heute habe ich wirklich viel geleistet.« Damit aber nicht genug: Er muss jetzt noch eine wichtige Leistung vollbringen, um weniger stressanfällig zu werden: Er muss sich überlegen, wie er sich so belohnen will, dass er selbst – und nur das zählt – wirklich Spaß und Freude erlebt. Das hat er verdient.

Es gibt noch einen häufig genannten Stressor (= ein Reiz, auf den wir mit Stress reagieren): die Befürchtung, einer Aufgabe nicht gewachsen zu sein. Zu Ihrer Beruhigung kann ich Ihnen sagen, dass mir das schon mein ganzes Berufsleben lang so geht. Inzwischen habe ich aber innerlich umgestellt auf: »Interessant, es kommt etwas Neues«. Es hat sich nämlich mit den Jahren herausgestellt, dass ich durch Anstrengungen doch einiges zustandebringen konnte.

Wenn Ihr Problem weniger die Schwierigkeit, sondern einfach die Menge der Arbeit ist (»ich weiß nicht mehr, wo mir der Kopf steht!«), dann finden Sie Anregungen im Teil 7.

Vielarbeiter und Sich-sofort-verantwortlich-Fühlende: Planen Sie Vergnügen und Belohnung wie dringende, wichtige Termine, die keinen Aufschub dulden.

Und noch eine einfache aber goldene Regel für alle, die unter Überlastung bei der Arbeit – ob privat oder im Beruf – leiden: Je härter der Druck, desto wichtiger ist es, unter allen Umständen Freizeit und Belohnung als Termine mit hoher Priorität einzuplanen. Vereinbaren Sie »Verabredungen mit sich selbst« – so viel Zeit muss sein. Sonst laufen Sie Gefahr, wegen Ihrer Leistungen an Leistungsfähigkeit zu verlieren.

Gewöhnen Sie sich möglichst frühzeitig in Ihrem Berufsleben daran, mit Ihren Kräften zu haushalten. Es sollte zu Ihrem Lebensstil gehören, ausreichend Momente der Erholung einzubauen. Kluge Unternehmensleitungen wissen darum und bauen von vornherein durch entsprechende Programme vor. Dazu finden Sie die entsprechende Aufgabe »Wofür lebe ich eigentlich?« im Abschnitt 4.4.

3.3 Warum sich Menschen gerne über etwas aufregen: Über Miesmacher, Pessimisten und Spielverderber

Sie wissen jetzt: Wenn jemand etwas tut, dann nur, weil er einen Nutzen bzw. eine Befriedigung davon erwartet oder hat. Machen wir uns mit dieser Erkenntnis daran, einen nationalen Charakterdefekt zu verstehen: das Schimpfen, Meckern und Schwarzsehen. Solche Nachbarn, Kollegen und andere Zeitgenossen können für einigen Stress sorgen.

Ein Warenhaus war vom edlen Konsumtempel zum Discounter heruntergestuft worden. Die Mitarbeiter waren frustriert. Sie beschwerten sich bereits bei den Kunden über die neue Situation. Ich wurde hingeschickt, um »die Mannschaft wieder zu motivieren«. Die Mitarbeiter durften sich bei mir ungebremst und ausführlich über ihre Situation beklagen. Sie gaben auch zu, die Firma bereits bei den Kunden schlechtzumachen.

Ich habe ihnen erklärt, dass alles menschliche Verhalten der eigenen Bedürfnisbefriedigung und dem eigenen Nutzen dient. Die Mitarbeiter sollten herausarbeiten, welchen Nutzen sie davon haben, schlecht über die Firma zu reden. Danach sollten sie darstellen, welche Nachteile sie davon haben. Anhand der anschließenden Bilanz wurde ihnen klar, dass der Nutzen in keinem Verhältnis zu den Nachteilen steht. Das hat ihre Einstellung und ihr Verhalten grundlegend verändert.

In diesem Beispiel gab es einen realen und verständlichen äußeren Anlass zum Meckern. Bei sehr vielen Menschen beobachte ich aber, dass sie scheinbar ohne Anlass erst mal negativ über alles Mögliche reden – und das am ehesten dann, wenn sie nichts von der Sache verstehen. Es ist gerade so, als ob sie schlecht reden wollen, nur um schlecht zu reden. Dazu gibt es eine treffende Feststellung von Nietzsche:

»Das Unbekannte ist immer das Böse«.

Selbstverständlich haben auch diese Menschen einen Nutzen von ihrem Verhalten: Mit dem negativen Reden wollen sie sich von eigener Unerfülltheit und Unzufriedenheit erleichtern. Es ist immer ein Ausdruck von Ablehnung der eigenen Person oder der eigenen Situation. Es ist so etwas wie eine seelische Selbstbedienung der Unzufriedenen und Frustrierten auf Kosten anderer.

Karl war kein herausragender Schüler. Die ehrgeizigen Eltern signalisierten ihm oft, dass er nicht intelligent genug sei. Das hat Karl sehr geprägt. Heute wirkt er oft arrogant: Er äußert sich abfällig über »die Dummheit der Menschen«.

Wir Psychologen bezeichnen das als »Projektion«: Die (vermeintliche) eigene Minderwertigkeit wird anderen nachgesagt nach dem Motto: »Wenn andere dumm sind, dann wirke ich daneben nicht mehr ganz so dumm.« Karl mildert also sein chronisch defizitäres Selbstbewusstsein auf Kosten anderer.

Im Abschnitt 2.1 ist bereits der Hintergrund beschrieben: Meist steht eine Erziehung dahinter, die eines oder mehrere der folgenden Merkmale enthält: Kreative Leistungen des Kindes werden herabwürdigt (»zu albern, zu laut, zu schmutzig, ...«), Zuwendungsentzug wird als Disziplinierungsmethode eingesetzt, es wird Überanpassung erwartet, und es wird Geringschätzung vermittelt. Das Kind entwickelt – unabhängig davon, wie sauber, ordentlich, fleißig, angepasst usw. es tatsächlich ist – Schuldgefühle, eben nicht genügend sauber, ordentlich, fleißig, angepasst usw. zu sein. So ist es ohne Weiteres möglich, dass sich der Sauberste, Ordentlichste, Fleißigste, Angepassteste unbewusst als zu schmutzig, zu schlampig, zu faul oder zu schuldig hält.

Dieser Zustand ist unangenehm. Der Betroffene möchte sich gerne entlasten. Ein Weg der Entlastung ist besonders verbreitet: Das, was man von sich selbst befürchtet, sagt man anderen nach. Wenn ein Psychologe so jemanden schimpfen hört, sagt er innerlich zu diesem: »Erzähle du nur weiter über dich!«

Dieser seelische Mechanismus wurde von einflussreicher Seite schon viel genutzt, indem Angehörige bestimmter Nationen, Rassen oder Glaubensrichtungen als Hassobjekt geradezu angeboten wurden. Auf dem Hintergrund von Selbstablehnung wurde und wird dieses Angebot vom Mobbing bis zur physischen Vernichtung der Opfer naiv genutzt, um sich von Unzufriedenheit mit sich selbst und dem eigenen Leben zu entlasten.

Die Neigung, über andere zu schimpfen, schlecht über sie zu reden und sich herablassend zu verhalten, ist also in hohem Maße davon abhängig, wie unzufrieden jemand mit sich selbst ist. Einer Verkäuferin, die schlecht vom Kunden (oder Chef) behandelt wird, kann ich als Hilfestellung hier anbieten: Machen Sie sich klar, was für ein armer Mensch da vor Ihnen steht. Es tut ihm gut, sich so daneben zu benehmen. Helfen Sie ihm, damit es ihm wieder besser geht; eigentlich müsste man den armen Kerl jetzt lieb haben und drücken. Genau das fehlt ihm nämlich.

Leider sind Selbstwertprobleme und auch die Neigung zu Schuldgefühlen chronisch. Die Entlastung am einen Tag garantiert keinesfalls, dass die Not nicht am nächsten Tag wieder da ist.

Gemeinsames Schimpfen simuliert Nähe, wo keine ist

Ein weiteres Motiv, gemeinsam über andere herzuziehen, ist die Stärkung des Zusammenhalts. Gemeinsames Schimpfen über andere schafft (fragwürdige) Nähe. Häufig ist da nämlich keine Gemeinsamkeit und nichts, was die Beziehung trägt. Es herrscht Leere. Auf diesem Weg lässt sich aber Beziehung simulieren.

Negativ-Erzählungen werden auch zur »Erzwingung« von Aufmerksamkeit eingesetzt

Und noch einen Grund gibt es, Negatives zu erzählen: Man erzwingt damit die Aufmerksamkeit der anderen. Wer befürchtet, dass ihm niemand Zuwendung gibt, der bringt andere gerne in die Situation: Entweder du zeigst Betroffenheit (= Beachtung, Zuwendung), oder du bist ein herzloser Geselle. Dieses Sozialmanöver zur Zuwendungsbeschaffung stürzt den Zuhörer in einen Aversions-Aversions-Konflikt: Um nicht als herzlos zu erscheinen, wechselt er prompt den Gesichtsausdruck. Psychologisch betrachtet: Er »belohnt« den Erzähler des Schrecklichen mit Beachtung. Das ist aber genau das, was der Erzähler (unbewusst) erreichen wollte.

Negatives und Schreckliches füllt die eigene Leere

Jeder Mensch braucht ein gewisses Maß an Eindrücken und Erlebnissen, d. h., einen gewissen Reizpegel. Es gibt leider Menschen, deren Leben ein Zyniker einmal so beschrieb: »Er steht morgens auf und geht abends zu Bett«. Es herrscht Reizarmut im Leben dieser Person. Der Alltag ist grau. Über andere herzuziehen schafft da Abwechslung und Erlösung von der Reizarmut. Das kann so weit gehen, dass der Bedarf nach einem »Kick«, d. h. nach einem Erlebnis, bis zur brutalen körperlichen Gewalt geht. Auf dieses Konto gehen Tötungen, deren einziger Sinn es war, dem Täter mal wieder ein aufregendes Erlebnis zu verschaffen.

Zusammengefasst: Wer das richtige Motiv hat, der macht sich auf die Suche. Er findet garantiert immer etwas, woran er etwas aussetzen kann.

In Betrieben, Mehrfamilienhäusern und anderen Gemeinschaftseinrichtungen kann eine Person dieses Schlages das gesamte Klima vergiften. Am besten entfernt man solche Profi-Mobber, denn sie sorgen täglich für neuen Stress. Wo das nicht geht, bleibt oft nur, selbst das Terrain zu räumen nach dem Motto »Love it, leave it or change it« (Liebe es, verlasse es oder ändere es).

In vielen Fällen ist aber beides nicht möglich. Dann bleibt nur der folgende Weg:

Trainieren Sie Ihre Autonomie:
Die kostenlosen Trainerstunden gibt Ihnen Ihr Bösewicht!

Autonomie ist die Unabhängigkeit von dem, was andere mit mir machen wollen.

Am Beginn einer Therapie sieht ein Patient, der unter dem Verhalten eines anderen Menschen leidet, typischerweise die Gründe seiner Hilflosigkeit und Enttäuschung im anderen (»Ich habe Stress, weil mein Mann/mein Chef ...). Im Verlauf der Therapie ändert sich das: Ihm wird immer klarer, dass der andere ein »normaler Umfeldreiz« ist, von dem er sich immer wieder die Autonomie rauben lässt. Er lernt, die Ursache für seinen Stress in sich selbst zu finden. Der Weg aus seinem Beziehungsstress führt stets über die Verbesserung seiner Autonomie und seines Selbstvertrauens. Er erwirbt so die Fähigkeit, eine Beziehung in seinem Sinne zu verändern.

Sie wissen ja: Wir können nicht die Welt, wohl aber uns selbst ändern.

Lesen Sie dazu mehr im Abschnitt 4.2, »Autonomie als lebenslanges persönliches Entwicklungsziel«.

Und wo wir gerade bei den »nationalen Charakterdefekten« sind:

Negatives Denken hat bei uns leider auch zur Folge, dass wir mit Anerkennung und Lob, d. h. allgemein mit dem Überbringen von Positivem, zu sparsam sind. Wenn ich das Seminarteilnehmern sage, dann kommt sogleich der Einwand, dass man nicht »schleimen« wolle.

Es ist wohl unser Schicksal, dass wir das, was anderen (und uns selbst) so gut tut, in diese negative Ecke schieben müssen. Es ist wohl ein Zeichen mangelnder Selbstachtung, wenn wir uns schwer tun, anderen Positives zu sagen. Wollen Sie nicht doch einmal damit experimentieren? Das tut nämlich beiden gut.

Wichtig ist dabei, dass Sie es ehrlich meinen. In einem Film stellten sich die Verkäufer in einem Geschäft vor: »Wir sind das freundlichste Kaufhaus der Welt«. Sie waren weit übertrieben freundlich. Als sich herausstellte, dass der Kunde ein Dieb war, verkehrte sich das Geschäft plötzlich zum unfreundlichsten Warenhaus der Welt. So also nicht.

Im Seminar üben wir das, indem sich jeder zwei kleine positive Dinge überlegen soll, die er seinem Nachbarn sagt. Versuchen Sie das doch auch mal in Ihrem Umfeld. Das tut Ihnen auch selber gut.

3.4   Drei Fehler, die garantieren, dass Ihr Stress anhält

1. Fehler: Es fehlt die innere Einstellung

Ich habe oft genug erlebt, dass Menschen zu ihren Eigenarten stehen, obwohl sie sich selbst und ihren Beziehungen Schaden, Verletzungen, Vertrauensverlust und sogar Abneigung zufügen.

»So bin ich nun mal, daran müssen die anderen sich gewöhnen.«

Nicht lernfähig zu sein (sein zu wollen) heißt, irgendwelchen Motiven zum Opfer zu fallen, die ich mir ja nicht selbst ausgewählt habe, sondern die – großenteils durch Einflüsse meines Umfeldes – von außen gekommen sind. Ob die aber immer so sinnvoll waren?

Wenn wir über die wichtigsten Hebel für die Beseitigung ihrer Stress-Fallen sprechen, dann geht es um ihre Wahrnehmung, ihre Gefühle, ihre Gedanken, ihre Reaktionen – das ist das Thema. Und das Thema ist selbstverständlich auch, ob Sie Ihre Bewertung von Ereignissen und Situationen, die Ihnen Unbehagen bereiten und Stress machen, ändern wollen. Der Schlüssel zu weniger Stress liegt in I h r e r Bereitschaft zur Veränderung.

Wer weniger Stress haben möchte, der würde besser sagen: »Das passiert mir immer wieder, das kommt einfach so in mir auf oder aus mir heraus. Ich möchte es eigentlich auch nicht, ich weiß aber nicht, wie ich es ändern kann. Ich würde mich aber gerne verbessern. Ich bin neugierig.«

Erst diese Einstellung eröffnet Ihnen eine Chance, dauerhaft widerstandsfähiger gegen Stress zu werden.

2. Fehler: »Schuld« bei anderen suchen

Der konsequente Weg zum Stress: Ursachen für eigene Unzufriedenheit bei anderen sehen

»Warum haben Sie Stress?« frage ich Seminarteilnehmer. Die Antwort lautet meistens: »Weil mein Chef/meine Kollegen/mein Mann/die Bank/ ...«. Es ist ein verbreiteter und schwerwiegender Denkfehler, die Ursachen für den eigenen Stress dem Umfeld zuzuschreiben (es gibt übrigens auch den umgekehrten Fall: »An allem was passiert bin ich schuld« – darüber mehr beim Muster »Harmonie«). Das ist zwar menschlich verständlich, aber es ist nur ein Abreagieren. Wer ernsthaft etwas gegen seine Stressfallen tun will, kommt damit nicht weiter. Er wird immer wieder denselben Stress haben.

Was heißt eigentlich »an mir selber arbeiten«?

Wenn ich von Negativem umgeben bin, man mich beleidigen, herabsetzen oder betrügen will, die Bank böse Drohungen ausstößt, dann gibt es zwei Möglichkeiten, darüber nachzudenken:

Möglichkeit 1 (= normal): »Der andere ist schuld!«

Vorteil: Ich bin das Problem los, bin entlastet von Schuld, ich war es nicht, ich bin ja nur das unschuldige Opfer.

Nachteil: Ich werde nie erwachsen und werde immer wieder denselben Stress haben.

Die passende Grabinschrift dieses Menschen lautet: »Aus seinem Leben ist leider nichts geworden, weil die anderen schuld waren.«

Möglichkeit 2 (= nicht normal): »Ganz unabhängig davon, wie unmöglich der andere sich verhalten hat – wo liegen Gründe in mir, weshalb ich in dieser Situation Stress habe?«

Nachteil: Unbequem, tut weh.

Vorteil: Ich werde jedes Mal ein Stückchen erwachsener.

3. Fehler: Auf andere warten

Viele Menschen klagen darüber, dass jemand (oder alle) gegen sie sind. Sie warten darauf, dass sich »endlich etwas tut«. Sie hoffen darauf, dass sich ihr Partner, ihr Chef, ihre Kollegen bessern (»Irgendwann muss der das doch begreifen, dass es so nicht weitergeht!«), dass die Zeit oder die Umstände, jedenfalls etwas außerhalb ihrer Person sich verändert und dadurch ihr Stress weniger wird.

So ist bei etlichen Partnern die Erwartung verbreitet: »Ändere du dich, damit wir glücklich werden!« Das ist beziehungszerstörerisches Verhalten, das zu nichts führt – außer zu Stress. Die beziehungsförderliche Frage heißt: »Was kann i c h tun, damit wir glücklicher werden?«

Es ist im Augenblick bequem, die Lösung von anderen zu erwarten. Die meisten warten hier vergebens. So können wir auch hier schon einmal vorsorglich die Grabinschrift entwerfen: »Aus seinem Leben ist leider nichts geworden, weil niemand seine Probleme gelöst hat.«

Halten Sie es lieber mit Goethe: **»Es passiert nichts, außer ich tue etwas!«**

4 Wohin geht unsere Reise?

4.1 ~~Kleider machen~~ Selbstvertrauen macht Leute

Selbstvertrauen ist im Umgang mit anderen Menschen eine wichtige, wenn nicht die wichtigste Größe. Politiker werden gewählt, weil sie Selbstvertrauen ausstrahlen. Menschen mit ausgeprägtem Selbstvertrauen traut man mehr zu als anderen. Man lässt sich von ihnen lieber führen, und es ist für diese leichter, eigene Interessen durchzusetzen. Das eigene Selbstvertrauen trägt entscheidend dazu bei, wie das eigene Leben verläuft.

Andererseits gibt es das »typische Opfer« (das gibt es tatsächlich!): Es wird z. B. häufiger überfallen als andere Menschen, weil es zu wenig Selbstvertrauen ausstrahlt. In meiner Praxis habe ich einige Patientinnen gesehen, die fast zerbrochen sind an – teils gewalttätiger – Unterdrückung durch ihren Ehemann. Der Schlüssel zur »Befreiung« dieser Frauen liegt ausnahmslos in der Verbesserung ihres ramponierten Selbstvertrauens, nicht aber darin, dass der Partner sich ändert.

Was ist eigentlich »Selbstvertrauen«?

Ist es das, was der Typ hat, bei dem die Tür von selber aufgeht, wenn er in den Raum kommt und bei dessen Erscheinen man sich eine Sonnenbrille aufsetzen muss? Nein, das ist ein Fall von zu wenig Selbstvertrauen. Allerdings hat er einen Weg erlernt, wie er von vornherein verhindert (meint verhindern zu können), dass jemand merkt, wie schwach er eigentlich ist. »Schwach« ist wiederum sein eigenes Selbstvertrauen. Diese Leute erkennt man daran, dass sie dort, wo sie meinen, dass sie niemand kennt, den »großen Max« spielen. Psychologen nennen das »Überkompensation«.

Selbstvertrauen ist die Zuversicht, schwierige Anforderungen im Leben im Rahmen des Machbaren durch eigenes Tun bewältigen zu können. Menschen mit Selbstvertrauen sind »erfolgsmotiviert«, d. h., sie wählen sich realistische Ziele und führen deren Erreichen auf eigene Fähigkeiten und Anstrengungen (statt auf Glück oder Zufall) zurück. Sie zeichnen sich dadurch aus, dass sie Kritik weniger schmerzt, dass sie anderen Raum geben können, ohne neidisch und eifersüchtig zu werden. Sie zeichnen sich dadurch aus, dass sie sich selbst besser unter Kontrolle haben, weniger zu Aggressionen neigen, ihre Meinung sachlicher und weniger aufgeregt vertreten. Sie treten da in den Vordergrund, wo es die Sache erfordert, und halten sich zurück, wo es angemessen ist. Sie treten bescheidener auf – ohne »Theaterdonner«, haben aber auch kein Problem damit, sich darzustellen und Raum zu verschaffen, wo es erforderlich ist.

Gut entwickeltes Selbstvertrauen hilft uns, Aufgaben zu bewältigen. Zu geringes Selbstvertrauen macht viele Situationen zu Stresssituationen, weil der Glaube an die eigene Fähigkeit fehlt, die Situation zu bewältigen.

Es ist aber keineswegs so, dass am Beginn des Erwachsenenalters festliegt, wie ausgeprägt das Selbstvertrauen ist. Ich habe schüchterne Menschen beobachtet, die ein beeindruckendes Selbstbewusstsein entwickelt haben, und ich habe »Riesen« beobachtet, die in sich zusammengefallen sind, weil ihr Selbstverständnis zu sehr aus materiellem Pomp und Status bestand, der z. B. durch eine Kündigung verloren ging.

Diese Veränderbarkeit des Selbstvertrauens ist die Chance derer, bei denen es zu gering ausgeprägt ist. Sie können viel gegen ihren Stress tun, indem sie konsequent an der Verbesserung ihres Selbstvertrauens arbeiten.

Was tun, wenn das Selbstvertrauen zu gering ausgeprägt ist?

In der Theorie ist das selbstverständlich wieder ganz einfach:

1. Werde dir darüber klar, dass deine negative Selbsteinschätzung – nüchtern betrachtet – irrationaler Hokuspokus ist, der einer sachlichen Grundlage entbehrt. Kein Mensch hat einen objektiven Grund für solche Gedanken.

2. Suche dir konsequent herausfordernde (nicht: überfordernde) Situationen, in denen du dir Erfolgserlebnisse verschaffen kannst. Meide konsequent aussichtslose Situationen, die du nicht bewältigen kannst. Löse dich von Menschen, bei denen du dich klein, nebensächlich und unterlegen fühlst.

3. Fange mit selbstgestellten Aufgaben an, die dir relativ leicht fallen (Beispiele kommen gleich). Steigere den Schwierigkeitsgrad erst, wenn du diese Aufgabe ohne besondere Schwierigkeiten bewältigst. Wichtig bei alledem: Überfordere dich keinesfalls! Ein Misserfolgserlebnis wird schnell zum Rückfall. Es ist ja gerade dein Problem, dass du erwartest, dass du es nicht schaffst. Jeder Therapie-Misserfolg verringert die Erfolgsaussichten der nächsten Therapie.

Zum Praktischen: Wo kann ich mir »Erfolgserlebnisse« verschaffen? Hier ein paar Anregungen.

Nutzen Sie Lebenspartner und/oder Freunde als Quellen des Erfolges.

Sprechen Sie, sofern Sie nicht allein sind, mit Ihrem Partner oder mit Freunden darüber, inwieweit Sie beide sich gegenseitig Erfolgserlebnisse ermöglichen. Gegenseitige Achtung, Zuhören und Interesse verschaffen Erfolgserlebnisse. Wo das nicht der Fall ist, stimmt nämlich die ganze Richtung nicht. Erheben Sie das zur Forderung in Ihren Beziehungen. Eine Partnerschaft ist dazu da, sich gegenseitig dabei zu helfen, die eigenen Bedürfnisse zu befriedigen und ein erfülltes Leben zu führen. Und dazu gehören nun mal Bestätigung und Erfolg.

Gestalten Sie den Ablauf einer Begegnung erfolgreich

Ergreifen Sie die Initiative für eine Begegnung: Beginnen Sie mit der einfachsten Form, indem Sie jemanden anlächeln, bis auch er lächelt (geben Sie nicht gleich beim ersten Miesepeter auf). Tun Sie das mehrfach, bis es Ihnen Spaß macht. Tun Sie dann den nächsten Schritt: Sprechen Sie von sich aus jemanden an und wechseln Sie ein paar (erst mal belanglose) Worte mit ihm. Üben Sie das, bis es Ihnen leichter fällt. Steigern Sie sich bis hin zu der »Spitzenleistung«, z. B. verwickeln Sie den anderen in ein ganzes Gespräch oder schlagen Sie eine gemeinsame Aktivität vor. Lernen Sie auch, den Zeitpunkt der Beendung eines Gesprächs zu bestimmen – auch gegen Widerstand.

Üben Sie, »NEIN« zu sagen

Warum das schwierig sein kann, haben Sie (Abschnitt 2.4, »Alles menschliche Verhalten dient der eigenen Bedürfnisbefriedigung«) bereits erfahren. Diejenigen unter Ihnen, die schlecht NEIN sagen können, sind besonders gefährdet, wenn das/Ihr Gegenüber die psychologisch härteste Form der Handlungs-Aufforderung wählt: das bescheiden, höflich und nett formulierte »Bitte«.

Gegen Unverschämtheit und Aufdringlichkeit hätte man sich ja noch wehren können, aber diese Form setzt einen vollends außerstande, sich dem zu verweigern, was der andere will. Höflichkeit ist eigentlich etwas Wunderbares. Bedenken Sie aber, dass es auch als Sozialmanöver (»Höflichkeitsmanöver«) eingesetzt werden kann, um Sie zu einer Handlung zu bewegen, die Sie eigentlich gar nicht wollten. Jeder Verkäufer lernt das. Am Beginn Ihrer Abwehrübungen können Sie sich diese schwierige Aufgabe erleichtern, indem Sie erst mal mit vielen Erklärungen und Entschuldigungen eine Bitte weich aber konsequent ablehnen. Folgende Regel erleichtert es Ihnen, diesen Stress durchzuhalten:

Im Umgang mit dem anderen höflich, zart, verständnisvoll und wertschätzend, gleichzeitig aber in der Sache konsequent, ja hart sein

Wenn Sie das schließlich ohne »Superstress« schaffen, zünden Sie die nächste Stufe: Lassen Sie alle Begründungen und erst recht Entschuldigungen weg. Ihr Ziel sollte sein, das eines Tages ohne Gefühlswallungen zu schaffen – so als ob Sie sich im Supermarkt gerade entschieden haben, ein Waschmittel wieder ins Regal zurückzustellen.

Finden Sie Erfolgserlebnisse in Ihrer Arbeit

Untersuchen Sie auch Ihre Erfolgserlebnisse in der Arbeit. Es ist mir klar, dass es für viele heute schwierig ist, hier an ihrer Situation etwas zu verbessern. Ziehen Sie dennoch einmal Ihre Erfolgsbilanz bei der Arbeit. Finden Sie – auch kleine – Dinge, die Sie bewusst auf das Pluskonto Ihres Selbstwertgefühls buchen können. Es sollte möglichst wenig Tage geben, an denen Ihr einziger Erfolg ist, dass Sie 1/30stel Monatsgehalt verdient haben.

Machen Sie es wie alle anderen: Sagen Sie deutlich, was Sie wollen

Jeder – auch Sie selbst – ist es gewohnt, dass andere sagen, was sie wollen. Nur Sie tun es nicht? Sie halten sich lieber zurück, weil Sie niemandem zu nahe treten wollen oder nicht wollen, dass der andere Ihnen böse ist? Vielleicht machen Sie sogar den allerschlimmsten Fehler: eben dieses Verhalten auch noch gut zu finden (»Ich will kein Egoist sein, das gebietet der Anstand, es wäre unhöflich ...«)? Diesen Abwehrmechanismus nennen wir »Rationalisierung«: Ich suche eine sachliche Begründung für mein Verhalten, das eigentlich durch etwas ganz anderes begründet ist, nämlich durch mein Motiv, Angst zu vermeiden.

Verringern Sie Ihre Stress-Anfälligkeit, indem Sie hier besser werden: Sagen Sie laut und deutlich, was Sie wollen – oder am Anfang der Übung, was Sie gerne hätten, wenn es keine Umstände bereitet und die anderen nicht stört – aber sagen Sie es.

Sagen Sie es nicht unbedingt, weil Sie etwas wirklich wollen, sondern sagen Sie es in erster Linie, um einmal gesagt zu haben, dass Sie etwas wollen. Ja, machen Sie das Äußern von Wünschen zum Selbstzweck, zum Sport, zur Übung. Das stärkt Ihr Selbstbewusstsein zunehmend und erspart Ihnen zukünftig eine Menge Stress, der nur entsteht, weil Sie sich von anderen zu oft »die Butter vom Brot nehmen lassen«. Werden Sie keinesfalls niedergeschlagen, wenn Sie es wieder einmal nicht geschafft haben, sondern werden Sie wütend. Starten Sie schnell den nächsten Versuch: »Jetzt erst recht!«.

Gönnen Sie Ihrem Selbstwertgefühl jeden Tag ein Erfolgserlebnis

Gehen Sie davon aus, dass Sie jeden Tag ein Erfolgserlebnis brauchen, auf das Sie stolz sein können. Es ist dabei völlig egal, worin der Erfolg besteht:

* Es kann eine Arbeit in der Firma oder zu Hause sein,

* das Äußern von Kritik in einem Restaurant mit unbefriedigendem Essen oder Service,

* dass Sie es geschafft haben, heute eine halbe Stunde Bewegung zu haben,

* dass Sie auf etwas geliebtes Überflüssiges (z. B. Naschen) verzichtet haben,

* dass Sie nach dem Anprobieren von 5 Paar Schuhen doch keine gekauft haben,

* dass Sie in einem schwierigen Gespräch Ihren Standpunkt vertreten haben, usw.

Am besten schreiben Sie einmal eine Liste auf, wo und womit Sie sich Erfolgserlebnisse verschaffen können. Schauen Sie jeden Tag morgens auf diese Liste. Tun Sie etwas für sich.

Leider müssen einige von Ihnen damit rechnen, dass nahestehende Menschen Ihre zarten Gehversuche regelrecht sabotieren, weil sie es insgeheim gar nicht wollen, dass Sie es schaffen. So versuchte z. B. der Mann unserer übergewichtigen Patientin Edeltraud ihre Abnehm-Versuche zu sabotieren, indem er ihr jetzt selbst Schokolade kaufte, als sie versuchte, ihre Verführerin aus ihrer Nähe zu verbannen. Haben Sie auch schon mal beobachtet, wie sich Raucher auf einen stürzen, der nicht mehr rauchen will? Laufend bieten sie ihm was zu rauchen an. Oder versuchen Sie mal, in Gegenwart von Leuten weniger Alkohol zu trinken, mit denen Sie bisher gerne ein Glas zu viel getrunken hatten. Wie ermutigend sind Ihre »Freunde«, wenn Sie einem höheren Schulabschluss machen wollen? Rechnen Sie damit, dass andere Ihnen Ihre Erfolge nicht gönnen. Erinnern Sie sich noch an unsere Frage 2: Welchen Nutzen hat der andere davon, sich so zu verhalten, wie er sich verhält? Sie wissen jetzt: Sie werden zur Bedrohung für sein Selbstwertgefühl, weil er es eben selber nicht schafft. Im Falle von Edeltraud ging es dem Mann darum, jede Form von Selbständigkeit seiner Frau von vornherein im Keim zu ersticken (»Wir wollen doch mal sehen, wer hier das Sagen hat!«). Seien Sie gewappnet. Lassen Sie sich von niemandem verrückt machen!

Ihr zentrales Stichwort heißt »Autonomie«. Und nochmal: Das ist die Unabhängigkeit von dem, was andere mit Ihnen machen wollen.

4.2 Autonomie ist ein lebenslanges persönliches Entwicklungsziel

Stellen Sie sich vor, Sie sind allein in einem Raum. Sie können tun und lassen was Sie wollen. Keiner kann Sie beobachten. Sie fühlen sich sicher. Nach einer Weile hören Sie Schritte. Sie hören, dass jemand anderes in diesen Raum kommen wird. Schließlich betritt er den Raum. Fühlen Sie sich jetzt anders als vorhin? Sicherlich. Allein seine Anwesenheit ändert bereits Ihre Befindlichkeit – er braucht nicht einmal etwas zu sagen oder zu tun. Wie sehr ändert sich unsere Befindlichkeit erst, wenn er etwas sagt oder tut? Dieses Gedankenexperiment soll Ihnen zeigen, wie sensibel wir auf andere Menschen reagieren – auch wenn uns das in der Hektik des Alltags oft gar nicht so bewusst ist.

Lassen Sie sich einmal von Zigarettenrauchern berichten, wie wenig sie rauchen, wenn sie alleine sind und wie viel es wird, wenn andere dabei sind. Die meisten rauchen erheblich mehr, wenn andere dabei sind. Warum? Das Rauchen hat u. a. den Zweck der Linderung innerer Spannung durch Muskelaktivität (»motorische Spannungsabfuhr«). In der Gegenwart anderer Menschen sind wir gewöhnlich angespannter, als wenn wir alleine sind.

Sie sehen, wie leicht wir durch das Verhalten anderer beeinflussbar sind. Das kann sogar leicht zur Stressfalle werden:

Vermeintliche oder tatsächliche Wünsche oder Erwartungen anderer verleiten uns, etwas zu tun, was wir nicht wollen, oder etwas zu lassen, was wir tun wollen.

Andere Menschen verändern nicht nur unsere Befindlichkeit, sondern lösen in uns aus, dass wir uns anpassen. Das ist auch sinnvoll, um miteinander zurechtzukommen. Das Problem beginnt da, wo die Grenze zur Überanpassung überschritten wird. Überanpassung bedeutet, dass jemand übertreibt bei der Erfüllung der Wünsche und Forderungen anderer. Das Motiv entspringt gewöhnlich schlechten Erfahrungen mit eigenem so genanntem »Ungehorsam«. Diese »Prägung« lauert in manchen wie ein kleines Ungeheuer, das Angst vor den Folgen des Ablehnens der Wünsche anderer macht. Der Nutzen der Überanpassung ist wiederum die Vermeidung der Angst vor den Folgen des Nicht-Erfüllens der (oft vermeintlichen) Erwartungen anderer. Das macht vielen Menschen Stress.

Haben auch Sie die Schwierigkeit, sich Erwartungen und Wünschen anderer zu widersetzen, die Sie eigentlich nicht erfüllen wollen?

Gerne helfen andere mit einem »Sozialmanöver« nach, wenn ich nicht so will wie sie.

Als »Sozialmanöver« bezeichne ich alles Verhalten, das andere unter Druck setzt, die Wünsche des Manövrierenden zu erfüllen. Viele Menschen sind darin unglaublich kreativ – schließlich geht es ja um die Befriedigung ihrer eigenen Bedürfnisse. Dazu hatten wir ja schon ein paar Beispiele. Jeder Verkäufer wird darin ausgebildet, um erfolgreich zu verkaufen. Das Problem entsteht dann, wenn ich zu etwas gebracht werden soll, was ich eigentlich gar nicht will – z. B. zu viel Geld auszugeben und mir damit anderen Stress einzuhandeln.

Beliebt und verbreitet ist z. B., dem anderen Schuldgefühle zu machen: »Ich tue alles für dich – und was tust du für mich?«, oder: »Ich will ja nur dein Bestes!« Erst werden »Leistungen« gegenüber dem anderen erbracht (die zum Teil gar nicht gewünscht werden, aber so nett aussehen), und anschließend wird die Hand aufgehalten, damit der andere seine (psychologischen) Dankesschulden begleichen kann.

> Der Mann einer Patientin war vernarrt in seine Bauernstube zu Hause. Für ihn sündhaft teure Zinnkrüge zogen ihn magisch an. Weil er so eine Anschaffung nicht vor seiner Frau verantworten konnte, schenkte er ihr einen Krug zu Weihnachten, obwohl sie weder der Bauernstube noch Zinnkrügen etwas abgewinnen konnte. Sollte sie nun das »Fest des Friedens und der Freude« und den ganzen Vorbereitungs-Aufwand in einem Ehekrach untergehen lassen? Sie tat es! Andere halten dann leider still – und haben Stress.

Verbreitet ist auch, Versprechen zu geben, die später aber nicht eingelöst werden (»Ankündigungsminister«), um uns dazu zu bewegen, Vorschuss-Zuwendung zu geben. Ohne Gegenleistung wird auf einfachem Wege Dankbarkeit und Zuwendung kassiert.

»Ich bin ein armes hilfloses Hascherl, hilf mir«, gehörte früher zu den Standard-Sozialmanövern der meisten Frauen, mit dem sie Männer zu beliebigen Hilfeleistungen bewegten – und sich dadurch leider selber herabwürdigten.

Demuts- und Bescheidenheitsmanöver sind beliebt, um mögliche Kritiker milde zu stimmen (»Entschuldigen Sie bitte, dass ich so eine schlechte Schrift habe/dass ich nicht so perfekt vortragen kann/leider hatte ich wenig Zeit für die Vorbereitung/entschuldigen Sie, dass ich atme«). Die korrekte psychologische Bezeichnung lautet: **»Demutsmanöver zur Auslösung einer Tötungshemmung«**. Dem Vorteil der geringeren Wahrscheinlichkeit des Kritisiertwerdens steht dann allerdings der Nachteil einer schwachen Selbstdarstellung gegenüber. Dadurch geht man das Risiko ein, in die

Opferrolle zu geraten und leichte Beute von Leuten zu werden, die gerne in die Verfol-
gerrolle gehen. Auch Drohgebärden und Einschüchterungsversuche gehören selbstverständlich zu den – leider oft erfolgreichen – Sozialmanövern.

Wer empfindlich gegenüber Kritik ist, wird leicht zum gestressten Opfer

Nehmen wir eine Situation, in der wir von jemand anderem kritisiert werden. Der eine
bedankt sich für die »hilfreiche Rückmeldung«, ganz gleich, ob diese konstruktiv oder
beleidigend, sachlich oder unsachlich vorgebracht wurde. Beim anderen sitzt die zarteste und hilfreichste Kritik tagelang wie ein Pfeil im Fleisch. Er wird viel (stressigen)
Aufwand treiben, um von vornherein jede Kritik zu vermeiden. Verbreitete Lösungsmöglichkeiten sind: weit mehr arbeiten als erforderlich; täuschen und lügen; tarnen und
verdrücken; aggressiv anderen die Schuld in die Schuhe schieben, an sich selbst ver-
zweifeln, u. a. All das sind Formen der Fehlanpassung, deren negative Auswirkungen
den Betroffenen über kurz oder lang wieder einholen und ihm neuen Stress bereiten.
Wenn jemand schon beim ersten kritischen Wort in sich selber versinkt – oder aber laut
und aufbrausend wird –, dann spüren alle anderen instinktiv, wie schwach sein Selbstvertrauen ist. Das Zutrauen in ihn, Respekt und Achtung sinken.

Bringen wir es auf den Punkt: Alle Sozialmanöver beruhen darauf, dass irgendwelche
Gefühle in mir ausgelöst werden oder Motive in mir entstehen, von denen der andere
einen Nutzen hat. Wenn ich dadurch Gefühle bekomme, die ich nicht wollte, dann habe
ich mir die Autonomie rauben lassen.

Gibt es eigentlich einen objektiven Grund, sich aufzuregen oder zu ärgern, d. h., negative Gefühle zu haben, die ich ja gar nicht haben will? Die Antwort ist Ihnen längst klar:
natürlich nicht: Wer sich worüber aufregt, ist von Mensch zu Mensch verschieden.
Deshalb kann es nur persönliche Gründe geben, sich aufzuregen.

Wenn Sie sich dennoch mal wieder von jemandem die Autonomie haben rauben
lassen: machen Sie sich keine Vorwürfe. Bedanken Sie sich innerlich bei dem Verur-
sacher dafür, dass Sie an seinem Verhalten wieder so viel lernen konnten. Er ist – wie
gesagt – Ihr bester Trainer für mehr Autonomie. Dieses Nachdenken aus dem Abstand
heraus (eine Nacht darüber schlafen) ist der Schlüssel zu mehr innerer Unabhängigkeit. Das macht sie jedes Mal ein Stückchen widerstandsfähiger gegen die Manöver-
künste anderer!

**Warum habe ich mir wieder die Verantwortung für meine Gefühle abnehmen
lassen? Wo endete meine Autonomie? Wodurch schaffen es andere immer
wieder, mir die Autonomie zu rauben?**

Es wäre äußerst unklug und hieße stehen zu bleiben, wenn man sich diese Situationen
nicht eingesteht, in denen man wieder mal seinen »Meister« gefunden hat (eine beson-

dere Warnung sei hier an die Verhaltenspräferenz »Humor« gerichtet). Mich weiter entwickeln kann ich nur, wenn ich mir selbst gegenüber kritisch bin.

Für Ihre Tagebuch-Eintragungen eignet sich das Schema:

»Meine Autonomie-Unfälle«

Das hat mein »Trainer« getan:	Das habe ich dabei empfunden:	Das war (aus dem Abstand betrachtet) wirklich schlimm daran:

Durch diese seelische Verarbeitung der Ereignisse entwickeln Sie allmählich Ihre Autonomie. Sie werden durch diese kostenlosen »Trainings« immer weniger Stress haben.

4.3 Ein neues Kapitel in Ihrem Leben: Psychohygiene

Diesen Begriff haben Sie noch nie gehört? Dann wird es höchste Zeit. In der Forschung wurde in den letzten Jahren ein wichtiger Wandel vollzogen: Neben der klassischen Frage, wie es kommt, dass jemand krank ist, wird endlich auch untersucht, wie es kommt, dass bestimmte Menschen gesünder und widerstandsfähiger gegen Stress sind als andere (»Salutogenese«).

Die bisherige Forschung zeigt im Kern drei günstige Bedingungen:

1. Gute Beziehungen zu Familie und Freunden mit gegenseitiger Wertschätzung und Unterstützung

Das Beispiel liefert Lothar (Abschnitt 5.6, Verhaltenspräferenz »Loyalität«). Für ihn sind Beziehungen zu Familie und Freunden von hohem Wert. Er steht aus Prinzip treu zu seinen Lieben und fühlt sich wohl, wenn er von Nahestehenden umgeben ist. Seine Familie ist ihm »heilig«.

Gerade jungen Leuten sei verraten, dass man die engsten Freunde, die man später und im Alter hat, bereits als Jugendlicher oder junger Erwachsener kennenlernt. Es sei Ihnen weiterhin verraten, dass mit höchster Wahrscheinlichkeit mindestens eine schwerwiegende Situation im Leben eintritt, in der man auf die Hilfe und das Vertrauen Nahestehender angewiesen ist. Pflegen Sie also Ihre persönlichen Beziehungen. Erwarten Sie keinen Nutzen außer Wohlbefinden und einem Gefühl der Geborgenheit.

2. Realistische und zugleich anspruchsvolle Ziele zusammen mit der Überzeugung, diese auch tatsächlich erreichen zu können

Es gibt Menschen, die sind »erfolgsmotiviert«. Das bedeutet, dass sie sich realistische und herausfordernde Dinge vornehmen und tatsächlich zumeist auch schaffen. Sie sind in der glücklichen Lage, Erfolge als typisches Ergebnis ihrer Anstrengungen zu betrachten. Sie erwarten stets, dass sie das hinbekommen, was sie sich vorgenommen haben. Wenn ihnen mal etwas nicht gelingt, dann führen sie das weniger auf sich als vielmehr auf den Zufall oder äußere Umstände zurück.

Viel innerlichen Stress haben hingegen Menschen, die »misserfolgsmotiviert« sind. Sie haben zu niedrige oder zu hohe Ziele. Das bedeutet, sie nehmen sich entweder Dinge vor, die weit unter ihren Möglichkeiten liegen, oder aber solche, an denen sie mit Sicherheit scheitern werden. Wenn diesen etwas nicht gelingt, dann führen sie das auf die eigene Schwäche zurück. Gelingt es ihnen, dann meinen sie, sie hätten »Glück« gehabt – der Erfolg habe an sich nichts mit ihren Fähigkeiten zu tun.

3. Die Überzeugung, die Dinge des Lebens weitgehend selbst beeinflussen zu können (»Kontrollüberzeugung«)

Menschen unterscheiden sich erheblich darin, inwieweit sie der Überzeugung sind, ihr Leben selbst steuern zu können: Diejenigen, die meinen, durch ihr Tun ihr Leben weitgehend nach ihren Vorstellungen gestalten zu können, sind wesentlich widerstandsfähiger gegen Stress. Im Gegensatz dazu sind Menschen anfälliger für Stress und Folgekrankheiten, die sich hilflos einem Schicksal ausgeliefert sehen, das sie nicht beeinflussen können. »Es gibt keine Arbeit für mich, da kann ich nichts machen« oder »Das geht nicht wegen meines Mannes« sind Beispiele für diese Einstellung.

Psychohygiene bedeutet so viel wie: Wir tun aktiv etwas, um Stress zu vermeiden. Da vieles unseren »inneren Frieden« zu stören versucht (Konflikte, Ärger, Arbeitsüberlastung, Steuererklärung, ungeplante Kosten, unangenehme Verpflichtungen, Kritik usw. – das Leben ist da absolut einfallsreich), wenden wir laufend bewusst Energie auf, um unsere Balance zu halten. Bewusst tun wir das z. B., wenn wir einen Konflikt lösen; Sport treiben, um uns von Ärger zu entlasten; eine unangenehme Arbeit erledigen, um einem Freund zu helfen; eine erregte Person durch professionelle Gesprächsführung (siehe Abschnitt 6.1, »Schwierige Gespräche führen«) zu konstruktiver Problemlösung zu bringen, usw.

Abwehrmechanismen lindern oder verstärken unseren Stress

Unsere bisher besprochenen »psychohygienischen Maßnahmen« können wir bewusst und vorsätzlich ablaufen lassen. Es gibt noch weitere wichtige psychohygienische Fähigkeiten unserer Seele, die uns eher unbewusst helfen, Stress abzubauen: die so genannten »Abwehrmechanismen«.

Ein Beispiel: Sie kennen die Bezeichnung »Verdrängen«. Das ist nicht einfach »vergessen«, sondern hier wird unter seelischem Kraftaufwand eine Erfahrung aus unserer bewussten Erinnerung gestrichen, die nicht in unser Weltbild passt. Z. B. »verdrängen« wir eine peinliche oder schmerzhafte Niederlage, um unser Selbstbewusstsein aufrechtzuerhalten. Das funktioniert, ohne dass wir es bemerken. Der Stress ist erst mal weg, die Seele vorerst wieder im Lot. Das kann durchaus psychohygienisch zweckmäßig sein. Es kann aber bei gravierenden Erlebnissen auch notwendig sein, das Erlebnis z. B. durch Gespräche oder die Tagebuch-Methode zu verarbeiten.

Das Problem an den Abwehrmechanismen ist, dass sie gewöhnlich nicht bewusst ablaufen. Sie entziehen sich deshalb unserer Steuerung. Sie können uns nämlich umgekehrt auch geradewegs in den Stress führen:

Leider funktioniert das Verdrängen auch bei Menschen, die ein negatives Selbstbild haben: Sie »verdrängen« alles Gute, was sie geleistet oder erreicht haben, und erinnern sich in erster Linie an Situationen, in denen sie versagt haben. Bei diesen Menschen verstärken die Abwehrmechanismen den Stress.

Gefährlich ist z. B. auch die Neigung, Kritik und Probleme zu verdrängen. Das kann auf die Dauer erheblichen Stress erzeugen. Wenn wir unsere Beziehungsprobleme verdrängen, kann es eines Tages einen sehr stressigen Knall tun. Wenn wir die Probleme unserer Firma verdrängen, können wir eines Tages unvorbereitet gestresst auf der Straße sitzen.

Ein wesentlicher Zweck dieses Buches ist es ja, uns unsere »Stress-Fallen« bewusster und damit kontrollierbarer zu machen. Dazu gehört auch die Kenntnis der Abwehrmechanismen, die jeder von uns nutzt, um Stress zu vermeiden. Sie werden hier noch eine Reihe dieser Abwehrmechanismen kennenlernen.

Finden Sie heraus, welcher Abwehrmechanismen Sie sich bedienen. Je bewusster Ihnen das ist, desto besser können Sie sich selbst steuern und dadurch Stress vermeiden.

4.4   Wofür lebe ich eigentlich?

Verantwortung, Verpflichtungen und Herausforderungen, also Arbeit und Leistung, haben eine wichtige Funktion für die Erhaltung unserer seelischen Gesundheit (»Psychohygiene«). Sie liefern einen wichtigen Beitrag für unser Selbstwertgefühl.

Stressgefährdet sind diejenigen, die davon entweder zu viel oder aber zu wenig haben. Diesen Menschen ist die Frage »Wofür lebe ich eigentlich?« denn auch schon fast unangenehm. Sie verursacht schlechte Gefühle.

Beginnen wir mit der ersten Gruppe: Es sind jene, die stets einen Berg von Verantwortung und Verpflichtungen vor sich haben. Bei vielen, die unter Stress leiden, wird das Handeln vorwiegend durch Sachzwänge wie z. B. Existenzsicherung, soziale Verpflichtungen, Pflege von Angehörigen, Pflege des Besitzes usw. bestimmt. Viele haben auch Stress durch die Folgen übertriebener materieller Ansprüche – z. B. wenn ihnen »zu einer bestimmten Schicht zu gehören« als Muss erscheint: Ein ausgeprägter Geltungsdrang hat schon so manchen in den finanziellen Ruin und damit in den Stress getrieben.

Sicherlich kann man den Sinn des Lebens darin sehen, bestimmte persönliche Verhältnisse aufrechtzuerhalten oder Verpflichtungen zu erfüllen und dafür einen hohen Preis zu zahlen. Manche tun das aber – gleich, ob beruflich oder privat – bis zur Erschöpfung. Und wenn sie eine Verschnaufpause einlegen, bekommen sie auch noch ein schlechtes Gewissen, weil in der Zeit wieder so vieles hätte erledigt werden können.

Vielen, denen das auch schon durch den Kopf gegangen ist, sagen sich: »Es geht nicht anders, die Verhältnisse lassen es nicht zu, ich will es so.« Das respektiere ich selbstverständlich, weil das erstens eigener Wunsch und zweitens oft gesellschaftlich außerordentlich wertvoll ist.

Niemand hat aber etwas davon, wenn Sie mit sich selbst schlecht haushalten – physisch wie seelisch. Wie soll dieses Dilemma ein Herzchirurg lösen, der genau weiß, dass Patienten sterben, wenn er nicht Tag und Nacht operiert? Es liegt geradezu im gesellschaftlichen Interesse, dass auch er an sich denkt und sich Raum für sich selbst nimmt. Sonst würden nämlich noch mehr Menschen am Herztod sterben.

Wir müssen uns dabei immer wieder vor Augen führen, dass wir alles tun, um unsere höchst eigenen Bedürfnisse zu befriedigen – oft, weil wir uns sehr schlecht fühlen würden, wenn wir uns der Verantwortung entzögen, oder weil wir außerstande sind, uns ein anderes Leben vorstellen zu können.

Kommen wir zur zweiten Gruppe: Zu ihr gehören jene, die z. B. durch Dauerarbeitslosigkeit oder -krankheit oder auch durch Einsamkeit kaum Verantwortung, Verpflichtungen und Herausforderungen haben. Anders gesagt: Sie haben nichts Nennenswertes, was in irgendeiner Form als »Arbeit« bezeichnet werden könnte.

Sie sind stressgefährdet, weil sie sich überflüssig fühlen und meinen, nicht gebraucht zu werden. Alles kommt ihnen so sinnlos vor. Ihre seelische Belastung liegt in einem Mangel an Identität. Die Folge sind oft chronische Selbstwertprobleme und Erosion der sozialen Bindungen.

Kommen wir zurück zu unserer Ausgangsfrage: »Wofür lebe ich eigentlich?« Es gibt Menschen, die Zeit haben, sich mit dem Sinn des Lebens zu beschäftigen. Vielleicht haben Sie es schon bemerkt: das Leben der meisten Menschen geht weiter, ohne dass sie diese sehr abstrakte Frage geklärt haben. Für »suchende« Patienten hängt in meiner Praxis ein Aphorismus von Thornton Wilder: »Das Leben hat keinen Sinn außer dem, den ich ihm gebe.«

Praktisch gesehen ist für die meisten die Frage nach dem »Sinn des Lebens« von geringer Bedeutung. Von großer Bedeutung ist es hingegen für so gut wie alle, einen Sinn in dem zu sehen, was sie tun. Um es noch deutlicher zu formulieren: Wir sind in der Lage, die unvorstellbarsten Dinge zu tun, wenn sie aus unserer Sicht Sinn ergeben. Das zeigen die drei folgenden Beispiele:

1. Beginnen wir harmlos: Wie bringen wir Akademiker dazu, alle Kästchen auf kariertem Papier durchzukreuzen, die voll durchgekreuzte Seite vom Block abzureißen, in den Papierkorb zu werfen, mit der nächsten Seite engagiert weiterzumachen, und das stundenlang? Ganz einfach: durch Sinnstiftung. Wir erzählen ihnen, es handle sich um ein wissenschaftliches Experiment, das der Vermeidung von Krankheiten durch monotone Tätigkeiten diene und von großer gesundheitspolitischer Bedeutung sei.

2. Wie bringe ich wildfremde Leute dazu, mir freiwillig Geld zu schenken? Indem ich eine Organisation gründe, die angeblich Spenden für Hilfsbedürftige sammelt.

3. Wie bringe ich fast eine ganze Generation von Männern dazu, gegen geringstes Entgelt Wochen und Monate von zu Hause weg zu sein und unter für uns schwer vorstellbar miserablen Komfort-Bedingungen in ständiger Lebensgefahr Höchstleistungen zu vollbringen? Das ist bekanntlich einer professionell »sinnstiftenden« Terrorgruppe (den Nationalsozialisten) gelungen.

So viel zur großen Bedeutung des Sinns, den wir in dem sehen, was wir tun.

Wir sehen »Sinn« in unserem Handeln, wenn wir dafür mit der Befriedigung eigener Bedürfnisse »belohnt« werden.

Die »Befriedigung eigener Bedürfnisse« (s. a. S. 46) kann etwas für mich Positives sein (Freude, Anerkennung, eine Leistung vollbracht zu haben, etwas zu Essen zu bekommen, usw.). Sie kann aber auch darin liegen, Negatives zu vermeiden (kritisiert werden, sich Vorwürfe machen, etwas verlieren, Strafe befürchten, usw.). Und das gilt für alle: den Hausmann, die Berufstätige und auch den Selbstmord-Attentäter.

Die Ausgangsfrage »Wofür lebe ich eigentlich?« wandeln wir deshalb um in die Schlüsselfrage nach unseren »Belohnungen«.

»Bin ich noch in der Lage, mich richtig zu belohnen?«

Freud hat einmal gesagt: »Der Mensch ist nicht gemacht, um glücklich zu sein.« Auch wenn man diese Vermutung auf dem Hintergrund seiner Zeit sehen sollte, möchte man das bei zu vielen fast auch heute noch glauben. Vor lauter Verpflichtungen und Verantwortungen haben viele nämlich die Fähigkeit eingebüßt, sich selbst angemessen zu belohnen. Das, was früher einmal Freude bereitet hat, ist unter dem Zeitdruck verkümmert: Hobbys, musische Interessen, Spaß mit anderen Leuten zusammen kennen viele nur aus der Erinnerung. In unserer zweiten Gruppe (s. S. 76) kennen viele das Gefühl, keine Belohnung verdient zu haben, oder aber sie meinen, dass es kaum etwas gäbe, mit dem sie sich belohnen könnten.

Das bedeutet, es fehlt an »gerechtem Ausgleich«, an ganz persönlicher Belohnung, die zugleich entspannend ist und angenehme Gefühle auslöst. Sie sehen selbst, wohin Sie geraten, wenn Ihre persönliche »Belohnung« nicht mehr stimmt.

Wir müssen Wege finden, wie wir hier einen Ausgleich schaffen. Das ist unter dem Zeitdruck – oder unter dem Druck von Selbstwertproblemen – nicht einfach. Dagegen hilft nur, das konsequent anzugehen.

Zunächst ist da die Schwierigkeit, überhaupt herauszufinden, womit wir uns belohnen können. Die folgende »Schatzsuche« soll Ihnen das erleichtern. Dieses Vorgehen regt Ihre Kreativität an und ergibt vielleicht unerwartete neue Lösungen für Sie:

Schatzsuche, Schritt 1:

Denken Sie einmal in Ruhe darüber nach und schreiben Sie auf, was Ihnen im Leben wirklich etwas wert ist (z. B. Liebe, Arbeit, Sicherheit, ein interessantes Leben, Gesundheit, soziales Engagement, immer locker drauf sein, Künstlerisches, politisches Engagement, möglichst viel zu Hause bei meinen Hobbys/meinem Partner sein, usw).

Ordnen Sie diese Werte in eine Reihenfolge: Am wichtigsten, am zweitwichtigsten usw. Geld darf nicht dabei stehen, sondern nur das, was Sie damit – falls es ein Wert für Sie ist – anfangen würden. Vermeiden Sie dabei jede Bewertung wie z. B. »kindisch unwichtig, zu teuer«. Das bremst nur Ihre Kreativität. Es geht darum herauszufinden was Ihnen in Wahrheit etwas wert ist.

Wenn sich diese Werte mehrfach wieder verändert haben und das für die nächsten fünf Jahre gültige Resultat erst nach zwei Wochen steht, dann haben Sie gut gearbeitet. Lassen Sie sich das lieber zwei mal durch den Kopf gehen, denn es soll in Ihrem Leben neue Schwerpunkte setzen.

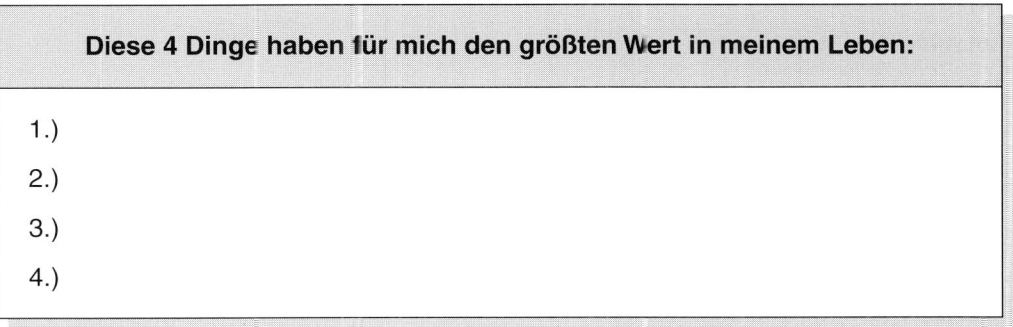

Diese 4 Dinge haben für mich den größten Wert in meinem Leben:
1.)
2.)
3.)
4.)

Schatzsuche, Schritt 2:

Im nächsten Schritt geht es um allgemeine Tätigkeitsbereiche, die Ihnen – wenn Sie einmal nur an sich selbst denken – den größten Spaß machen würden. Zum Beispiel Bewegung, Essen, Lesen, Spielen, Reisen, künstlerische Arbeiten, mit anderen Leuten zusammensein, Denksport, Basteln, Politik, Kultur. »Kramen« Sie eventuell in Ihren Erinnerungen. Lassen Sie sich Zeit. Nehmen Sie diese Liste in den nächsten zwei Wochen immer mal wieder zur Hand – bis sie für Sie stimmig ist.

Vielleicht hilft es Ihnen, nach Dingen zu suchen, die Ihren Stressoren möglichst unähnlich sind: Wenn Sie gewöhnlich viel mit anderen Menschen zu tun haben, dann suchen Sie etwas, was Sie alleine machen können; wenn Sie viel alleine sind, suchen Sie sich Dinge, die Sie mit anderen zusammen machen können; wenn Sie einen technisch-rationalistischen Beruf haben, dann suchen Sie sich vielleicht etwas Gestalterisches, usw. Suchen Sie Tätigkeiten, bei denen Sie selbst aktiv sind (also nicht zuschauen, sich unterhalten lassen, Zerstreuung).

Diese 4 Dinge würden mir am meisten Spaß machen:
1.)
2.)
3.)
4.)

Schatzsuche, Schritt 3:

Wenn beide Aufstellungen fertig sind, kommt der dritte Schritt: Wir kombinieren beides – am besten auf einem größeren Blatt Papier, das Sie vielleicht zu Hause an der Wand aufhängen. Beispiel:

Werte Spaß	Liebe	Arbeit	Sicherheit	Interessantes Leben
Bewegung				
Essen				
Lesen				
Spielen				

Jetzt tragen Sie die Dinge, die Ihnen am meisten im Leben bedeuten, oben waagerecht ein, wie im Beispiel. Die Arten von Tätigkeiten, die Ihnen am meisten Spaß machen, tragen Sie senkrecht ein (siehe Beispiel). Jedes der leeren Felder kombiniert jetzt einen Ihrer Werte mit einem der Dinge, die Ihnen Spaß machen würden. Für diese leeren Felder erfinden Sie jetzt konkrete Tätigkeiten, die zugleich zum Wert und zum Spaß passen. Ergiebiger wird diese Aufgabe für die meisten, wenn Sie sie mit anderen zusammen machen. Wichtig ist dabei allerdings, dass Sie dabei nicht herumtheoretisieren, was wohl am meisten wert sei, sondern dass jeder von sich erzählt, was ihm persönlich am meisten wert ist. Akzeptieren Sie gegenseitig, dass der andere ganz andere Werte (und Späße) hat.

Manche tun sich mit dieser Aufgabe schwer. Für diese habe ich noch zwei andere Felder: die Kombination aus »Welche Gefühle will ich haben?« und »Wen oder was brauche ich dazu?«

Schatzsuche, Schritt 4:

Wichtig ist, dass Sie diese Dinge auch tun. Ihnen sollte jetzt klar geworden sein, dass Selbstbelohnung, Spaß und positive Gefühle wichtige Größen in unserem seelischen Haushalt sind, die Sie widerstandsfähiger gegen Stress und in jeder Hinsicht leistungsfähiger machen. So wie andere Leute zweimal die Woche walken gehen, um sich zu bewegen, so sollten Sie sich mit sich selbst für eine Belohnung verabreden. Verdient haben das alle, die Stress haben. Also auch Sie.

Prüfen Sie jeweils nach zwei Wochen, ob Sie diesen für Sie und Ihre Zukunft besonders bedeutsamen Plan eingehalten haben – er ist nämlich täglich in Gefahr, unter der Last Ihrer Aufgaben – bei einigen unter der Last Ihrer Hoffnungslosigkeit – zusammenzubrechen. Das Planen und Üben ist beendet, wenn Ihnen die Frage: »Womit kann ich mich heute belohnen?« zur Selbstverständlichkeit geworden ist.

So viel Zeit muss sein

Dieses geflügelte Wort sollte das Mantra (= ein Wort, das Ihrem Erleben und Fühlen eine gewollte Richtung gibt) aller Gehetzten sein. Verabreichung: mindestens 2 x täglich.

Das bin ich mir wert

ist das Mantra für alle Hoffnungslosen.

5 Ihre »Verhaltens-präferenzen«

Nach unseren ersten »psychologischen Aufräumarbeiten« müssten Sie schon einige Stress-Situationen entkrampfen können. Je besser Sie das Handeln der Menschen in Ihrem Umfeld verstehen, je klarer Sie Ihre eignen Motive erkennen, desto besser können Sie Einfluss nehmen, um Ihren Stress zu verringern.

Sie wissen allerdings, dass es töricht wäre, wesentliche Verbesserung durch Veränderungen im Umfeld zu erwarten. Die Forderung: »Ändere du dich, damit ich weniger Stress habe« ist schon im Ansatz falsch. Den großen Durchbruch zu weniger Stress erreichen wir nur, wenn wir uns kritisch mit der Zweckmäßigkeit unserer eigenen Sichtweisen und Gewohnheiten beschäftigen. Dem dient dieses Kapitel.

Wie gesagt: Stress habe ich nur, weil ich eine Situation oder einen Reiz als »stressend« bewerte. Diese Bewertung hängt ab von meiner speziellen persönlichen Art, von meinen »Verhaltenspräferenzen« (Präferenz = Bevorzugung, »Verhaltenspräferenz« = bevorzugtes Verhalten). Ihre persönliche Art, durch bestimmte Ereignisse gestresst zu werden, können Sie in einigen der folgenden neun Beispiele wiedererkennen.

5.1   Jeder hat einen Charakter – selbst das Chamäleon

Viele Menschen fragen sich: Wer bin ich eigentlich? Eines steht jedenfalls fest: Jeder ist einmaliger als er glaubt. Jeder erlebt die Welt auf seine ganz persönliche Art und Weise. Dieses Erleben bestimmt seine Gefühle – im Positiven wie im Negativen. Die eine genießt unbekümmert die Wärme in der Sauna und kann total abschalten, die andere würde tausend Tode sterben, wenn sie von Fremden unbekleidet gesehen würde. Sie hätte Stress in der Sauna und schränkt deshalb ihren Lebensvollzug lieber ein. Der eine fühlt sich wohl im offenen persönlichen Gespräch, der andere ist am liebsten für sich allein und beschränkt sich lieber auf den Kontakt per E-Mail.

Gibt es eigentlich eine Möglichkeit, einen Menschen, z. B. mich selbst, zu beschreiben? Ist es nicht vielmehr so, dass ich in der einen Situation so, in der anderen ganz anders bin? Ganz sicher ist das so. Das macht gerade die Schwierigkeit aus, einen Menschen zu charakterisieren. Aber keine Sorge: Selbst wenn Sie sich noch so bunt und vielfältig vorkommen, wir finden eine Ordnung für eine Beschreibung.

»Charakter« darf nämlich nicht gleichgesetzt werden mit einem immer gleichen Verhalten. Es kann je nach Situation recht unterschiedlich sein. Wundern Sie sich also nicht, wenn Sie das eine Mal liebevoll, das andere Mal bösartig, das nächste Mal kalt und desinteressiert sind. Fragen Sie sich nicht: »Was ist nun mein Charakter – liebevoll, bösartig oder emotionsarm?« All Ihr Verhalten gehört zu bestimmten Verhaltenspräferenzen, die sich je nach Situation unterschiedlich auswirken.

Das Chamäleon hat übrigens einen sehr stabilen Charakterzug: es ist herausragend anpassungsfähig an die Farbe der Umgebung. Ihre »stabilen« Eigenschaften finden Sie in den neun Verhaltenspräferenzen.

Die Verhaltenspräferenzen sind keine »Typen«, sondern mal mehr, mal weniger ausgeprägte Neigungen in jedem von uns. Ich habe sie durch die Geschichten neun verschiedener Personen beschrieben, um sie leichter verständlich zu machen. In den meisten Geschichten werden Sie Ähnlichkeiten mit sich selbst und Ihrer Stressanfälligkeit entdecken. Am Ende jeder Geschichte finden Sie Hinweise für die Zusammenstellung Ihres persönlichen Lernprogramms, mit dem Sie widerstandsfähiger gegen Stress werden können.

Jede dieser Neigungen hat ihre Vorzüge für uns selbst und andere. Sobald eine oder mehrere Neigungen aber zu stark ausgeprägt sind, werden daraus leicht »Stress-Fallen« und unangenehme Eigenschaften. Und nun wird's spannend.

Falle Stress © Windmühle Verlag, Hamburg

Diese neun Verhaltenspräferenzen hat jeder von uns in sich – allerdings unterschiedlich stark ausgeprägt.

Die neun Verhaltenspräferenzen habe ich im Kreis angeordnet. Die Abbildung auf der nächsten Seite zeigt drei Dinge zugleich:

1. die neun Muster im Überblick

2. das Beispiel einer Person, deren Neigung »Perfektion« zu stark ausgeprägt ist. Die gestrichelte Linie zeigt, wozu diese Person unter hoher Belastung neigt. Allerdings wird der Stress durch diese Richtung (»Ästhetik«) zukünftig nicht vermieden. Es ist eher der spontane Versuch, durch Flucht oder Kampf dem Stress zu entkommen

3. die Stressvermeidende Richtung: Im Beispiel »Perfektion« zeigt der durchgezogene Pfeil, dass die Stressanfälligkeit durch Veränderung in Richtung des Musters »Humor« verringert werden kann.

Zu jeder der neun Verhaltenspräferenzen finden Sie in den folgenden Abschnitten diese übersichtliche Darstellung, die Ihnen Wege und Irrwege der Stressvermeidung zeigt. Die Form, jedoch nicht der Inhalt, ist einer jahrhundertealten Tradition der Persönlichkeitsentwicklung entlehnt, deren historischer Ursprung leider heute nicht mehr nachvollziehbar ist.

Die neun Verhaltenspräferenzen im Überblick (Beispiel):

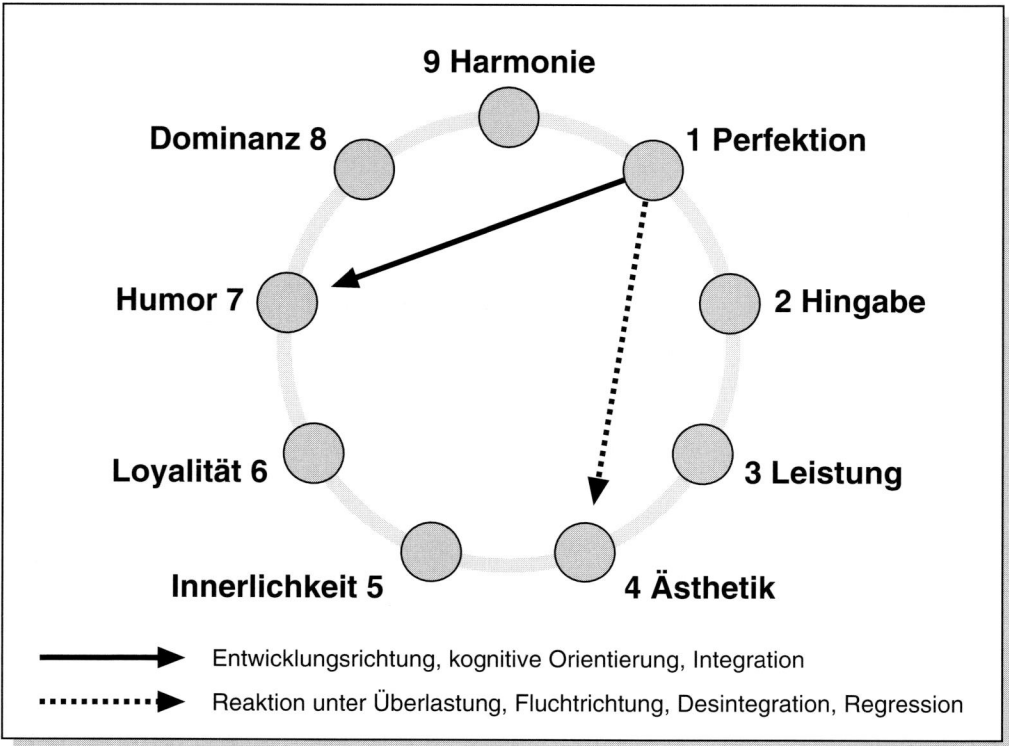

Die Bedeutung der einzelnen Verhaltenspräferenzen finden Sie auf den folgenden Seiten an praktischen Geschichten beschrieben. Der gestrichelte Pfeil ist die Warnung, der durchgezogene die »Therapie«. Begleiten Sie unsere neun Muster durch den Tag, und suchen Sie nach Ähnlichkeiten mit Ihrer Art, an die Dinge heranzugehen.

Ähnlichkeiten mit lebenden Personen sind beabsichtigt.

5.2 Petra und ihre »Perfektion«

Irrationaler Glaubensgrundsatz:
Es ist eine Katastrophe, wenn ich nicht alles perfekt mache!

Ein gewöhnlicher Tag mit Petra

Exakt zur gewohnten Zeit verlässt Petra das Haus, um zur Arbeit zu gehen. Sie sieht wie immer hübsch und sehr gepflegt aus. Alles sitzt korrekt. Alles ist adrett, aufeinander abgestimmt und sauber – wie eigentlich alles in Petras Leben.

Und so ist sie auch bei der Arbeit: Zur Freude ihres Chefs besitzt sie viele Tugenden, die er bei anderen oft vermisst. Sie ist äußerst korrekt, gewissenhaft und zuverlässig. Ihr Einsatz für die Firma ist vorbildlich.

Heute ist für 9:00 Uhr eine Teamsitzung anberaumt. Petra betritt exakt 8.58 Uhr den Sitzungsraum. Um 9:00 Uhr muss sie feststellen, dass immer noch nicht alle Kollegen da sind. Sie ist über diese Zeitverschwendung sehr ungehalten. Als der Vorgesetzte die Sitzung 6 Minuten verspätet eröffnen will, fällt Petra ihm ins Wort: »Bevor wir anfangen, möchte ich ...«. Die versammelten Kolleginnen und Kollegen werden Opfer ihrer harschen Kritik. Selbst der verdutzte Vorgesetzte weiß dazu nichts zu sagen. Er versucht irgendwie zum Thema der Sitzung zu finden. Die Stimmung ist hin. Die Teilnehmer – die pünktlichen wie die unpünktlichen – sehen aus wie begossene Pudel.

Petra äußert Kritik an Kollegen ohne Umschweife: »Offenheit« findet sie wichtig. Sie trägt ihre Kritik oft zornig und aggressiv vor, das hat ihr auch mal jemand zu sagen gewagt. Daraufhin Petra: »Ich glaube, du hast etwas gegen mich. Wie kannst du behaupten, ich sei aggressiv? Das stimmt doch überhaupt nicht!« Der Tonfall war so schneidend, dass der Arme es von nun an nie wieder für sinnvoll hielt, Petra etwas offen zu sagen. So hat es sich mit der Zeit eingebürgert, in Bezug auf Petra **nicht miteinander, sondern übereinander zu reden.**

Die Kollegen haben die Erfahrung gemacht, dass ein Zusammensein mit Petra bedeutet, dass fast immer sie die Kritisierten sind – während es an Petra einfach nichts zu kritisieren gibt. Sie scheint perfekt. Dadurch ist sie aber für manche zum »wandelnden Vorwurf« geworden, weshalb sie bei allem, wo es um Menschliches geht, von den Kolleginnen und Kollegen lieber außen vor gelassen wird. Das scheint sie aber nicht zu stören.

Petra macht sich nach der Sitzung befriedigt und positiv an die Arbeit. Mit großer Energie erledigt sie die anstehenden Aufgaben. An sich gehen ihr die Dinge rasch von der Hand. Sie hat allerdings ein kleines Problem: Sie ist sich nie ganz sicher, ob sich nicht doch Fehler eingeschlichen haben. Deshalb prüft sie lieber alles zwei- und dreimal. Am schlimmsten ist es, wenn sie etwas frei gestalten soll: Sie hat trotz aller Anstrengungen nie das Gefühl, dass es gut genug ist. So ist sie durch ihre Entscheidungsschwierigkeiten insgesamt etwas langsam bei der Arbeit.

Auch ihr Mann hat seine Probleme mit ihr. So ist sie z. B. heute Morgen seinen zärtlichen Annäherungsversuchen mit der Aufzählung von Aufgaben begegnet, die noch erledigt werden müssen. Überhaupt ist die Geschichte ihrer Zärtlichkeiten für ihn anders als erwartet verlaufen. Schon die Hochzeitsnacht war ein Fiasko: Sie hatte über den »Ablauf« so klare Vorstellungen, dass ihm schließlich die Lust wegblieb. Seine späteren Versuche scheiterten allzu oft an irgendwelchen Voraussetzungen, die nicht erfüllt waren: Es durfte nie woanders als im Ehebett passieren, nachdem er sich vorher eigens geduscht hatte, usw. Heute besteht ihre Beziehung im Wesentlichen nur noch daraus, die Dinge des täglichen Lebens zu regeln.

Petra hat auch eine kleine Schwäche: Sie ist eifersüchtig. Sie beklagt, dass Ihr Mann »hinter jedem Rockzipfel her« ist. Ihr Mann war früher stets zu Späßen aufgelegt, witzig und unterhaltsam. Heute vermeidet er es, denn Petra hat ihn deshalb immer wieder lächerlich gemacht: »albern, kindisch«. Manchmal, wenn er ein Glas Wein getrunken hat und auf fremde Frauen trifft, blitzt allerdings der alte Witzbold doch noch einmal hervor.

Petra fühlt sich deshalb nicht etwa einsam. Sie ist mit Gleichgesinnten äußerst aktiv in einer Gruppe von Umweltschützern.

So sicher, entschlossen und zuweilen bedrohlich sie von außen wirkt, so ist sie im Innern eigentlich immer klein geblieben. Das spürt ihr Mann, wenn sie sich abends wie zum Schutz bei ihm einkuschelt. Dass das allerdings mit Erotik nichts zu tun hat, ist ihm schon seit Langem klar.

Am Wochenende haben sie Besuch von Freunden. In dieser Woche gab es nichts zu lachen. Immer wieder grübelte Petra, wie sie das Essen, die Wohnung, den Abend perfekt gestalten könnte. Ihr Mann konnte gerade noch verhindern, dass sie die Möbel komplett umstellte. Als die Gäste schließlich eintreffen, sind die beiden mit den Nerven fast am Ende. Aber selbstverständlich nehmen sie sich zusammen und erfreuen die Freunde durch die Gegenwart eines »glücklichen Paares«. Das schöne Ambiente sorgt zunächst für gute Stimmung – bis irgendwann der Alkohol zu wirken beginnt: Während Petra sich wie üblich beim Trinken sehr zurückgehalten hat, hat sich ihr Mann über die Spannungen mit etwas zu viel Wein hinweggeholfen. Das führt dazu, dass er sich schließlich nicht mehr so genau an Petras Weisungen hält, die er vor dem Eintreffen der Gäste noch erhalten hat. Die erste Bloßstellung durch seine Frau passiert, als er vergisst, den Gästen nachzuschenken. Nach ein paar weiteren Hinweisen läuft das Fass lautstark über: »Mit deinem ewigen Gemeckere verdirbst du den ganzen Abend. Ich habe es satt, von dir dauernd zurechtgewiesen zu werden.« Petra muss die Nacht heute alleine in ihrem Bett verbringen. Ihr Mann wollte nicht neben ihr schlafen.

Falle Stress © Windmühle Verlag, Hamburg

Auf die Frage: »Wie geht es dir?« antwortet Petra floskelhaft: »Muss ja.« Ihre Welt ist voller Pflichten und Ideale, für die sie sich ereifern kann. Sie kann viel erzählen über ihre Aufgaben, über sich selbst dagegen so gut wie gar nichts. Ärgerlich wurde sie neulich bei der Frage: »Wann warst du das letzte Mal glücklich?« Sie sieht den Sinn des Lebens darin, ihre Pflichten zu erfüllen und ihrer Verantwortung nachzukommen – nicht aber darin, »glücklich« zu werden. Ihr Kommentar: »Kindische Frage!«

Ein spezieller Denkfehler macht Petra stressanfällig:

Petra ist ein Bilderbuchbeispiel für einen Menschen, der sich selbst für »vernünftig« hält – und wohl auch von anderen dafür gehalten wird. Sie will stets das Beste, Anständigste, Ordentlichste, Sauberste. Entsinnen Sie sich noch, was wir im Abschnitt 2.3: »Wer sich für vernünftig hält, macht sich verdächtig« gesagt haben? Und im Abschnitt 2.2: »Alles menschliche Verhalten ist zutiefst emotional gesteuert«?

Aus Petras Sicht sind ihre Ansichten das Ergebnis von Vernunft und Anständigkeit. Hört sich gut an – aber ist das die ganze Erklärung? Nach dem, was Sie jetzt wissen, sicher nicht. Auch bei Petra mischen Gefühle und lauernde Ängste kräftig mit bei dem, was ihr als »Vernunft« erscheint.

Petra hat »Innere Antreiber« (auernde Ängste), die immer wieder zu Stress führen: Ihr selbst kaum bewusste Ängste treiben sie dazu, an sich selbst und ihr Umfeld unrealistisch überhöhte idealistische und moralische Ansprüche zu stellen. Das Scheitern ist vorprogrammiert. Stets versucht sie, die Kontrolle zu behalten, sich zusammenzunehmen, vor sich selbst und anderen ein perfektes Bild abzugeben, idealistische Vorstellungen durchzusetzen.

Es kommt ihr in jeder Situation darauf an, dass ihr niemand einen Vorwurf machen kann – auch sie selbst nicht. Alles gründlich gemacht zu haben, sich stets anständig benommen zu haben, sich immer moralisch (selbst zum vermeintlichen persönlichen Nachteil) verhalten zu haben, in jeder Hinsicht ein »tadelloses« Dasein zu führen sind typische Versuche, das ständig drohende Unwohlsein zu vermeiden.

Die Sorge, keine Zuwendung zu bekommen oder »nicht gut genug« zu sein, sitzt bei ihr lebenslang wie eine feste Prägung. Heute kann sie schon gar nicht mehr anders. Bewusst ist ihr das nicht. Im Gegenteil: sie findet das eher »normal«. Eine ständig lauernde Befürchtung schwingt in ihr im Hintergrund, die sie sogar dann nicht verlässt, wenn sie allein ist. Ihre Inneren Antreiber verleiten sie immer wieder dazu, viel Aufwand zu treiben, um das Selbstbild der »Gerechten, Anständigen, Sauberen, Ordentlichen, Selbstlosen« aufrechtzuerhalten. Die Flucht vor ihnen wird als Motiv oft wichtiger als die Befriedigung anderer Wünsche und Bedürfnisse. Eigene positive Bedürfnisse wurden wenig entwickelt, wurden verlernt bzw. sind kaum bewusst. Petras Verhalten hat im Kern den Zweck, Ängste und Befürchtungen zu vermeiden.

Diese Gründe sind viel gewichtiger für das Verständnis ihres Verhaltens als ihre gesamte »rationale Vernunft«.

So ist ihre Stressfalle entstanden

Sie hat als Kind erfahren, wie weh es tut, wenn sie es den Eltern kaum recht machen konnte, wenn zu wenig Lob und Wärme, dagegen zu viel Kritik, Zurechtweisung und erhobener Zeigefinger den Tag begleiteten – nach dem Grundsatz: »Wenn ich nicht kritisiere, dann ist das Anerkennung genug«. Sie hat dann schließlich instinktiv herausgefunden, dass es eine Methode gibt, die ersehnte Zuwendung zu »beschaffen«: Wenn sie besonders artig, fleißig, ordentlich, sauber war und Verantwortung übernahm, konnte sie die ersehnte Beachtung ihrer Eltern erlangen. Diese erlernten Maßstäbe, mit denen schon ihre Eltern auf viel Lebensvollzug und Momente des Glücks verzichtet haben, sind auch ihr zur zweiten Haut geworden.

Zusammengefasst – Hauptprobleme der Präferenz »Perfektion«:

Das Risiko, an sich selbst und andere zu idealistische, perfektionistische und überfordernde Ansprüche bezüglich Perfektion, Qualität und Moral zu stellen

- Das Risiko, die Erfüllung (vermeintlicher) äußerer Anforderungen und Normen zu sehr über die Erfüllung eigener Bedürfnisse zu stellen

- Neigt trotz aller Anstrengungen zum schlechten Gewissen, weil sie im Grunde mit sich selbst und anderen nie zufrieden sein kann

- Kennt sich selbst, ihre Wünsche und Bedürfnisse zu wenig

- Läuft ständig Gefahr, sich mit Verantwortung und Pflichten zu übernehmen

- Reagiert zu aggressiv auf Kritik

- Wird schnell aggressiv, vorwurfsvoll gegenüber anderen und sich selbst

Wenn die Schwierigkeiten zunehmen:

Petra »bringt sich um«, um ihr Gewissen zu beruhigen

Der gestrichelte Pfeil zeigt, was mit Petra passiert, wenn der Stress sie schließlich überfordert (naive Stressbewältigung).

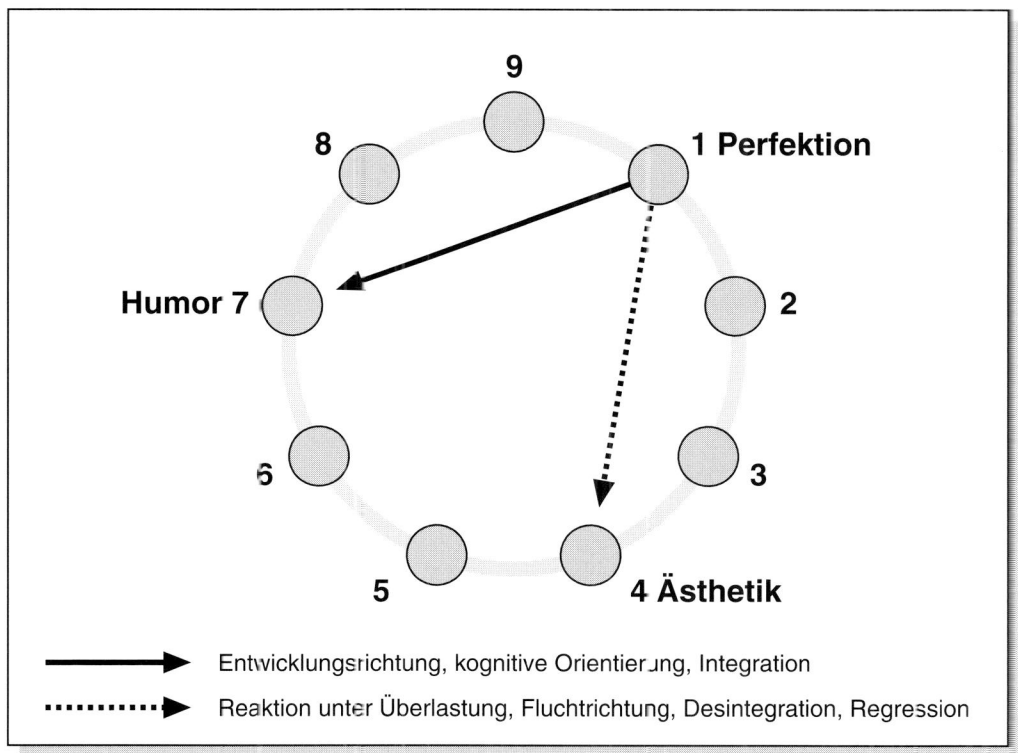

Petra kann trotz aller Anstrengung im Prinzip nie zufrieden mit sich sein. Sie muss immer mehr Energie aufwenden, um ihren Perfektionsanspruch zu verwirklichen. Welch eine Negativspirale von Stress für Petra (und ihre Umgebung)!

Dieses »Versagen« wird zur Quelle von Aggressionen – zunächst gegen andere: Unpersönliches, unversöhnliches Ereifern, Rechthaberei, den Zeigefinger gegenüber anderen erheben (»Du musst ...!«), andere zurechtweisen, herabsetzen und verurteilen sind Zeichen dieser (sich selbst nicht eingestandenen) Aggressionen.

Irgendwann richten sich diese Aggressionen wegen der Aussichtslosigkeit und Unerfüllbarkeit der Ansprüche gegen die eigene Person. Petra entwickelt dann die melancholischen Neigungen des Musters 4, »Ästhetik«. Sie gerät mit ihrem Versuch, dem

Stress zu entkommen, in eine bedrohliche Sackgasse: An deren Ende können Depressionen stehen. Bei vielen äußern diese sich auch in Verbitterung und Unzugänglichkeit.

Zusammengefasst:

Was Petra unter Druck setzt und bei ihr Stress auslöst

- Kontrollverlust

- Die Möglichkeit, dass ihr ein Fehler passiert

- Die Möglichkeit, dass man ihr (oder sie selbst sich) vorwerfen könnte, sich nicht korrekt verhalten zu haben

- Die Möglichkeit, dass ihr Handeln als unmoralisch oder nicht konform (auch von ihr selbst) betrachtet werden könnte

Petra kann etwas gegen ihren Stress tun

Sollte sie überhaupt etwas tun? Wer äußerlich und innerlich so perfekt ist, soll der sich ändern? Auf diese Idee kämen die wenigsten beim Anblick von Petra. Es sieht eher so aus, also solle sich der Rest der Welt ändern in Richtung von Petra!

An sich ist gegen die Richtung von Petras Verhalten nichts einzuwenden. Im Gegenteil: Wir wünschen uns bei vielen, dass sie mehr von Petras guten Eigenschaften hätten. Die Frage ist, wie stark dieses Muster bei Petra ausgeprägt ist. Sobald nämlich eine bestimmte Schwelle überschritten ist, können zunächst seelische und schließlich gesundheitliche Probleme eintreten. Diese Schwelle ist überschritten, wenn Petra gravierenden Leidensdruck verspürt und ihr Leben nur noch eingeschränkt vollziehen kann.

Petra hat also zwei Gründe, um an sich zu arbeiten: Erstens könnte sie (und ihr Umfeld) mehr vom Leben haben, und zweitens würde sie die Erhaltung ihrer körperlichen Gesundheit fördern.

Was kann sie nun konkret tun?

Erstens muss sie ihren eigenen Motiven und ihrer »Vernunft« auf die Schliche kommen: Was auf den ersten Blick oft so »logisch« scheint, entpuppt sich für sie mehr und mehr als psycho-logisch. Es wird ihr (wie allen Menschen) kaum gelingen, keine Angst zu haben. Sie kann aber dagegen wesentlich resistenter werden.

Sie sollte sich zum Ziel machen, mehr Menschlichkeit zu zeigen. Damit ist gemeint:

- ihre eigenen kleinen Nöte, Unfertigkeiten und Schwächen vorsätzlich anderen zu zeigen. Vielleicht sollte sie sogar kleine Fehler und Sünden begehen und diese dann mit Charme anstelle von Selbstvorwürfen wieder ausbügeln.

- fehlertoleranter gegenüber anderen zu werden. Sie sollte andere so lassen, wie sie sind, d. h., sich nicht über jede »Verfehlung« anderer gleich aufregen.

Das öffnet ihr die Tür, mehr wohltuende Nähe zu anderen zu erleben. Die größte Wirkung erzielt sie, wenn sie mit anderen darüber spricht, worin ihre Schwierigkeit liegt, und welches Bild sie vor anderen erzeugt.

Zweitens muss Petra wieder (mühsam) herausfinden, welche positiven Bedürfnisse sie hat, was ihr Spaß und Freude bereitet. Ihr Leben zu vollziehen verlangt von ihr, eigene lustvolle Bedürfnisse zu befriedigen, ausgelassen zu sein, entspannen zu können, zu lachen und sich zu freuen. Hier muss sie viel (wieder) lernen. Wenn sie ihrem Mann vorwirft, kindisch zu sein, dann kritisiert sie ihn praktisch dafür, dass er das hat, was ihr fehlt: verkehrte Welt. Und eine Prise mehr an Zärtlichkeit in der Wahrnehmung anderer Menschen würde Wunder wirken.

Drittens sollte Petra sich darüber klar werden, dass perfekte Lösungen fast immer zu teuer, zu zeitaufwändig und meist auch nicht zweckmäßig sind.

80-prozentige Lösungen sind meist die besten Lösungen, weil sie machbar sind. Das muss Petra erkennen. Sie muss lernen, sich zu belohnen, wenn sie eine 80% ge Lösung in angemessener Zeit geschafft hat. Das akzeptieren die anderen problemlos.

Wenn es Petra gelingt, ihren Perfektionszwang auf ein Maß herunterzuschrauben, das ihr täglich mindestens einmal Raum gibt für ein kräftiges positives Gefühl, dann hat sie gewonnen. Die Gefahr, dass sie als »Schlampe« endet, kann man völlig ausschließen, die als »Zicke« zu enden würde hingegen weiter lauern, wenn sie nichts tut.

Wenn sich Petra einmal von diesem Druck befreien wird, wird sie häufiger, intensiver und schöner das erfahren, was uns allen so gut tut: ein wohliges Gefühl der Sicherheit und Zufriedenheit – vielleicht zusammen mit vertrauten Menschen, die sich untereinander nichts vorzumachen brauchen und sich verständnisvoll dem Gegenüber widmen können. Dieser soziale Rückhalt würde Druck aus ihr herausnehmen.

Die Entwicklungsmöglichkeiten von Petra liegen in Richtung der positiven Seiten der Verhaltenspräferenz »Humor«

Die erste »Hausaufgabe«: Sie findet jeden Tag etwas, worüber sie sich freuen kann. Humor und Heiterkeit werden für sie grundlegend wichtige Werte. Sie mag Menschen gern – gerade auch solche, die weniger mit Perfektheit gesegnet sind (ideal wäre ein

Praktikum in einer Behinderteneinrichtung). Sie packt optimistisch und pragmatisch Aufgaben an mit ihrem neuen Motto: »Wird schon schief gehen«. Sie hat einen wichtigen Plan für sich verabschiedet: Jeden Tag will sie mindestens einmal ausgelassen lachen. Zur Überbrückung der Anfangsschwierigkeiten genehmigt sie sich dazu ein (!) Gläschen Sekt. Sie wird immer kontaktfreudiger und charmanter: Mit anderen kommt sie gelegentlich aus einem für sie ab jetzt sehr wichtigen Grund zusammen, nur um zusammen zu sein, zusammen zu lachen und sich miteinander wohlzufühlen. Sie empfindet jetzt im Inneren so etwas wie Zärtlichkeit gegenüber ihren Freunden und kann über vieles hinwegschauen. Zu ihren weiteren ehrgeizigen Vorhaben gehört es, ihren Mann mal wieder nach allen Regeln der Kunst zu verführen – voraussichtlich außerhalb der eigenen vier Wände.

Die Aufgabe »Wofür lebe ich eigentlich?« (Abschnitt 4.4) ist für Petra schwierig. Sie gehört aber zu ihren wichtigsten Nachdenklichkeiten.

Für Petra ist auch das Entspannungstraining besonders sinnvoll. Falls vor Ort keine Möglichkeit für einen Kurs besteht: siehe Kurzanleitung im Abschnitt 7.5.

Etwas, was Petra hingegen leicht fallen würde, ist die Aufgabe »Pläne und Schritte« (Teil 7): Das gibt Anlass zur Hoffnung, dass sie es schafft, ihre Widerstandsfähigkeit gegen Stress entscheidend zu verbessern.

5.3 Hiltrud und ihre »Hingabe«

Irrationaler Glaubensgrundsatz:
Es ist eine Katastrophe, wenn ich es nicht allen recht mache!

Ein gewöhnlicher Tag mit Hiltrud

Hiltrud ist »mittendrin«: Jeden Tag trifft sie sich mit Freunden oder telefoniert ausgiebig mit ihnen. Alle Freunde lieben Hiltrud, weil sie eine außerordentlich gute Zuhörerin ist. Die einen mögen sie, weil sie für sie Verständnis hat, die anderen, weil sie bei ihr genügend Raum für ihr nicht enden wollendes Redebedürfnis bekommen. Und für Kaffee und Kuchen ist auch immer gesorgt. Es herrscht die (fast) uneingeschränkte Gastfreundschaft. Hiltrud ist großzügig. Jeder hat schon etwas bei ihr ausgeliehen. Alle Freunde bekommen immer wieder Geschenke und kleine Aufmerksamkeiten. Versuche von Freunden, sich dankbar zu zeigen weist Hiltrud entschieden zurück.

Wenn Hiltrud mit anderen Menschen zusammen ist, ist sie wie elektrisiert. Sie wird hellwach, ja aufgeregt. Sie ist überaktiv, immer auf dem Sprung, redet viel, kümmert sich um alles, reagiert auf jede kleinste Regung des anderen und ist stets enorm hilfsbereit.

Heute hat Hiltrud selbst ein Problem: Sie ist verzweifelt, weil ihr Urlaubsbudget einer teuren Autoreparatur zum Opfer fallen wird. In ihrer Not ruft sie ihre beste Freundin an: »Ich muss dich unbedingt sprechen, hast du Zeit?« »Ja gerne, aber nur eine viertel Stunde.« Kurz darauf ist sie bei ihrer Freundin. Zur Begrüßung fragt Hiltrud wie üblich: »Na, wie geht's?« Ihre Freundin fängt sofort an zu erzählen, dass sie eine heftige Auseinandersetzung mit ihrem Mann hatte. Ausführlich schildert sie alle Einzelheiten. Mittendrin schaut sie auf die Uhr: »Oh, ich muss dringend los« und verabschiedet Hiltrud. Im Hinausgehen fragt sie noch »Mit dir war doch irgendwas?« hört aber gar nicht mehr hin. Hiltrud denkt sich bei sich: »Es hat ihr bestimmt gut getan, mit mir darüber zu reden.« Leider ist sie mit ihrem eigenen Problem nicht weitergekommen.

Mit ihrem jetzigen Mann ist Hiltrud schon seit Längerem verheiratet. Am Anfang war es eine »Amour fou«: ihr Kennenlernen glich mehr einem Rausch. Ihr Mann hatte damals den Eindruck, die netteste Frau der Welt gefunden zu haben. Jeder Tag war voller Überraschungen und Entdeckungen. Ihre Zuneigung schien grenzenlos. Sie schmiedeten die unglaublichsten Pläne.

Jeden Wunsch las Hiltrud ihm von den Augen ab. Er fand bei ihr alles, was das Männerherz begehrt. Und Hiltrud setzte viel Ehrgeiz daran herauszufinden, wie sie ihrem Mann noch weitere Neigungen und Wünsche entlocken könnte, um diese dann prompt in ihr »Hier-bist-du-rundum-glücklich-und-gesund-Programm« aufzunehmen. So fing alles an. Zwischenzeitlich hat sich vieles geändert:

Hiltrud klagt gelegentlich (»Ich tue so viel für dich, und wenn ich dich mal um einen kleinen Gefallen bitte, dann ...«). Ihr Mann bekommt dann ein schlechtes Gewissen (erfolgreiches »Dankbarkeitsmanöver«). Dabei kann sie auch ganz schön laut werden und sogar schreien, was ihr Mann nun wieder gar nicht mag. Hiltrud ist eine Meisterin in vielen Formen von Sozialmanövern. Ihr großer Bedarf an Streicheleinheiten wird von ihrem Mann gelegentlich schon als etwas lästig empfunden. Wegen deren besänftigender Wirkung hat er hier schon Routine entwickelt.

Eigene Wünsche? Nein, Hiltrud fällt dazu nicht viel ein. Sie ist eben gerne für die anderen da, »für meinen Mann, meine Kinder und meine lieben Freunde.« Kommt Ihnen da auch etwas merkwürdig vor? Wir kommen später noch einmal auf die Frage zurück, wer hier was für wen tut.

In der Firma kümmert sie sich viel um Kolleginnen und Kollegen. Einige wenden sich bei persönlichen Schwierigkeiten an sie. Dabei hat es allerdings schon Probleme gegeben: Ihr Vorgesetzter hat sie schon einmal darauf angesprochen, dass sie viel Arbeitszeit aufwendet, um mit Kollegen über persönliche Dinge zu reden.

Hiltrud weiß nichts davon, dass man sich hinter ihrem Rücken schon mal über sie lustig macht – sogar auch schon in anderen Abteilungen. Manche wollen auch gar nicht, dass sie ihnen hilft.

Und dann passierte diese Geschichte in der Firma: Eines Tages fährt sie mit ihrer Abteilung zu einem Workshop. Es geht um die Leistung der Abteilung und jedes Einzelnen. Sie wartet gleich zu Beginn mit einer typischen »Leistung« auf: sie hat für alle Kuchen gebacken und bietet ihn den Kollegen schon während der ersten Arbeitssitzungen wiederholt an. Das wird vom Leiter als so störend empfunden, dass er Hiltrud direkt anspricht:

»Hiltrud, ich werde Ihnen jetzt einmal erzählen, was Sie als Kind erlebt haben. Ihre Eltern hatten eigentlich nie Zeit für Sie. Es gab jedoch bestimmte Situationen, in denen Sie Ihren Eltern nah sein durften: Wenn ein Elternteil traurig war, durften Sie trösten. Wenn Sie selbst laut weinten, wurden Sie getröstet. Allerdings mussten Sie deutlich zeigen, dass Sie traurig waren. Sie haben sich manches ausgedacht, um die Aufmerksamkeit Ihrer Eltern zu erringen. Dazu gehörte auch, Ihre Traurigkeit ein wenig zu übertreiben, Ihren Eltern Gefälligkeiten zu erweisen, Vermittlerin und Schlichterin im Streit zu sein. Nett zu anderen zu sein, sich um andere zu kümmern ist langsam aber sicher Ihr wichtigstes Mittel geworden, damit die anderen Sie brauchen. Sie haben so schließlich ihren Weg gefunden, Zuwendung und Liebe zu erfahren.

Hiltrud brach in Tränen aus: »Woher wissen sie das? Ja, genauso war es, und meine Mutter hat nie Zeit für mich gehabt. Ich kam mir immer so überflüssig vor!«

»Jetzt ist Ihre Mutter aber nicht hier, sondern wir sind es, zu denen sie so nett sind«, fuhr der Leiter fort. »Im Augenblick ist das aber für mich nicht 'nett', sondern es stört bei der Arbeit. Ich möchte jetzt nämlich keinen Kuchen essen, sondern mit der Arbeit vorankommen. Wenn Sie wirklich nett zu mir sein wollen, dann arbeiten sie jetzt mit.«

Vorgesetzter und Kollegen hielten die Luft an. Der Leiter hatte ausgesprochen, was viele schon immer gedacht hatten. Keiner mochte es ihr aber sagen, weil sie eben immer so »nett« war. So jemand Nettem mag man einfach nichts tun. Hiltrud hatte durch ihre »Nettigkeit und Selbstlosigkeit« dafür gesorgt, dass niemand sie kritisiert, sich ablehnend ihr gegenüber verhält. Das »Sozialmanöver zur Auslösung von Tötungshemmungen« (s. Abschnitt 2.4) hatte bei den Kollegen seine Wirkung getan. Allerdings war ihnen auch schon aufgefallen, dass Hiltrud öfters die Grenze zwischen Hilfsbereitschaft und Aufdringlichkeit überschritt.

Ein spezieller Denkfehler macht Hiltrud stressanfällig:

Das Verhaltensmuster »Hingabe« ist gesellschaftlich besonders wertvoll. Wo wären wir ohne die vielen freiwilligen Helfer, ohne die Spenden, wo wären wir ohne unsere Netzwerke und Beziehungen – unvorstellbar.

Bei Hiltrud ist dieses Muster allerdings übermäßig stark ausgeprägt. Dadurch wird es zur Stressfalle. Sie wird allein durch das Zusammensein mit anderen sozusagen »elektrisiert«. Ihre Aufmerksamkeit, ihre Anspannung, ihre Erregung steigt steil an. Das kann man sehr eindrucksvoll mit einem »Lügendetektor« vorführen.

Hiltrud tut ihrer Meinung nach alles für andere. Sie tut Gutes, opfert sich auf, ist immer für alle da. Es macht sie stolz, dass andere sie leiden mögen und ihr dankbar sind. Sie liebt es, unersetzlich zu sein. Das ist für sie reinstes Lebenselixier. Damit verkennt sie aber die wahren Gründe ihres Verhaltens. Ihr Selbstbild ist menschlich verständlich, denn es fühlt sich besser an, zu sagen: »Ich tue etwas für andere« als »Ich tue alles nur für mich«.

Wir wissen aber inzwischen, dass es kein »selbstloses« Verhalten gibt, sondern dass dies nur eine (wenigen bewusste) Methode zur eigenen Bedürfnisbefriedigung ist. Hiltrud profitiert von ihrem Verhalten: sie ist anerkannt und geachtet; viele sind gerne mit ihr zusammen; sie hat für andere Bedeutung; andere reden Gutes über sie; in ihrem Leben ist etwas los; sie braucht nicht zu befürchten, einsam zu sein und abgelehnt zu werden.

Das kann übrigens real (= die anderen mögen ihre Art tatsächlich) oder aber eingebildet (= sie glaubt nur, dass die anderen sie mögen) sein.

Es ist wie ein innerer Zwang: Hiltrud kann nicht anders, als immer wieder die Zuwendung und Bestätigung durch ihr Umfeld herbeizuführen.

Wie bei Petra steht bei Hiltrud im Vordergrund, ein bestimmtes Bild von sich selbst zu erzeugen und aufrechtzuerhalten, das (vermeintlich) vor Ablehnung schützt. Petra (Perfektion) sucht ihre Sicherheit mehr durch die Erfüllung (inzwischen) eigener Normen (Ideale, Moral, Perfektion). Hiltrud dagegen beugt ihren Ängsten vor, indem sie in anderen ein bestimmtes Bild von sich zu erzeugen versucht: »Hiltrud ist hilfreich und nett«. Sie benutzt also andere, um ihre Probleme zu mildern. Dies Bild aufrechtzuerhalten kann sehr viel seelische Kraft erfordern und auf die Dauer bis zur Erschöpfung und Krankheit führen. Das ist Hiltruds Risiko, durch selbst erzeugten Stress zu leiden.

So ist ihre Stressfalle entstanden

Wie bei Petra bestand bei Hiltrud die Unausgewogenheit während ihrer Kindheit in der Dosierung von Zuwendung und Wertschätzung durch ihre Bezugspersonen. Der Unterschied zwischen beiden liegt darin, für welches Verhalten die Eltern dann schließlich Zuwendung gegeben haben – oder, psychologisch formuliert: welches Verhalten des Kindes mit Zuwendung belohnt wurde.

Viele von ihnen mussten sich als Kind die Zuwendung hart erarbeiten durch die Erfüllung der Wünsche anderer (zunächst meist der Eltern oder eines Elternteils). So hat es früh gelernt, die Wünsche anderer herauszufinden, sich in sie hineinzuversetzen und sich um sie zu kümmern. Diese Neigung, sich um andere zu kümmern, verselbstständigt sich als eine Art lebenslanger Prägung.

Oft haben Eltern(-teile) dem Kind vorgemacht, wie man sich Zuwendung verschafft. So gibt es z. B. alleinerziehende Mütter, denen es an Bestätigung durch die Nähe und Intimität eines Lebenspartners mangelt. Dieses Defizit wird durch eine übertrieben enge Beziehung zum Kind ausgeglichen. Die Mutter stellt sie z. B. her, indem sie auf jedes kleinste Leiden oder Wehwehchen des Kindes mit Trost und größtem Einfühlungsvermögen reagiert.

Es ist äußerst eindrucksvoll zu beobachten, wie das Kind früh lernt, seinen eigenen Gefühlszustand auf unterschiedliche Personen einzustellen: Es ist ausgeglichen und fröhlich in Gegenwart von Menschen, die mit ihm Interessantes und Lustiges teilen, jedoch Wehwehchen wenig Bedeutung beimessen. Wenn die Mutter dazukommt, ändert sich seine Stimmung radikal: Dasselbe Kind, das gerade noch fröhlich und unbeschwert war, beginnt unvermittelt zu klagen und erzählt, dass es so traurig sei. Seine Stimmung ist schlecht. Als »Begründung« muss dann irgendetwas Beliebiges herhalten, z. B. ein Erlebnis in der Schule. Prompt erntet es die »Belohnung« durch seine Mutter in Form intensiver Zuwendung (»Ach meine arme ...«). Traurigkeit, schlechte Stimmung, Äußerungen von Unzufriedenheit, Ablehnung von Vorschlägen der Mutter werden immer häufiger. Der Beziehungsstress entwickelt sich zur täglichen Routine.

Ein anderes Problem von Eltern führt häufig zu einem ähnlichen Ergebnis: Überforderung und Unzufriedenheit. Die Eltern haben nicht die Kraft, dem Kind das Maß an Zuwendung zu geben, das es braucht. Auch dieses Kind lernt früh, wie es sich die Zuwendung durch auffälliges Verhalten beschaffen kann. Es lernt instinktiv aus den Auswirkungen seines Verhaltens auf die Eltern. Diese Haltung überträgt es dann später auch auf andere Menschen. Im Fall von Hiltrud sehen wir, wie dieses Verhalten später selbst dann noch beibehalten wird, wenn es offensichtlich zu Stress führt.

Kinder lernen nun mal intensiv aus den Reaktionen der Eltern. Durch Schwierigkeiten bei der Beschaffung von Zuwendung erwirbt das Kind frühzeitig mächtige soziale Werkzeuge. So kann schließlich der übermäßige Einsatz für andere zur Grundlage des eigenen Selbstverständnisses werden. Daraus wird Anerkennung und Ansehen erwartet – selbst dann, wenn es zum Gegenteil führt.

Menschen, bei denen dieses Muster zu stark ausgeprägt ist, haben in Gegenwart anderer ein bis zum Stress erhöhtes Aufmerksamkeitsniveau. Anders gesagt: Allein das Zusammensein mit anderen Menschen führt zu Stress. Sie sind wie aufgekratzt, der Puls steigt, und sie stellen sich ganz auf den anderen ein – ganz gleich, ob der gerade traurig oder glücklich ist. Sie sind dann eben auch traurig oder glücklich – aber eben nicht sie selbst.

So wirkt sich ihre Stressfalle heute aus

Ein Preis, den Hiltrud für ihre unermüdliche »Aufopferung« bezahlt, ist fortschreitende Selbstaufgabe. Wer ist eigentlich Hiltrud? Sie passt sich zu sehr an ihr Umfeld an. Wie Petra hat sie die Schwierigkeit, eigene Wünsche und Bedürfnisse zu wenig zu kennen. Ohne andere Menschen kann sie eigentlich wenig mit sich anfangen. Unzufriedenheit, Langeweile, Mangel an Sinn sind die Folgen. Das verstärkt wiederum ihren Wunsch, die Aufmerksamkeit anderer zu erlangen.

Im Überblick: Hauptprobleme der Präferenz »Hingabe«:

- Erhöhte Abhängigkeit von Wertschätzung und Zuneigung

- Übererfüllung (vermeintlicher) Anforderungen anderer

- Kennt sich selbst (Wünsche, Bedürfnisse) zu wenig

- Beeinflussbar

- Zu offensive Durchsetzung des Zuwendungsanspruchs zur Vermeidung der chronischen Befürchtung, abgelehnt oder zurückgewiesen zu werden

- Zu wenig systematische Handlungsregulation, zu wenig Planung

- Das »Hin und Her« der Gefühle

Wenn die Schwierigkeiten zunehmen:

Hiltrud beginnt, Druck auf ihr Umfeld zu machen in der Art der Verhaltenspräferenz »Dominanz« (gestrichelter Pfeil).

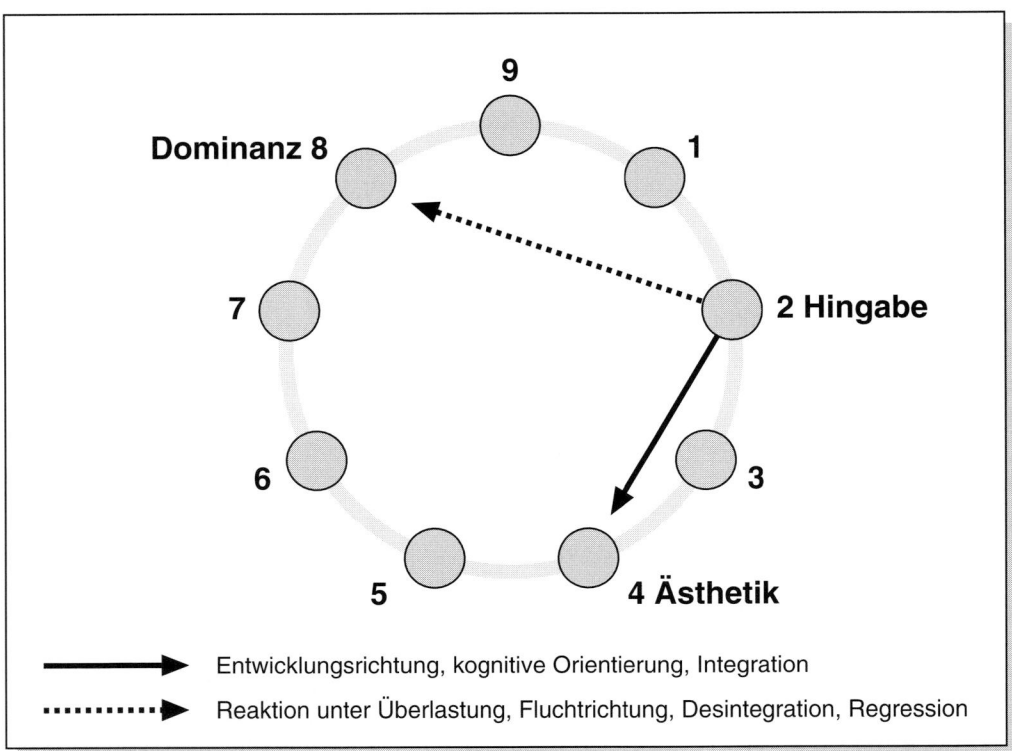

Für Menschen mit einem übermäßig ausgeprägten Muster »Hingabe« kann die Zuwendung durch andere und das Gefühl, gebraucht zu werden, zur »Droge« werden. Der Stress beginnt sofort, wenn jemand ihnen die Zuwendung verweigert oder zeigt, dass er sie nicht braucht. Leider entwickeln Menschen mit diesem Muster dann eine Neigung, sich allzu offensiv um die Aufmerksamkeit anderer zu bemühen. Sie werden dominant, drängen anderen ihre Hilfe auf, übernehmen die Führung in einer Gruppe, stellen sich in den Mittelpunkt. Dabei wirken sie so »nett«, dass man sie gewähren lässt.

Der Stress ist in Form einer selbsterfüllenden Prophezeiung vorprogrammiert: Weil sie befürchten, nicht genug geliebt zu werden, setzen sie Mittel zur Zuwendungsbeschaffung ein. Die anderen meiden deshalb unwillkürlich ihre Nähe. Die ursprüngliche Befürchtung wird wahr: Sie werden nicht geliebt.

Wenn selbst die Versuche scheitern, sich die Zuwendung anderer durch immer deutlichere, d. h., aggressivere »Sozialmanöver« zu sichern, kann ihr Verhalten auch in Feindseligkeit umschlagen. Es ist dann fast so, als hätten sie das Gefühl, bei ihrer Selbstlosigkeitslüge ertappt worden zu sein.

Einigen geht es auch nur noch darum, dass die anderen überhaupt auf sie reagieren: Oft hat hier querulatorisches Verhalten seinen Ursprung: Die anderen »kommen nicht um sie herum«. Die Zuwendung und Anerkennung ist dann zwar negativ, aber sie ist da. Man beschäftigt sich mit ihr, man zeigt Wirkung auf sie. Das kann u. a. die Arbeitsfähigkeit von Gruppen oder Teams erheblich beeinträchtigen.

Im Überblick:

Was Hiltrud unter Druck setzt und bei ihr Stress auslöst

- Die Möglichkeit, dass jemand ihre Gegenwart nicht schätzt

- Die Möglichkeit, dass sie nicht beachtet wird

- Allein zu sein

- Die Anforderung, planvoll zu handeln

- Unmissverständlich NEIN sagen zu müssen

Hiltrud kann etwas gegen ihren Stress tun

Das Wichtigste, was Hiltrud lernen muss, ist, sich im positiven Sinne des Musters 4, Ästhetik, mehr mit sich selbst zu beschäftigen. Genau wie Petra muss sie in sich selbst hineinhorchen. Was würde mir ganz allein Freude oder Spaß machen; welche eigenen lustvollen Bedürfnisse habe ich, zu deren Befriedigung ich keine anderen Menschen brauche? Was mag ich gern? Was könnten die anderen für mich tun, das für mich schön ist? Wo könnten die Kinder/der Partner selbstständiger handeln, ohne dass ich mich darum kümmere? Was von dem, was ich immer tue, macht mir eigentlich gar keinen Spaß? Muss das unbedingt getan werden?

Die Präferenz »Hingabe« kann dazu führen, dass die Betroffene ihrem Umfeld die Aufgaben geradezu aus der Hand reißt: »Das mache ich schon!« Und jedes Mal hat sie dann die Bestätigung, dass es ohne sie nicht geht. Sie sollte ernsthaft überlegen, ob der Mann oder die Kinder nicht dies und jenes mal selbst machen oder darauf verzichten könnten. Hiltrud muss lernen, sich selbst zu belohnen, sich etwas zu gönnen, sich ihre Zeit ganz für sich allein zu reservieren. Sie muss lernen, sich abzugrenzen.

Auch für Hiltrud ist es wichtig, sich von vielen Anforderungen zu befreien, die nicht real, sondern nur in ihrem Kopf existieren. Das ist Hiltruds Weg zu weniger Stress.

5.4 Lars und seine »Leistung«

Irrationaler Glaubensgrundsatz:
Es ist eine Katastrophe, wenn ich nicht gewinne!

Ein gewöhnlicher Tag mit Lars

Lars schaut bei der Nassrasur in den Spiegel. Am Rand stehen zwei Fragen »Hast du heute schon gelacht?« Lars hält inne und verzieht das Gesicht zu einem breiten Lächeln. Die zweite Frage »Wie wird dein heutiger Tag?« beantwortet er wie gewohnt mit einem lauten »Dieser Tag wird ein Erfolg!«

Beim Frühstück fragt er die Familie routinemäßig noch mal ab, was sie sich heute alles vorgenommen hat. An einzelnen Stellen fügt er noch eine Aufmunterung hinzu, die ihm aber stets unwillkürlich auch als versteckte kleine Forderung gerät.

Gestern Abend hat er seinen Tagesplan für heute gemacht. Auf dessen Abarbeitung stürzt sich Lars nach dem Eintreffen im Büro mit vollem Einsatz sofort. Er ist ein »Macher« aus dem Bilderbuch. Zu seinen besonderen Vergnügungen zählt nämlich das Abhaken von Erledigtem. Er erlebt das jedes Mal als persönlichen Erfolg. Andererseits können ihn Dinge, die sich nicht erledigen lassen, rasend machen. Das sind übrigens die einzigen Situationen, in denen Lars stärkere Emotionen spürt.

Sein Vorgesetzter bittet ihn um eine Unterredung. Lars ahnt schon, dass es wieder um das notleidende Projekt der Nachbarabteilung gehen wird. Lars meidet dieses »Endlos-Projekt«, weil er wegen dessen unklarer Ziele und Entscheidungsbefugnisse keine Erfolgschancen sieht. Er bereitet sich strategisch und argumentativ intensiv auf dieses Gespräch vor. Als er bei seinem Vorgesetzten sitzt, startet er mit einer Liste seiner Erfolge und Vorhaben. Der Vorgesetzte ist damit sehr zufrieden und lenkt das Thema schließlich auf das besagte Projekt: »Ich muss noch mal auf das Projekt zu sprechen kommen. Ich brauche da einen Mann wie Sie, weil ich sonst befürchte, das es nie fertig wird.« Lars wittert höchste Gefahr, in etwas hineingezogen zu werden, das am Ende auch ihm als persönlicher Misserfolg anhaftet. Folglich bombardiert er seinen Vorgesetzten mit einer Kette von Argumenten, auf die sein Gegenüber überhaupt nicht vorbereitet ist. Weil Lars diese »Bedrohung« unter allen Umständen verhindern will, nimmt er es bei seiner Argumentation mit der Wahrheit nicht extrem genau, ja, manche Dinge muss er in der Darstellung regelrecht »passend« machen, um auf der sicheren Seite zu sein. Er hat dabei kein Unrechtsbewusstsein: »Erstens machen das alle so, und zweitens dient es der Firma, wenn dieses Projekt möglichst bald gestoppt wird.« Und wieder hat er Erfolg: Er braucht nicht im Projekt mitzuarbeiten. Lars ist sehr erleichtert.

> Findet das Glück vorwiegend in Image, Status und Materiellem.

Lars arbeitet viel. Der Grund liegt aber weniger in der Arbeit als vielmehr darin, dass er dadurch etwas herzeigen kann. Lars ist deshalb nicht bei allen Kollegen in der Firma beliebt: Er hat den Ruf, gelegentlich »heiße Luft« zu produzieren. Er nutze gern jede Gelegenheit, um sich selbst ins rechte Licht zu rücken. Das Interesse der Firma müsse zuweilen hinter seinen persönlichen Vorteilen zurückstehen.

> Muss der Erste sein. Die Welt liebt Spitzenkönner: Effizienz, Produkt, Ziele, Ergebnisse.

An diesem Abend besucht Lars mit seiner Frau ein Feinschmecker-Essen. Ausführlich und galant diskutiert er am Tisch die gereichten Weine, bis jedem der Anwesenden klar ist, dass er der beste Weinkenner am Tisch ist. Bei den weiteren Themen, die heute Abend aufkommen, ist Lars entweder schnell der Meinungsführer, oder er sagt überhaupt nichts dazu und schneidet mit jemand anderem ein anderes Thema an, in dem er zu Hause ist. Dieses Thema rückt er dann im weiteren Verlauf des Abends in den Mittelpunkt – und damit auch wieder sich selbst.

Lars wirkt sehr männlich. Seine Frau hat deshalb ziemlichen Respekt vor ihm. Viel Freizeit verbringen sie im Tennisverein: Lars unternimmt größte Anstrengungen, um Clubmeister zu bleiben. Niederlagen sind für ihn das Schlimmste. Hat er gewonnen, dann bereitet es ihm sichtlich Vergnügen, das mit anderen ausgiebig zu diskutieren. Mitten in ihrem Wohnzimmer prangen die Pokale und weisen jeden auf seine Erfolge hin.

Wenn seine Frau Probleme hat, dann bespricht sie diese mit ihrer Freundin. Mit ihrem Mann kann sie besser darüber sprechen, was sie alles vorhaben und planen – und selbstverständlich darüber, was er wieder alles erreicht hat. In Gelddingen ist ihr Mann geschickt, weshalb sie es für ihre Gehaltsgruppe zu ansehnlichem Wohlstand gebracht haben. Seine Liebe zu seiner Familie drückt sich in erster Linie darin aus, dass er ihr Sicherheit schafft.

Urlaub ist ein besonderes Kapitel bei Lars: Auch hier geht er nicht schlafen, ohne einen Plan für den nächsten Tag gemacht zu haben. Die Tage sind dann auch gefüllt mit Unternehmungen.

> Freizeit macht ängstlich. Urlaub wird mit Aktivitäten vollgepackt.

Lars kommt in allen Lebenslagen zurecht. Ob er das zärtliche und liebevolle Familienoberhaupt ist, das sich rührend um alle kümmert, ob er im Geschäft knallhart Forderungen durchsetzt, ob er sich auf der Vernissage einer etwas esoterisch angehauchten Künstlerin angeregt mit dieser unterhält oder seine schauspielerischen Fähigkeiten für witzige Unterhaltung einsetzt – Lars ist stets obenauf. Wenn ihn dann alle wieder bewundern, fragt sich seine Frau manchmal, wie er wirklich ist. Sie weiß es bis heute nicht. Aber daran hat sie sich längst gewöhnt. Auch das ist ein Thema, das sie lieber mit ihrer Freundin bespricht.

Ein spezieller Denkfehler macht Lars stressanfällig:

Lars hat ein paar unausgesprochene Leitsätze, die sein Denken bestimmen:

1. »Die Menschen lassen sich unterteilen in Gewinner und Verlierer«. Der Fehler: Weder »Gewinner« noch »Verlierer« ist eine stabile Eigenschaft, sondern ein aktueller Zustand. Diese Messlatte bewirkt, dass andere wichtige Eigenschaften, wie z. B. Loyalität, von ihm unterbewertet werden werden.

2. »Das Wichtigste im Leben ist sichtbarer Erfolg«. Der Fehler: »Erfolg« ist tatsächlich wunderbar im Moment des Erfolges. Er muss aber gewöhnlich unter Verzicht lange hart erarbeitet werden. Das Erfolgserlebnis ist leider nur von kurzer Dauer. Der Reiz der materiellen Früchte des Erfolges hält ein bisschen länger vor – man gewöhnt sich jedoch an alles. Schwer errungene Erfolge werden bei vielen von Entlastungs-Depressionen gefolgt.

> Sein Selbstverständnis basiert stark auf seiner beruflichen Rolle.

3. »Andere Menschen sind so lange interessant, wie sie mir nützen können.« Der Fehler: Lars bewertet einseitig. Er übersieht viele Möglichkeiten, ein erfüllteres Leben durch Beziehungen mit gegenseitiger Unterstützung und Anteilnahme zu führen. Wie einsam sein Denken macht, merkt er erst in einer Krise.

Lars akzeptiert bei der Arbeit größte Herausforderungen, um das Bild des Erfolgreichen aufrechtzuerhalten, dem eigentlich nichts zu schwierig ist. Lieber »bringt er sich fast um« vor Arbeit, als dass er eingesteht, mit einer Aufgabe überfordert zu sein. Darüber würde er alles andere vernachlässigen. Bei der Arbeit interessiert ihn weniger die Arbeit selbst als das, was man durch diese Arbeit erreichen kann.

Alles, was unter die Kategorie »Erfolg« zählt (Anerkennung, materielle Symbole, sichtbare Leistung, Popularität, Karriere, Einfluss usw.), übt auf ihn starke Faszination aus. Er ist ehrgeizig. Die intensive Identifizierung mit Dingen, Ideen und Anforderungen, die außerhalb der eigenen Person liegen, können ihm zur unkontrolliert überhöhten Messlatte werden. Stress entsteht bei ihm durch den hohen Leistungsaufwand, den die Aufrechterhaltung des Bildes vom Erfolgreichen erfordert. Stressfördernd ist auch der Umstand, dass sein hoher Einsatz durch Anerkennung von außen auch noch häufig belohnt wird.

Die »Erfolge« anderer beschäftigen ihn sehr, da er stets mit anderen »Erfolgreichen« im inneren Wettbewerb steht. Es gibt immer noch jemanden, der reicher, schöner, intelligenter ist. Im Small Talk sind äußerlich erfolgreiche Menschen oft sein Thema. Wenn jemand ein teureres Auto fährt als er oder einen Titel hat oder besser angezogen ist als er, dann »wurmt« ihn das, d. h., das löst heftige Gefühle in ihm aus. Das treibt ihn wiederum dazu, noch »erfolgreicher« zu werden. Der Stress ist vorprogrammiert.

Lars hat sich nie sonderlich viel mit sich selbst beschäftigt. Er kann mit sich selbst eigentlich wenig anfangen. Deshalb entwickelt er auch wenig Gefühl für seinen Organismus und dessen gesundheitliche Warnsignale. Er läuft dadurch Gefahr, nicht zu bemerken, in welches gesundheitliche Risiko (Stress-Typ A) für sein Herz-Kreislauf-System er allmählich hineinläuft.

> Die Selbstdarstellung wird auf das abgestimmt, was gut ankommt.

An sich ist eine hohe Leistungsmotivation gesellschaftlich von großem Wert. Wenn dieses Muster allerdings übermäßig ausgeprägt ist, dann tritt der Nutzen aus der Leistung zu stark in den Vordergrund der Wahrnehmung: Wenn Lars mit anderen zusammen ist, gilt sein Interesse weniger den Personen als vielmehr den Chancen, die er durch sie nutzen kann.

Er ist ein Meister der Ausrichtung seiner Selbstdarstellung in Richtung dessen, was gut ankommt. Er beschränkt erforderlichenfalls auch seine Aufrichtigkeit und Loyalität gegenüber anderen. Er opfert diese Werte auf dem »Altar des Erfolges«. Das trifft ihn mit hoher Wahrscheinlichkeit eines Tages wie ein Bumerang: Auch wenn er heute noch so »super drauf« und »erfolgreich« ist: jeder sollte davon ausgehen, dass er in wirklich kritische Lebenssituationen geraten kann, in denen er auf den guten Willen anderer existenziell angewiesen ist. Mangelnde Loyalität und Aufrichtigkeit zerstören aber Beziehungen und machen schließlich einsam. Das rächt sich in der Not in Form von Stress.

Stress kann ihm auch durch Enttäuschte oder Neider entstehen, die seine Vorhaben und Wünsche blockieren oder gar vereiteln können.

So ist seine Stressfalle entstanden

Angefangen hat alles damit, dass (mindestens) ein Elternteil Lob und Anerkennung auf Situationen beschränkt hat, in denen das Kind eine Leistung vollbracht hat. Im Erleben des Kindes wird weniger es selbst, sondern mehr seine Leistung geliebt.

Leistung und Erfolg werden daher von früh an die wichtigsten Möglichkeiten der Zuwendungs-Beschaffung im Leben des Kindes. Es bleibt sich selbst von allen Mustern am fremdesten: »Erfolg« ist hier nämlich das, was vom Umfeld für Erfolg gehalten wird. Der Betroffene jagt sozusagen ständig hinter etwas her, was wenig mit seiner Person zu tun hat. Auch diese Erfahrung prägt lebenslang.

Im Überblick: Hauptprobleme der Präferenz »Leistung«:

- Geltungsdrang, Eitelkeit

- Selbstentfremdung: Kennt sich selbst (Wünsche, Bedürfnisse) zu wenig

- Leistung und Status bilden die wichtigste Basis des Selbstverständnisses

- Überfordert sich und seine Kräfte

- Weiß mit sich selbst zu wenig anzufangen

- Bewertet Beziehungen zu anderen zu sehr nach dem Nutzen

Wenn die Schwierigkeiten zunehmen:

Lars opfert zu viel, um seinen Status zu erhalten (gestrichelter Pfeil).

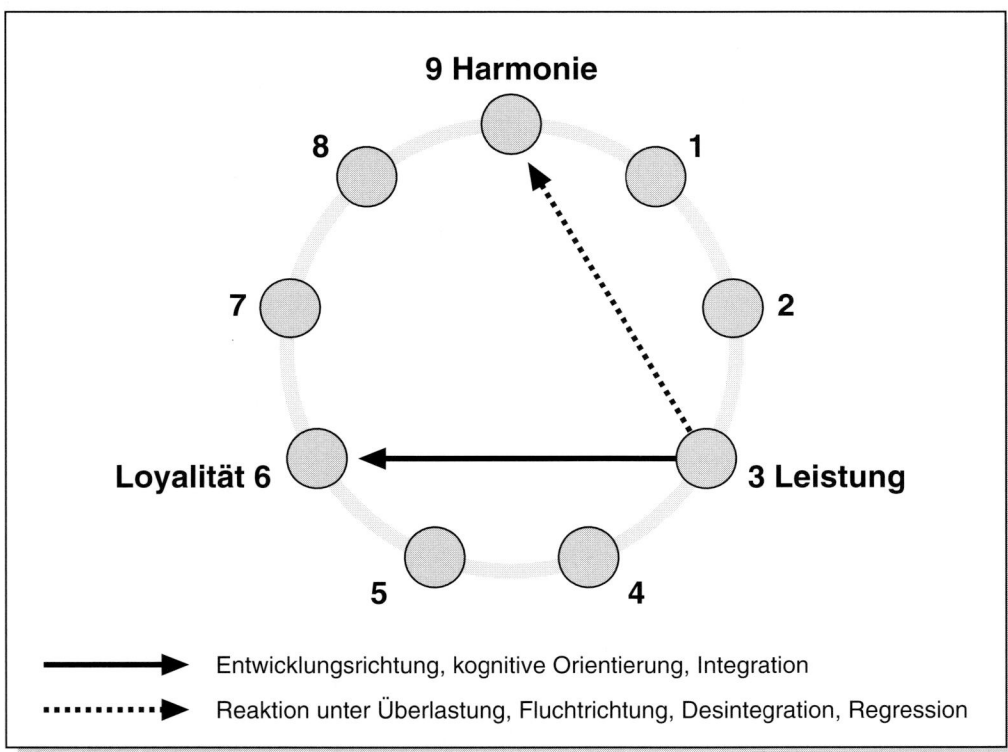

Menschen, die übermäßig außerhalb ihrer selbst liegende Rollen und Anforderungen erfüllen wollen, neigen unter Stress dazu, sich zu überfordern: Sie können dann das Bild des Erfolgreichen nicht mehr perfekt aufrechterhalten, d. h., die gespielte(n) Rolle(n) durchhalten.

Zwangsläufig treibt sich Lars irgendwann in die **Überforderung.** Es wird ihm zunehmend schwerer fallen, den hohen Kraftaufwand zu erbringen, der erforderlich ist, um sein Idealbild aufrechtzuerhalten. Der Weg ist bereitet für das »Burn-out-Syndrom«, das Ausgebranntsein. Die frühere Fähigkeit, Höchstleistungen zu vollbringen, verkehrt sich ins Gegenteil: Lethargie im Sinne der Präferenz »Harmonie« macht sich in ihm breit. Das Leben verliert an Sinn, wenn er seinen Geltungsanspruch nicht mehr aufrechterhalten kann. Er spürt es wie einen stechenden Schmerz, wenn Jüngere ihm demonstrieren, dass er nicht mehr auf der Höhe der Zeit ist. Bei vielen sind schließlich (uneingestandene) Depressionen die traurige Folge: Es schwindet die Kraft, überhaupt noch irgendetwas anzupacken. Im negativen Sinne des Musters »Humor« entsteht Gleichgültigkeit – auch gegenüber sich selbst. Das kann bis zur Suizid-Gefahr reichen.

Das ist u. a. der Grund, warum so viele Rentner frühzeitig nach dem Ausscheiden aus dem Berufsleben sterben: sie haben plötzlich nichts mehr, was ihnen Erfüllung und Selbstverständnis gibt.

Im Überblick: Was Lars unter Druck setzt und bei ihm Stress auslöst

- Die Befürchtung, dass er nicht der Erste, Beste, Erfolgreiche und Angesehene ist
- Der Verlust von äußeren Symbolen des Erfolges
- Die Notwendigkeit, Gefühle zu zeigen
- Sich korrekt an die Wahrheit halten zu müssen
- Schwäche nicht verbergen zu können
- Die Möglichkeit, zu versagen

Lars kann etwas gegen seinen Stress tun

Lars sollte zwei neue Schwerpunkte in sein Leben einführen, um gegenzurudern: Erstens sollte er sich mit seinem Wertesystem (Abschnitt 4.4: Wofür lebe ich überhaupt?) beschäftigen und sich mehr in Richtung der positiven Seiten der Präferenz »Loyalität« entwickeln. Wenn er darüber nachdenkt, was ihm etwas wert ist, wird er feststellen, dass er mittlerweile ein sehr einseitiges, fast »verschrobenes« Wertesystem hat: Er selbst, seine emotionale Bindung an seine Lieben und Freunde und die Aufrichtigkeit in Beziehungen sind mehr und mehr zu Opfern auf dem Altar des Geltungsdrangs geworden. Sie könnten aber in Wirklichkeit ein solides Fundament für sein Selbstverständnis bilden. Das wird ihm mit fortschreitendem Alter immer bewusster werden. Besonders wird ihm dabei die Vergänglichkeit aller Symbole von Status und Ansehen bewusst werden. Wie würde er z. B. mit einer Entlassung aus der Firma fertig werden, die heute für viele zur realen Bedrohung geworden ist? Zwanzig Jahre für die Firma geschuftet und alles andere liegen gelassen – und jetzt einfach Peng, Schluss, aus: Wie würde er mit dieser Kränkung fertig werden? Darauf sollte jeder immer vorbereitet sein, besonders Lars.

Zweitens braucht Lars eine neue Leidenschaft, die nur ihm selbst Spaß macht und die möglichst fern davon ist, dass er bei irgendjemandem damit »Eindruck schinden« könnte. Ich entsinne mich eines Patienten, der mit einem Burn-out zu mir kam. Ich habe ihm – und zum Glück konnte er sich das leisten – mit großem Erfolg eine halbjährige Weltreise verordnet. Danach war der Mann von seinem Götzen geheilt.

Der Vorteil einer solchen Leidenschaft liegt auf der Hand: Der Betroffene ist dazu aufgerufen, sich intensiv mit einer für ihn relativ neuen Materie zu beschäftigen – nämlich mit sich selbst.

Es ist mindestens genauso schwierig herauszufinden, worin eine solche Leidenschaft bestehen könnte wie es schwierig war, eine berufliche Eignung herauszufinden. Im Falle von Lars ist aber schon der Weg das Ziel: der Prozess des Herausfindens ist der Kern der Therapie. Empfehlenswert ist hier, mit ganz neuen Themen und auch neuen Leuten zu experimentieren. Insbesondere musische und gestalterische Möglichkeiten sollten in Erwägung gezogen werden. Wahre Wunder bewirkt übrigens der »Seitenwechsel«: Das ist eine Art einwöchiges Praktikum in einem Obdachlosenheim. Etlichen Führungskräften hat das schon das Weltbild verändert.

5.5 Arthur und seine »Ästhetik«

Irrationaler Glaubensgrundsatz:
Es ist eine Katastrophe, wenn ich nichts Besonderes bin!

Ein gewöhnlicher Tag mit Arthur

Arthur ist als Techniker in seiner Firma beschäftigt. Er ist bei seinem Vorgesetzten nicht sonderlich beliebt, denn er achtet sehr genau darauf, die tägliche Arbeit pünktlich zu beenden. Zu dieser Arbeit sieht er sich genötigt, um Geld zu verdienen. Seine Freizeit ist dagegen sehr vielfältig ausgefüllt: Nach Feierabend spielt er wunderbar Gitarre. Zwei junge Frauen im Haus haben sich deshalb auch schon eine Gitarre gekauft. Zusammen üben sie melancholische Lieder ein, in denen es viel um Hoffnung, Gerechtigkeit und Sehnsucht geht.

> Ich bin besonders und einzigartig. Ich habe Besseres verdient.

Mit Einbruch der Dunkelheit zieht Arthur mit einem großen Rucksack voller Farbsprühdosen los. Er ist leidenschaftlicher Sprayer und stolz auf seine »Werke«. Es verschafft ihm große Genugtuung, die Ergebnisse an allen Ecken der Stadt immer wieder besichtigen zu können: »Das ist *mein* Werk!« Überhaupt hat Arthur ein besonderes Interesse für alles, was außerhalb des »Normalen und Sittlichen« liegt. Das gibt ihm »den richtigen Kick«.

Arthur beschäftigt sich neuerdings auch intensiv mit Esoterik: Er hat sich in den Kopf gesetzt, Schamane zu werden. Er hofft, damit soviel Geld verdienen zu können, dass er endlich die ungeliebte »niedrige« Tätigkeit in der Firma aufgeben kann. Arthur ist fest überzeugt, für Höheres bestimmt zu sein.

Diesen Anspruch demonstriert er seinem Umfeld durch bestimmte Auffälligkeiten. So trägt er meistens eine Halskette mit Anhängern, die weniger Schmuck zu sein scheinen als vielmehr geheimnisvolle Symbole versunkener Kulturen.

Kürzlich hat sich ein Kollege darüber öffentlich lustig gemacht: »Ist das ein Andenken vom Tuntenball?« Das hat Arthur zutiefst getroffen. Tagelang hat ihm das alle Energie geraubt. Er hat sich in der Firma krank gemeldet und regelrecht verkrochen. Er war sehr unglücklich.

Gefangen hat er sich wieder durch einen Fernsehfilm mit einem starken Helden, mit dem er sich identifizieren konnte. Das hat ihn daran erinnert, wie großartig er selbst doch eigentlich ist. Fürs Erste noch stolzer als vorher ist er schließlich wieder in die Firma zurückgekehrt.

Die »normalen« Kollegen mögen einerseits seine zuweilen etwas unkonventionelle Art. So hat er neulich, als endlich einmal wieder die Sonne schien, laut aus dem Bürofenster gesungen: »Here comes the sun«. Andererseits haben sie aber auch Probleme mit ihm: Arthur ist nicht so zuverlässig, wie sie es sich wünschen: mal arbeitet er bereitwillig mit, mal hat er seine »Stimmungen«, die seine Leistung reduzieren. Das hält wiederum die Kollegen bei der Arbeit auf.

Enge Freunde hat Arthur nicht, aber er kennt eine Menge Leute. Er hat feinste »Antennen« dafür, wer ihn mag und wer sich weniger oder nicht für ihn interessiert. Ablehnung verunsichert ihn sehr schnell und löst bei ihm den Wunsch aus, sich für den Betreffenden attraktiv zu machen. Das kann dann ziemlich gekünstelt wirken, was das Desinteresse des anderen meist noch verstärkt. So etwas beunruhigt Arthur stets sehr.

Arthur hat schon eine Reihe von Versuchen hinter sich, eine Beziehung zu einer Frau aufzubauen. Daraus wurden dann meistens die schlimmsten emotionalen Achterbahnfahrten: Er steigerte sich zu Beginn dermaßen in eine Beziehung hinein, dass selbst aus der unattraktivsten und langweiligsten Frau für kurze Zeit eine angehimmelte liebenswerte Prinzessin wurde. Er beschrieb ihnen ausführlich seine großen Gefühle, zu denen er zweifellos fähig ist. Leider fiel es den meisten Damen schwer, das nachzuvollziehen, weil sie das von sich gar nicht kannten. Arthur fiel das allerdings kaum auf, weil sein Einfühlungsvermögen begrenzt ist. Unglücklicherweise waren die Beziehungen von kurzer Dauer, weil sich schnell herausstellte, dass es mal wieder nicht die Traumprinzessin war, in die er da so viel »Herzblut« investiert hatte. Nach jedem »Verlust« plagten ihn tiefe Selbstzweifel und Melancholie, denen er sich voll hingab.

Nach jeder Affäre war er aber auch erfüllt davon, wieder ein so intensives emotionales Erlebnis gehabt zu haben, das er auf der Plus-Seite des Lebens buchen konnte. Das war sein wirklicher Nutzen aus einer Beziehung. Ja, er lauerte regelrecht darauf, baldmöglichst wieder so etwas zu erleben.

Im Überblick: Hauptprobleme der Präferenz »Ästhetik«:

- Zu viel Beschäftigung mit sich selbst und den eigenen Gefühlen

- Fehlanpassung

- Empfindlichkeit gegenüber Kritik

- Schwaches Einfühlungsvermögen

- Melancholische Neigung

Ein spezieller Denkfehler macht Arthur stressanfällig:

Charakteristisch ist eine ausgeprägte sensible Selbstwahrnehmung: Er kreist sozusagen um sich selbst. Er hat einen Hang zur Selbstüberschätzung genauso wie zu maßloser Selbstkritik und ist zugleich überempfindlich gegenüber Kritik. Arthur ist auf die Reaktionen anderer angewiesen, denn er ist im tiefsten Inneren unsicher. Anerkennung löst Höhenflüge seiner Gefühle aus, Kritik und Ablehnung lassen ihn emotional förmlich in den Keller stürzen.

Sein Denkfehler liegt einerseits darin, dass er Kritik und Ablehnung als »vernichtendes Urteil« erlebt, das ihn jäh aus seinen Phantasien von Größe und Besonderheit reißt. Andererseits sieht er sich durch Anerkennung in diesen Phantasien sofort wieder bestätigt und geht erneut auf »Höhenflug«. Seine fast grenzenlose Sympathie für Menschen, von denen er glaubt, dass sie ihn bestätigen, bedeutet Risiko in seinem Leben: Leicht können »falsche Freunde« sein Vertrauen erwerben und ihm später oft nachhaltigen Stress bereiten.

Sich selbst im Alltag immer wieder zu schnell in Frage zu stellen: »Bin ich gut genug? Kann ich mithalten?« und die damit verbundenen Gefühlsschwankungen sind sein Problem. Er beneidet immer wieder Menschen, die aus seiner Sicht ihr Leben im Griff haben – und lehnt sie insgeheim wegen ihrer »Durchschnittlichkeit« ab.

Ein Problem bekommt er in einer Umgebung, die ihm zu bestätigen scheint, dass er klein und unbedeutend ist. Mit solch einem Selbstbild mag niemand leben – und Arthur schon gar nicht. Deshalb wird er aktiv und versucht (wie Präferenz »Hingabe«) forciert Anerkennung und Aufmerksamkeit zu beschaffen. Während Menschen mit der Präferenz »Hingabe« dies aber über ihre Unentbehrlichkeit für den anderen erreichen wollen, ist das Vehikel bei ihm mehr die Auffälligkeit, das Sich-von-den-anderen-Abheben. Die von ihm vermuteten bzw. eingebildeten Reaktionen anderer erfüllen ihn mit Stolz und bestätigen ihn in seinem elitären Bewusstsein.

Seine Strategie der Zuwendungsbeschaffung ist die Auffälligkeit, z. B. durch Kleidung, provozierende Äußerungen und unzweckmäßig überhöhte ästhetische Ansprüche. Menschen, bei denen dieses Muster stark ausgeprägt ist, wirken oft etwas gekünstelt, obwohl sie gerade Echtheit und Authentizität als wichtige Werte angeben. Oft erleben andere ihre Kapriolen als merkwürdig oder sonst irgendwie befremdlich. Ablehnung erfahren auch viele durch ein arrogant wirkendes Auftreten, das eine Folge ihrer Phantasien von Großartigkeit und Überlegenheit ist.

Daraus können sich ernsthafte Anpassungsschwierigkeiten entwickeln. Eine Fähigkeit ist bei ihnen nämlich unterentwickelt: das Einfühlungsvermögen in andere. Sie merken kaum, was in dem anderen los ist. Sie können sich zu wenig auf die Bedürfnisse und Stimmungen anderer einstellen. Eine Negativ-Spirale aus Fehlanpassung, negativen

Reaktionen des Umfeldes, Selbstwertproblemen und heftigen Emotionen droht für sie immer wieder zum Auslöser von Stress zu werden.

Ihr intensives Gefühlsleben, ihre intensiven Erlebnisreaktionen erschweren oft ein geordnetes Denken. Sie haben dann das Gefühl, keinen klaren Gedanken mehr fassen zu können. Viele von ihnen ergehen sich bewusst in Weltschmerz und melancholischen Stimmungen.

Arthur trägt noch ein weiteres Risiko: Die absoluten Highlights in Arthurs Leben sind die Phasen, in denen er »große Gefühle« entwickeln konnte – gleich ob Glück oder Trauer. Dann hat er das Gefühl, dass er lebt. Hier entfaltet er all seine Kraft und Kreativität. Die Zeit zwischen diesen Phasen musste zwar auch sein, aber sie zählt eigentlich nicht als richtiges »Leben«. So profane Dinge wie z. B. Bausparen, Altersicherung und Rentenberechnung, also Existenzsicherung gehören zu den Themen, die ihn wenig interessieren und kümmern. Und so bewegen sich viele mit dieser Verhaltenspräferenz am Rande des existenziellen Abgrunds, wenn sie mit diesen Themen allein gelassen sind. Auch das führt wiederum zu Nöten, Sorgen, Kümmernissen und Belastungen, mit denen seelisches und gesundheitliches Risiko verbunden ist. Das kann bei Arthur viel Stress heraufbeschwören.

So ist seine Stressfalle entstanden

Die Präferenz »Ästhetik« ist eine weitere Form der Bewältigung von unausgewogener oder mangelnder Zuwendung, die der Betroffene als Kind erfahren hat. Oft waren Grundlage dieses Musters auch Trennung und Scheidung der Eltern. Viele Kinder entwickeln dadurch Schuldgefühle. Schon früh musste er lernen, eigene Wege der Selbstbestätigung zu finden, um sein Selbstverständnis und Selbstwertgefühl aufzubauen. Bei vielen fehlten Vorbilder. Dabei entstehen oft irrationale Phantasien von Größe und Überlegenheit, insbesondere in ästhetischer Hinsicht. Dieses Motiv bleibt eine Art lebenslanger Prägung.

Wenn die Schwierigkeiten zunehmen (gestrichelter Pfeil):

Arthur macht sich zum Gespött

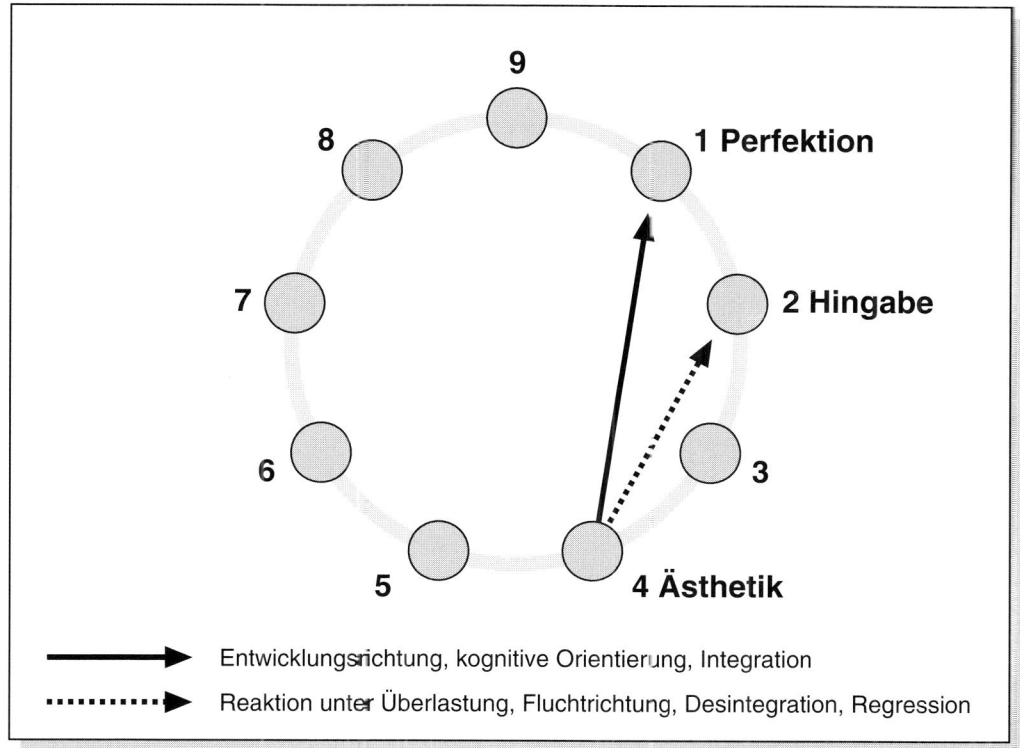

Entwicklungsrichtung, kognitive Orientierung, Integration

Reaktion unter Überlastung, Fluchtrichtung, Desintegration, Regression

Menschen mit der Verhaltenspräferenz »Ästhetik« neigen unter Stress dazu, ihre Ansprüche noch mehr zu kultivieren. Sie versuchen dann, ihre Besonderheit zu perfektionieren. Ob es eine bis ins Detail ästhetisch ausgeklügelte Wohnungseinrichtung, ein für andere schwer nachvollziehbar gesteigertes Kunstempfinden, ein übertrieben vornehmes, elegantes Auftreten oder Ähnliches ist: Sie steigern ihre Anstrengungen zur Beschaffung von Beachtung bis zur Unzweckmäßigkeit. Fehlanpassung, mangelnde Produktivität, Einsamkeit und wieder Unsicherheit sind die stressigen Auswirkungen.

Im Überblick: Was Arthur unter Druck setzt und bei ihm Stress auslöst

- Die Möglichkeit, dass er nicht beachtet wird

- Kritik an ihm

- Die Notwendigkeit, normale Rollenanforderungen zu erfüllen (Beruf, Beziehung)

- Konstantes Verhalten zu zeigen und Routinearbeiten zu erledigen
- Die Notwendigkeit, planvoll, systematisch und regelmäßig zu arbeiten
- Die Notwendigkeit, sachlich zu bleiben

Arthur kann etwas gegen seinen Stress tun

Arthur hat ein Grundproblem, dessen Behebung der Schlüssel für alle weiteren Vorbeugungen gegen seinen Stress ist: seine nagenden Selbstwert- und Sinnprobleme mit der Folge der depressiven Verstimmungen. Solange das Bild des Besonderen, Überlegenen, Herausragenden nur in der Phantasie besteht, wird es immer wieder zu Stress führen. Dagegen hilft nur, sich in Richtung der guten Seiten des Musters »Perfektion« weiterzuentwickeln. Er braucht konkrete Ziele, die er mit realer Aktivität erreichen kann. Diese Ziele sollten realistisch erreichbar sein: Leider hat Arthur nämlich die Neigung, zu hohe oder zu niedrige Ziele anzupeilen. Dadurch ist der Misserfolg oft vorprogrammiert.

Um seine Ziele herauszufinden, sollte er einmal seine fünf größten Stärken und seine fünf größten Schwächen aufschreiben – am besten mit einem Freund, der ihn möglichst objektiv sieht. Fast wie von selbst springt ihm ins Auge, welche für ihn passenden Vorhaben und Ziele (Abschnitt 7.3) sich daraus ableiten lassen. Arthur braucht unbedingt einen Plan. Dabei muss er konsequent auf Realisierbarkeit achten – wegen seiner Neigung, unrealistische Ansprüche zu haben. Das Wichtige an dem Plan ist, dass er ihn hat – sozusagen als Orientierung. Nicht so wichtig ist, dass er sich an diesen Plan hält. Er sollte ihn aber regelmäßig wieder zur Hand nehmen, wenn er wieder Achterbahn fährt.

Aktivität verscheucht die Melancholie und die unkonstruktive Beschäftigung mit sich selbst. Nicht mehr »Prinzessin auf der Erbse«, sondern ein zielstrebiger Aktivist, der auf einen Erfolg hinarbeitet – das sollte ihm zum Idealbild werden. Solche Vorhaben können im Beruf, im Privaten oder sonst wo liegen – Hauptsache, sie sind ihm ein Ansporn. Dieser Ansporn entsteht, wenn erstens die Ziele realistisch sind und zweitens die zur Zielerreichung erforderliche Tätigkeit seine Stärken fordert.

Hilfreich ist für Arthur auch, ein objektiveres Bild seiner »Besonderheit« zu erhalten. Er wird kaum in der Lage sein, das selbst zu erreichen, weil das alles viel zu sehr mit Gefühlen und Ängsten verwoben ist. Auch hier ist ein Außenstehender – vielleicht sogar ein professioneller – von Vorteil. Professionalität ist hier geboten, weil es kaum Laien gibt, die ihn zugleich sanft und konsequent auf den Boden der Tatsachen bringen können. Er braucht einfühlsame Rückmeldung über die Wirkung seines Verhaltens (siehe Abschnitt 6.4).

Ein weiteres großes Thema sollte für Arthur die Versachlichung in vielen Bereichen sein. Das schafft mehr Abstand zu sich selbst und der eigenen Gefühlen. Es hilft ihm, ausgeglichener zu werden und da, wo es das Leben nun mal verlangt, systematischere Problemlösungen herbeizuführen.

Ferner sollte er sich klarmachen, dass Großartigkeit und Überlegenheit am wenigsten eine Frage von Intuition und Genialität, sondern zu 90 % eine Frage des konsequenten, schrittweisen und zielstrebigen Arbeitens an einer Sache gleich welcher Art sind. Insgesamt wäre es gut für Arthur, sich in Richtung der positiven Seiten der Verhaltenspräferenz »Perfektion« zu entwickeln.

Das wird dazu führen, dass er sich selbst mehr schätzen kann und stabiler wird. Das wird auch zu einer weiteren großen Entlastung führen: mehr Unabhängigkeit von der Reaktion anderer.

5.6   Ingo und seine »Innerlichkeit«

Irrationaler Glaubensgrundsatz:
Es ist eine Katastrophe, wenn andere mir nahe kommen!

Ein gewöhnlicher Tag mit Ingo

Ingo hat eine schätzenswerte Eigenart, die sich schon einige Male als äußerst nützlich erwiesen hat: Er bleibt unter allen Umständen sachlich und korrekt. So hat z. B. die Künstlervereinigung sich vor dem Untergang (durch ewige Streitereien) nur retten können, indem sie Ingo – mit viel Überzeugungsaufwand – zu ihrem Vorsitzenden gewählt hatte. Er registriert zwar aufmerksam, wie emotional andere sein können, ihm selbst ist es aber fern, in einer Situation mit anderen solche Affekte zu bekommen. Auch wenn die Wellen noch so hoch schlagen, scheint ihn nichts aus der Fassung zu bringen. Manchmal erinnert er etwas an Mr. Spock aus dem Raumschiff Enterprise: Gefühle, Lob und Kritik berühren ihn scheinbar wenig.

> Seine Stärke: Sachlichkeit und gründliche Kenntnisse.

Als er zum Vorsitzenden gewählt wurde, hat er sich sofort gründlich mit der Frage beschäftigt, wie man Gruppen zum Erfolg führt (gemeinsame Ziele, Rollendifferenzierung, explizite Werte und Normen, Mitgliedschaft und konstruktive Kommunikation). Diese Prinzipien hat er konsequent und nüchtern angewendet. Sogar ein bisschen Charme hat er sich (mühsam) antrainiert, um seiner Aufgabe gerecht zu werden. Dennoch bleibt jede Versammlung für ihn eine Belastung. Jede Form von Selbstdarstellung, Herausstellen eigener Leistungen oder sonstige Versuche, andere zu beeindrucken, liegen ihm nicht. Menschen, die ihn nicht kennen, unterschätzen ihn leicht, weil er sein Licht gerne unter den Scheffel stellt und – wenn es irgendwie geht – im Hintergrund bleibt.

In allem ist Ingo besonders gründlich und wissbegierig. Sein Vorgehen ist stets wohlüberlegt. Spontan-Entscheidungen und auch -Verabredungen liegen ihm nicht. Er bevorzugt genaue Vereinbarungen und Termine, auf die er sich einrichten kann. Manche Kollegen nervt er mit seiner Fragerei. Am Ende ist der Vorteil aber, dass seine Vorhaben bestens durchgeplant und termingerecht fertiggestellt sind.

Ingo mag es, sich alleine und zurückgezogen mit den vielen Dingen zu beschäftigen, die ihn interessieren. Dagegen sind Team-Sitzungen für ihn eine Last und bedeuten seelische Belastung, obwohl er dort immer als angenehmer, sachlicher und korrekter Kollege geschätzt ist, der ausgeglichen urteilt und Wege der Integration findet. Er ist aber nun mal kein »Kommunikator«, der mit schneller Zunge auf andere zugeht. Andere im Team spüren manchmal den Wunsch, ihm (sprachlich) zu helfen, weil er auch bei der Formulierung gründlich und dadurch etwas langsam ist. Sitzungen, die er leitet, sind stets exzellent vorbereitet mit einer nahezu perfekten Agenda, was deren Ablauf zur Freude aller verkürzt.

Mit anderen zusammen zu sein kann für Ingo recht anstrengend sein. Ihre Erwartungen und Gefühlsäußerungen überfordern ihn schnell. Kürzlich sagte er nach einer Sitzung mit Kunden zu seinem Kollegen: »Ich muss mich jetzt erst mal entgrinsen!« und verzog sich in sein Büro, das er mit niemandem teilen muss. Bei der Übernahme seiner Position hatte er das als wichtigen Punkt gefordert, obwohl fast alle Kollegen in Großraumbüros arbeiten.

Ingo ist seit langem glücklich verheiratet mit seiner tatkräftigen und engagierten Frau, die seine Eigenschaften zu schätzen weiß. Mit ihm zusammen zu leben, so beichtete sie ihrer Freundin, ist mehr ein »geistiges« Abenteuer. Ingo brauche Abstand und Raum für sich. Sie hätten etliche sehr gute Freunde, zu denen aber sie den Kontakt aufrechterhalte. Sie muss sehr darauf achten, wen sie einlädt: Wenn Ingo eine Unterhaltung flach und uninteressant findet, wird er einsilbig und kann den Abend auch schon mal sehr frühzeitig verlassen.

Das teuerste in Ingos Privatleben sind Bücher und Zeitschriften. Dafür gibt er relativ viel Geld aus. So anspruchsvoll Ingo in der Beschaffung von Informationen und Wissen ist, so sparsam und bescheiden ist er im Materiellen. Im Gegensatz zum Muster »Ästhetik« kennt sich Ingo in Themen wie Bausparen, Altersicherung und Geldanlage sehr gut aus, denn sie passen zu seiner Neigung des Sammelns, Anhäufens und Aufsaugens von Informationen. In der umgekehrten Richtung, nämlich dem (Mit-)teilen, tut sich Ingo dagegen nicht so leicht.

Es gibt eine Gruppe von Leuten, mit der sich Ingo regelmäßig trifft: Er ist Mitglied in einem Bridge-Club. Ihn reizt dieses Spiel, weil es eine Art Denksportaufgabe ist. Zudem ist die Atmosphäre im Club distanziert und ruhig, weil sich die Teilnehmer stark konzentrieren. Der Umgang miteinander ist ausgesprochen behutsam und rücksichtsvoll. Genau das braucht Ingo, um sich unter Menschen wohlzufühlen.

> Abstand ist die Fluchtrichtung: sowohl physisch als auch in den Anschauungen.

Und noch eines gibt es von Ingo zu berichten: Er fotografiert sehr viel und bittet stets alle, die gerade da sind, zur Erinnerung vor die Kamera. Von ihm selbst gibt es hingegen so gut wie keine Fotos. Das ist kein Zufall: Nur äußerst hartnäckige Bekannte haben eine Chance, Ingo vor die Kamera zu bekommen. Ingo zieht es eben bei allen Gelegenheiten vor, zu beobachten, im Hintergrund zu bleiben oder sich gar ganz zu entziehen, d. h., im Leben lieber hinter als vor der Kamera zu stehen.

Selbst Freunde Ingos erleben immer wieder Überraschungen: Seine Verschwiegenheit kann so weit gehen, dass sie den Eindruck haben, er würde ihnen nicht vertrauen.

Wenn sie z. B. nach Jahren erst erfahren, dass Ingo bereits in zweiter Ehe verheiratet ist, verstehen sie das nicht, weil sie es selbst längst erzählt hätten.

Ein spezieller Denkfehler macht Ingo stressanfällig:

Charakteristisch für »Innerlichkeit« ist die besondere Beziehung zum sozialen Umfeld: Beobachten, alles registrieren, alles erinnern, alles wissen wollen – aber: sich verbergen, nichts preisgeben, nicht in den Mittelpunkt geraten, nichts zur Schau stellen (z. B. Leistung, Erfolg) sind charakteristisch für diese Verhaltenspräferenz.

Menschen mit diesem Muster leben viel in einer Innenwelt, die man tunlichst respektieren sollte, wenn man in guter Beziehung zu ihnen oder gutem Arbeitsverhältnis mit ihnen leben will. So kann man sie noch am ehesten verstehen und sie öffnen. Ihre Zurückhaltung wird oft fälschlich als Ablehnung interpretiert. Insbesondere zuwendungsbedürftige Partner kann das schon mal frustrieren. Das führt dann wiederum dazu, das ihnen von Enttäuschten Stress gemacht wird (Druck durch Sozialmanöver, üble Nachrede, Mobbing u. a.).

Es gibt jedoch vielfältige Situationen, die Nähe erfordern und deshalb schnell zum Stress für Menschen mit dem Reaktionsmuster »Innerlichkeit« werden: z. B. Beziehung zum Partner und zu eigenen Kindern, festliche Anlässe, Ehrungen, Repräsentation im Beruf usw. Derartige Situationen werden schnell zur seelischen Belastung, wenn sie unausweichlich werden.

Menschen mit diesem Muster durchdenken alles gerne sehr gründlich. Entsprechend lang brauchen sie für Entscheidungen. Schnelle Entscheidungen zu treffen – vielleicht auch noch auf Basis unvollständiger Informationen – ist für sie Stress. Das zentrale Thema bei Ingo ist die Nähe zu und die Abgestimmtheit mit seinem Umfeld. Wenn die Welt zu nahe rückt, fühlt sich Ingo rasch bedrängt. Seine spontane Reaktion: Er koppelt sich ab von dem, was um ihn herum geschieht.

So ist Ingos Stressfalle entstanden

Bei dieser Verhaltenspräferenz ist die Erklärung der Entstehung kompliziert. Hier nur so viel: Diese Neigung ist eine recht stabile und wissenschaftlich gründlich untersuchte Größe: die so genannte »Introversion«. Formen wie bei Ingo setzen aber weitere nachteilige Einflüsse während der frühen Entwicklung voraus. Zumeist bestanden diese in einer Notwendigkeit, sich zu weitgehender Einflussnahme durch Eltern oder ein Elternteil zu entziehen. So verstärken diese Neigung z. B. übermäßig sorgsame und beschützende Eltern, die das Leben des Kindes stark regeln wollen. Aber auch eine »Aschenputtel-Erziehung« kann dies bewirken. Das Kind schützt sich durch das Aufbauen einer Innenwelt. Das macht es unabhängiger von den Zugriffsversuchen anderer. Dazu gehört vor allem auch die emotionale Unabhängigkeit von der Bewertung (Lob, Kritik) durch andere.

Im Überblick: Hauptprobleme der Präferenz »Innerlichkeit«:

- Zurückhaltung, Rückzug, Schüchternheit
- Eingeschränkte Möglichkeiten, Gefühle auszudrücken
- Begrenzte Resonanz auf andere Personen
- Sozialphobie (soziale Ängstlichkeit)
- Bevorzugt Aktivitäten, die er allein machen kann

Wenn die Schwierigkeiten zunehmen (gestrichelter Pfeil):

Ingo flüchtet aus der Realität.

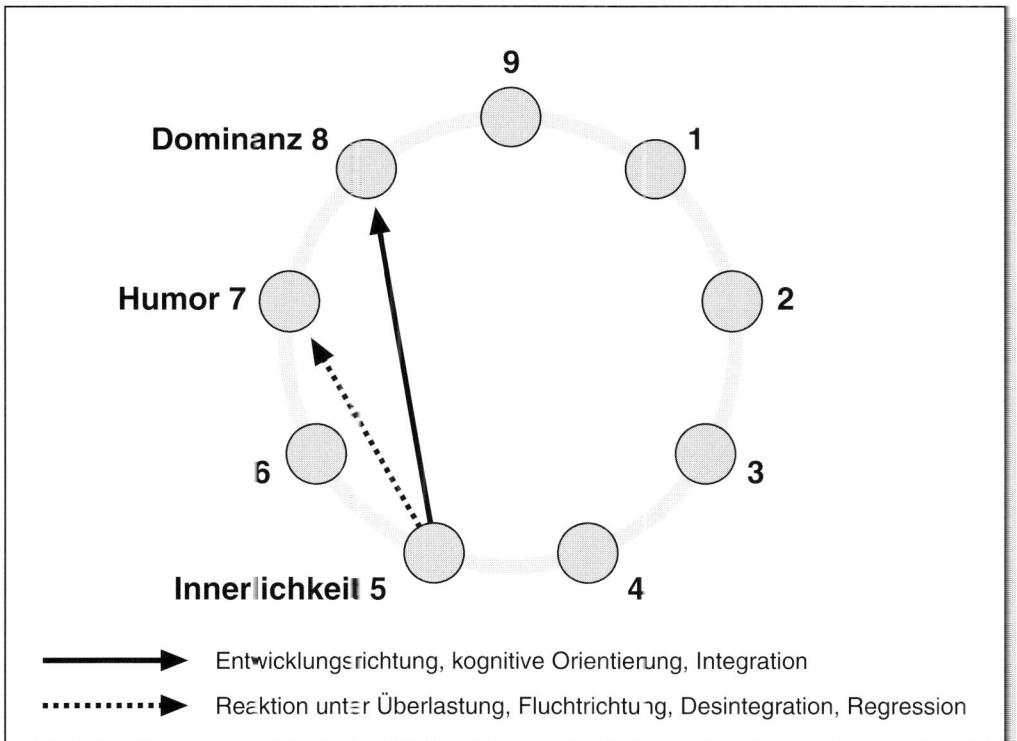

Unter zu hoher Belastung (meist durch zu viel Nähe zu anderen oder auch Handlungsdruck) entwickelt Ingo Neigungen in Richtung der negativen Seiten des Musters »Humor«:

Wie bei diesem kommt es zu teilweisem Rückzug aus der Realität (»Eskapismus«) in eine eigene Welt. Ideen und Tatsachen werden durcheinander gebracht. Es wird sich zunehmend gelöst von der Einflussmöglichkeit anderer auf das eigene Denken, d. h., es fehlt mehr und mehr das Regulativ zur Überprüfung des eigenen Denkens. »Man glaubt ja gar nicht, wie verrückt man denkt, wenn man immer nur alleine denkt«, beschreibt das damit verbundene Risiko der Fehlanpassung und schließlich Fehlsteuerung.

Im schweren Fall können so genannte »fixe Ideen« entwickelt werden. Das sind Anschauungen, auf die man fixiert ist und die von außen durch Argumente oder Tatsachen kaum widerlegt werden können. Oft bildet dies die Grundlage für eine übermäßige Suche nach Wahrheit in spirituellen Welten (z. B. Religion, Ideologie, Astrologie).

Ernsthafte Anpassungsschwierigkeiten können sich entwickeln. Die Negativ-Spirale: Abstand – Fehlanpassung – Abstand verschärft das Problem. Im Extremfall stehen wir dann fassungslos vor einem scheinbar völlig unerwarteten und unerklärlichen Verhalten des Betroffenen, das sich sowohl gegen ihn selbst als auch gegen andere richten kann. Aber das ist – wie gesagt – der ganz harte Fall.

Nihilistische und misanthropische Gedanken werden häufiger. Emotionen können durch das Umfeld kaum mehr ausgelöst werden. Abschirmung bestimmt das Verhalten.

Im Überblick: Was Ingo unter Druck setzt und bei ihm Stress auslöst

- Zu geringer (menschlicher) Abstand, Aufdringlichkeit

- Versuche, ihn zu etwas zu drängen

- Die Notwendigkeit, schnell zu handeln, Überraschungen

- Unpünktlichkeit, Unhöflichkeit, Unzuverlässigkeit

- Gefühlsausbrüche, Larmoyanz

Ingo kann etwas gegen seinen Stress tun

Alles Verhalten Ingos, das in Richtung der positiven Seiten der Verhaltenspräferenz »Dominanz« weist, hilft ihm, weniger Stress zu haben. Er sollte sein Umfeld vorsätzlich beeinflussen. Er sollte darauf einwirken. Wenn es Ingo gelingt, in seinem Umfeld den Zusammenhalt, die Zusammenarbeit und einen fairen, vertrauens- und respektvollen Umgang miteinander zu fördern, werden alle großen Nutzen davon haben: Ingo hat weniger Stress, und sein Umfeld hat bessere, konstruktivere und auch erfolgreichere Beziehungen. Zudem können alle von den Qualitäten Ingos profitieren (Sorgfalt, Ausgewogenheit, Planung, gute Vorbereitung).

Voraussetzung ist aber, dass Ingo sich entgegen seinem Naturell immer wieder einen »Schubs« gibt (geben lässt), damit er Einfluss nimmt. Dazu gehört auch, dass er andere an seinen Überlegungen von sich aus teilhaben lässt. Ingo sollte lernen, mehr von sich zu erzählen.

Viel für sich (und andere) tun kann Ingo, wenn er es sich zu seinem persönlichen Lernprogramm macht, immer wieder etwas zu veranstalten, anzuzetteln, gemeinsame Vorhaben vorzuschlagen, etwas mit anderen zu planen. Ingo hat die Neigung, sich viel zu überlegen, aber daraus relativ wenig an Handlung zu machen. Alles praktische Tun ist für ihn stabilisierend und stressmindernd. Das bedeutet nicht, dass er auf seine geliebte Abgeschiedenheit verzichtet: Das Verhältnis von Rückzug und Offenheit sollte zugunsten von mehr Kontakt verändert werden.

Dazu gehört es auch, eine Liste der Freunde und Bekannten zu haben, die er regelmäßig – vielleicht sogar nach Kalender – anruft, um sich auszutauschen. Ingo sollte stets auf der Hut vor seiner Neigung sein, sich zu sehr abzukapseln und zurückzuziehen.

Austausch mit anderen bedeutet für ihn zugleich Sicherheit und die Fähigkeit, Stress erst gar nicht erst in größerem Umfang aufkommen zu lassen.

5.7   Lothar und seine »Loyalität«

Irrationaler Glaubensgrundsatz:
Es ist eine Katastrophe, wenn ich erwischt werde!

Ein gewöhnlicher Tag mit Lothar

Lothar ist bei seinem Vorgesetzten und bei Gleichrangigen sehr beliebt. Er ist unkompliziert bereit, jederzeit überall mit anzupacken. Er fragt nie: »Und was bekomme ich dafür?« Wo immer es Konflikte gibt, wirkt Lothar versöhnlich und hilft den Parteien, wieder zusammenzufinden. Davon profitiert auch jedes Team, in dem er arbeitet. Er ist stets unterstützend, konstruktiv und eine Hilfe für jeden Teamleiter. Seinem Chef ist er treu ergeben. Das konnte er schon mehrfach beweisen. Kürzlich gab es Gerüchte in der Firma über unerlaubte Privatfahrten seines Chefs mit dem Dienstwagen. Lothar hat ihm das sofort berichtet, so dass sein Chef rechtzeitig Vorsorge treffen konnte, damit ihm nichts zu beweisen war. Auch sonst ist Lothar die verlässlichste Informationsquelle für seinen Chef. Ja, Lothar steht sehr loyal zu seinen Chef.

> Seine Stärke: Anhänglichkeit, Teamspieler, Integration.

Lothar ist verheiratet und hat zwei Kinder. Er steht uneingeschränkt und verlässlich zu seiner Familie und tut alles für sie. Er ist voller Wärme und Herzlichkeit. Es war für ihn nicht einfach, eine Frau zu finden. Viele haben sich wieder von ihm abgewendet wegen seiner Unterwürfigkeit. Zwar weiß er stets genau, was er will. Es ist aber meist nichts Eigenes, was von ihm kommt. Eigene Entscheidungen fallen ihm schwer, weil er immer befürchtet, sie könnten Konflikte mit für ihn bedeutsamen Personen heraufbeschwören.

Seine Frau hat das Sagen zu Hause, das hat sich im Laufe der Jahre immer mehr so entwickelt. Sie erteilt ihrem Mann nach Belieben Aufträge, die er auch stets treu ausführt. Er tut lieber gleich, was sie sagt, weil er sehr leidet, wenn sie unzufrieden mit ihm ist und schlechte Stimmung zwischen ihnen herrscht.

Lothar ist der »Diener vieler Herren«. Er spürt sehr deutlich, dass in seinem Leben fast alles darauf hinausläuft, was andere wollen. Er selbst steckt mit seinen Wünschen dabei oft zurück. Er hat Wünsche, traut sich aber diese nicht zu äußern, weil er befürchtet, man könne ihm deshalb böse sein oder ihn auslachen. Also tut er es heimlich. Er verschweigt vieles, das ihn bewegt, um nicht »ertappt« zu werden.

In der Liebe ist er etwas enttäuscht. Sein Bedarf an Zärtlichkeiten ist weit größer als das, was er bekommt. Lothar schaut deshalb gerne anderen Frauen hinterher – immer begleitet von der Befürchtung, seine Frau könne etwas merken.

Lothar war bei seinem Chef zum Sommerfest eingeladen. Alle hatten etwas getrunken und waren recht ausgelassen. Lothar hat mit der Frau des Chefs geflirtet und ist ihr dabei etwas nahe gekommen, als sie beide unbeobachtet waren. Er merkte an ihrer Reaktion, dass ihr das zu weit ging, woraufhin er sofort nachließ. Später zu Hause hat Lothar das noch tagelang beschäftigt: »Wenn sie das nun ihrem Mann erzählt? Der wird das sicherlich als Vertrauensbruch sehen! Welche Auswirkungen wird das auf die weitere Zusammenarbeit haben? Bestimmt wird er mehr Abstand zu mir halten. Mein Chef hat mich immer gefördert, und ich bedanke mich bei ihm, indem ich mit seiner Frau anbändele! Der wird sehr enttäuscht von mir sein.« Lothar wird immer unwohler in seiner Haut. »Und das jetzt, wo entschieden wird, ob ich die Projektleitung für die anstehende Umstrukturierung bekomme. Wenn ich die nicht bekomme, fehlt mir die Zulage, die ich doch so dringend für die Abbezahlung unseres Wintergartens brauche! Zu blöde, dass ich den Auftrag für den Wintergarten erteilt habe, bevor sicher war, dass ich die Zulage bekomme. Wenn ich die jetzt nicht kriege? Was wird die Bank sagen, wenn ich immer weiter ins Minus gehe? Die haben doch die Grundschuld auf unserem Haus? Wie lange halten die still? Pfänden die irgendwann unser Haus?« Lothar wälzt sich lange im Bett und kann nicht einschlafen. Ihn plagt – wie so oft – sein schlechtes Gewissen.

> Seine Schwächen: Überanpassung, Furcht.

Solche Negativ-Spiralen sind typisch für Lothar. Er ist sehr sensibel gegen drohende Gefahren, d. h., er hört zu schnell und zu oft die Flöhe husten.

Unterschwellig ist Lothar immer etwas aufgeregt, weil er sich nie ganz sicher ist, ob nicht doch von irgendwo her Unheil droht oder er sich irgendwie »schuldig« gemacht hat. Eigentlich ist er deswegen immer irgendwie angespannt – selbst wenn gar niemand da ist.

An Lothar fällt noch auf, dass er dazu neigt, sich über andere aufzuregen, die sich nicht an das halten, was aus seiner Sicht »Selbstverständlichkeiten« sind. Er kann – wenn er sich überlegen und unbeobachtet fühlt – sogar recht aggressiv werden. Einige Mitarbeiter bezeichnen ihn als »Radfahrer« (nach oben buckeln, nach unten treten). Lothar gibt ihnen Anweisungen, ohne sich genügend mit ihnen abzustimmen. Das hat bereits häufiger zu vermeidbaren Kosten und Zeitverlusten geführt.

Lothars Frau kritisiert an ihrem Mann, dass er sich öfters abfällig über andere äußert.

Ein spezieller Denkfehler macht Lothar stressanfällig:

Das zentrale Thema bei Lothar ist die Befürchtung, man könne mit ihm unzufrieden sein, ihn zurückweisen, beschuldigen. Sobald Lothar mit seinen sensiblen »Antennen« zarteste Signale in dieser Richtung registriert, bekommt er ein Motiv, so eine unangenehme Situation zu meiden.

Seine Methode, dem zu entkommen ist erhöhter Einsatz für die betreffende Person. Manche Chefs oder auch Ehefrauen schaffen es instinktiv, Menschen wie Lothar an den Rand des Zusammenbruchs zu führen, indem sie ein Übermaß an Leistung fordern und erhalten. Diese Forderungen setzen sie (psychologisch betrachtet) durch, indem sie ihn immer leicht im Ungewissen lassen, ob sie ihn weiterhin mögen werden.

Daher rührt im Übrigen auch der berüchtigte »vorauseilende Gehorsam«: die vermeintlichen Wünsche der Autorität werden übererfüllt. Diese übertriebene Identifizierung mit einer Autorität verschafft Lothar ein Gefühl der Sicherheit vor Strafe.

Sein übermäßiger Einsatz ist keineswegs »selbstlos« oder »aufopfernd«: Zwar sieht das von außen oft so aus. Er erbringt ihn aber ja, um etwas zu entgehen, was für ihn schlimmer ist als dieser Leistungsdruck – nämlich sein stets lauerndes schlechtes Gewissen. Dadurch ist er in hohem Maße gefährdet, häufig und leicht unter Stress zu geraten.

Menschen mit dieser Neigung genügen oft schon Vorfälle, die für andere Kleinigkeiten sind, um erheblich unter Stress zu geraten: es kann der unfreundliche Brief eines gegnerischen Rechtsanwalts sein. Schon ein harscher Brief des Vermieters – selbst wenn er nicht gerechtfertigt ist – kann erheblichen Stress auslösen (Stress-Typ A, Belastungen des Herz-Kreislauf-Systems).

Charakteristisch für »Loyalität« ist ein chronisch negatives Selbstkonzept, dessen Grundlage auch im Erwachsenenalter letztlich Angst vor Strafe und Diskriminierung insbesondere durch vermeintlich wichtige, große, überlegene Personen ist. Ständig wird Gefahr »gewittert« in Richtung Liebesentzug: »Wenn ich täte, was ich wollte, und die anderen würden davon erfahren, dann hätte das böse Folgen für mich« lautet der »innere Monolog«.

Menschen dieses Musters sind besonders anfällig für Anforderungen, die z. B. Vorgesetzte stellen. Viele Vorgesetzte spüren instinktiv, dass diese Menschen leicht »motivierbar« sind, Höchstleistungen zu vollbringen. (Regelmäßige Zeichen drohender Unzufriedenheit des Vorgesetzten mit spärlich dosiertem Lob haben wundersame Wirkung.) Diese Wirkung hat übrigens häufig auch ein dominanter Ehepartner. Dem sind Menschen mit der Präferenz »Loyalität« relativ schutzlos ausgeliefert.

Die unangenehme Folge für den Betroffenen ist eingeschränkter Lebensvollzug, Überanpassung an die Wünsche anderer, Verfehlen eigener Ziele (soweit überhaupt vorhanden), Abhängigkeit und Unterordnung. Das ist der Preis für die vermeintliche Sicherheit vor (subjektiv) allzeit drohenden negativen Konsequenzen.

Leider neigen diese Menschen auch dazu, einen »Sündenbock« zu suchen. Das bedeutet, dass sie anderen etwas nachsagen, was sie insgeheim an sich selbst nicht leiden mögen (siehe Abschnitt 3.3). Das spiegelt gewöhnlich eigene Schuldgefühle und Enttäuschung wider. Es verschafft ihnen Genugtuung und Erleichterung vom eigenen chronisch schlechten Gewissen. In der Kombination mit Macht hat dieser seelische Mechanismus leider schon unendliches Leid über unendlich viele Menschen gebracht.

Interessant ist an dieser Stelle der Unterschied zum Muster »Perfektion«: Auch dort ging es ja um die Erfüllung von Ansprüchen. Beim Muster »Perfektion« ist es aber mehr der innere Anspruch an die eigene Moral und Sittlichkeit – unabhängig vom Umfeld. Bei der »Loyalität« geht es genau nicht um einen inneren, sondern um einen (vermeintlichen) Anspruch von außen.

Katastrophen und Unglück ziehen sie magisch an. In jedem Unglück sehen sie ihre chronische Furcht bestätigt. Statt sich über ein positives Ereignis zu freuen, bevorzugen sie die Stellungnahme »Man soll den Tag nicht vor dem Abend loben« – gerade so, als dürfe man sich eigentlich über nichts freuen.

Auch an dieser Verhaltenspräferenz wird deutlich, wie prägend die Erziehung sein kann, wie sie wie eine Fernsteuerung auch sehr viel später im Leben noch perfekt funktionieren kann, selbst wenn die, die erzogen haben, schon längst nicht mehr leben.

So ist seine Stressfalle entstanden

Die Grundlage für dieses Muster wurde bei den meisten in der Kindheit gelegt: Plötzlich über das Kind hereinbrechende Strafe oder Diskriminierung für Verhalten, für das das Kind kein Schuldbewusstsein haben konnte; jähzornige, ungerechte Eltern(teile) sind meist Ursachen dieser »Prägung«. Die Folge ist, dass Lothar ständig befürchtet, ihn könne Strafe oder Ablehnung für irgendetwas Unbekanntes treffen – selbst wenn er gar nichts getan hat.

Im Überblick: Die Hauptprobleme der Verhaltenspräferenz »Loyalität«:

- Ständige Befürchtung von Unheil aus dem sozialen Umfeld, innere Unruhe

- Schuldgefühle, schlechtes Gewissen, Richtungslosigkeit

- Selbstwertprobleme, innere Unsicherheit, Selbstverleugnung

- Geringe Konfliktstabilität gegenüber Autoritäten

- Überanpassung an Autoritäten beliebiger Art

- Aggressionsbereitschaft gegenüber Unterlegenen

Wenn die Schwierigkeiten zunehmen (gestrichelter Pfeil):

Lothar opfert alles

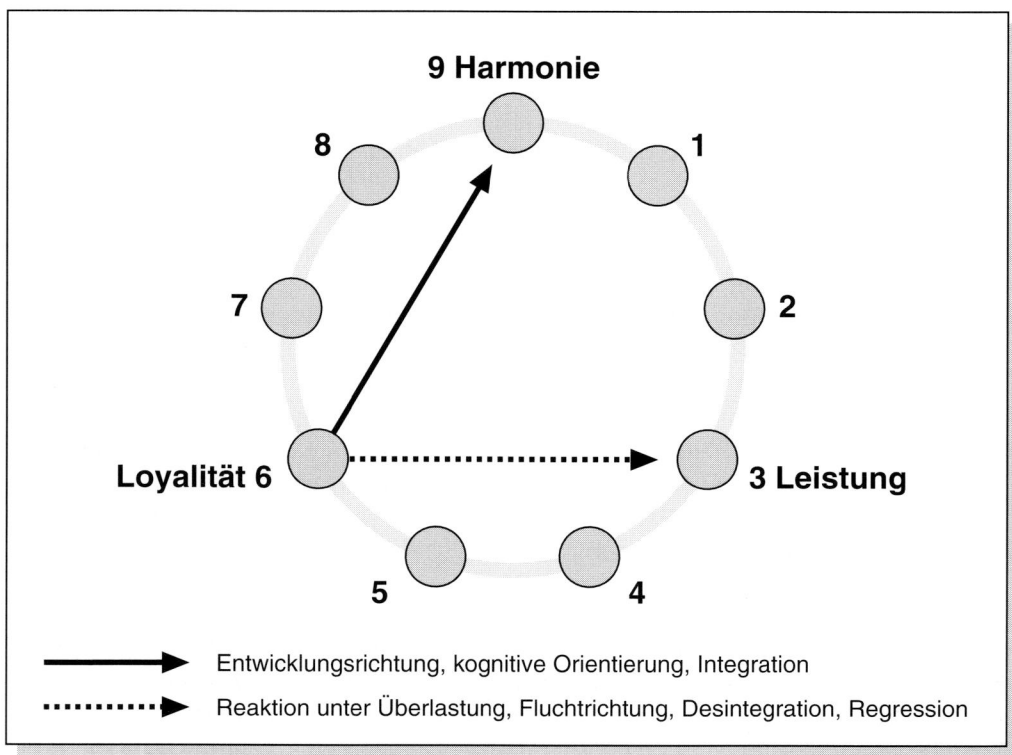

Sobald die Angst vor Schuldigkeit genährt wird – ob sich jemand von Bedeutung dementsprechend verhalten hat oder (viel häufiger) ein Verhalten des Umfeldes irrational so interpretiert wird – entsteht für Menschen mit ausgeprägter Loyalität Stress.

Der verbreitete Weg, dieser Angst zu entkommen, ist Gehorsam, Überanpassung und hoher persönlicher Einsatz: Es wird den (vermeintlichen) Erwartungen der potenziell bestrafenden Instanz im Übermaß entsprochen. Dies geschieht durch besonderen Fleiß und besondere Überanpassung unter Vernachlässigung oder Verneinung eigener Bedürfnisse. Die Angst wird vermieden durch Akzentuierung des Verhaltens im Sinne der Präferenz »Leistung«.

Was Lothar unter Druck setzt und bei ihm Stress auslöst

- Zurückweisung (»Liebesentzug«)
- Vorwürfe, Zurechtweisung

- Risiko, Unsicherheit

- Jede Form von drohendem Konflikt mit Normen, Regeln, Gesetzen

- Allgemeine Befürchtungen

Lothar kann etwas gegen seinen Stress tun

Das zentrale Thema für die Entwicklung Lothars lautet »Autonomie«, d. h. die Unabhängigkeit von dem, was andere mit ihm machen wollen (siehe Abschnitt 4.2). In einer stillen Stunde wird er feststellen, dass alle anderen dauernd etwas von ihm wollen. Er wird leider auch feststellen, dass er diesen Wünschen dann auch viel zu bereitwillig folgt.

Der Weg dorthin ist allerdings nicht direkt. Lothar muss zunächst lernen, ein anderes grundlegendes Problem entscheidend zu mildern: seine irrationalen Schuldgefühle bzw. sein schlechtes Gewissen. Das ist eigentlich gar nicht so schwierig: Lothar sollte diszipliniert eine Woche lang täglich Protokoll darüber führen, was er alles für andere getan und was er vollbracht hat. Diese Aufstellung wird ihn stolz machen. Er wird sich bewusst werden, dass er bei Weitem genug für andere tut. Dann ist es auch legal, regelmäßig auch mal das zu tun, was einem selbst Freude bereitet. Das steht ihm zu. Lothar hat nämlich das Problem, dass er zu schnell eigene Wünsche zurückstellt, wenn andere etwas von ihm wollen.

Das mag zuerst zu Widerstand bei anderen (Chef und Familie) führen, weil sie auf Bequemlichkeit verzichten müssen. Mit dieser »Bilanz« im Rücken wird es Lothar leichter fallen, seine Wünsche anzumelden. Er muss lernen, sich zu belohnen und dazu zu stehen – auch und gerade vor den anderen. Dazu gehört auch, dass er sich anderen verweigert (»Nein, ich habe jetzt keine Zeit für dich«). Am Ende werden die anderen mehr Respekt vor ihm haben als in der Vergangenheit. Aller Herren Diener zu sein führt nur zur Missachtung durch die anderen. Man gerät sehr leicht in eine »Opfer-Rolle«

Zusätzlich müsste Lothar – um es einmal scherzhaft zu übertreiben – sich einen Apparat bauen: Jeden Morgen, wenn er aufsteht, hört er eine laute Stimme, die eindringlich sagt: »Lothar, es wird nichts so heiß gegessen, wie es gekocht wird!« Lothar muss von sich wissen, dass er eine weit übertriebene Neigung hat, schwarzzusehen.

Jedes Mal, wenn das passiert, müsste er einen »Gedankenstopp« machen: »Stopp, es wird nichts so heiß gegessen, wie es gekocht wird. Ich drehe mich jetzt nicht in eine Negativ-Spirale hinein. Das bringt keine Lösung, sondern macht mir nur Stress! Ich beschäftige mich jetzt lieber mit einer Phantasie über etwas, was für mich besonders schön und reizvoll ist.« Das eignet sich besonders, wenn er nachts wieder nicht einschlafen kann, weil ihm die Gedanken nicht aus dem Kopf gehen.

Besonders hilfreich wäre für Lothar, seine Erlebnisse aufzuzeichnen. Dem dient das folgende Schema. So lernt er, zwischen irrationalen Gedanken und Realität zu unterscheiden.

»Meine Furcht-Unfälle«

Daran habe ich das drohende Unheil erkannt:	Das habe ich dabei empfunden:	Das war (aus dem Abstand betrachtet) wirklich passiert:

Allmählich wird durch diese Übungen Besserung eintreten: Er wird die Dinge dann nicht mehr so nahe an sich herankommen lassen. Das ist die Entwicklung hin zur positiven Seite der Präferenz »Humor«. Und genau da muss Lothar hin.

Lothar neigt zu verspannter Muskulatur, weil er ja eigentlich »immer auf dem Sprung« ist, dem Unheil zu begegnen. Es würde seine Erfolge bei der Verringerung seines Stresses hervorragend unterstützen, wenn er Entspannungstechniken erlernen würde (siehe Abschnitt 7.5). Damit kann er seiner chronischen inneren Unruhe besser Herr werden. Außerdem macht es ihn sensibler für den eigenen inneren Zustand. Leider ist es nämlich auch für diese Verhaltenspräferenz typisch (siehe Präferenz »Leistung«), dass der eigene Organismus zu wenig wahrgenommen wird. Wer aber unsensibel gegenüber dem eigenen Zustand ist, hat bereits ein höheres Risiko, sein »Gesundheitskonto zu plündern« (siehe Abschnitt 1.5).

5.8 Hubertus und sein »Humor«

Irrationaler Glaubensgrundsatz:
Es ist eine Katastrophe, wenn es ein Problem gibt!

Ein gewöhnlicher Tag mit Hubertus

Hubertus und seine Frau bekommen gerade Besuch von Freunden mit jüngeren Kindern. Hubertus begrüßt als Erste die Kinder, indem er tollste Grimassen schneidet, urkomische Laute von sich gibt und hin und her tanzt. Die Kinder sind begeistert und schütten sich aus vor Lachen. »Noch mal! Noch mal!« und Hubertus legt noch eine Runde ein. Die Kinder rennen auf ihn zu und umarmen ihn. Hubertus: »Jetzt muss ich aber erst mal Mama und Papa begrüßen.«

> Seine Stärke: Spontaneität, Begeisterungsfähigkeit, Positives Denken.

So kennen alle Hubertus als fröhlichen und ausgelassenen Weggefährten, der emotional aus sich herausgeht und immer zu einem Scherz aufgelegt ist. Auf jedem Fest wirkt er als Katalysator für die Stimmung. Er verkörpert in seinem Auftreten das Positive schlechthin. Gerne macht er anderen Mut und bringt sie zum Lachen, selbst wenn denen eigentlich nicht zum Lachen zumute ist.

Es gibt auch Menschen, die mit der Art von Hubert Probleme haben: Da wäre in erster Linie seine Frau zu nennen. Ihr geht das Spielerische oft zu weit. Sie leidet darunter, dass Hubertus nicht mit Geld umgehen kann. Er ist nun mal äußerst begeisterungsfähig – aber leider dauernd für etwas Neues. Das geht jedes Mal ziemlich ins Geld, weil wieder eine ganze Ausrüstung angeschafft werden muss. So verspricht sich Hubertus vom Golfspielen neue Kontakte und Chancen. Schon ist er in den Club eingetreten und hat für viel Geld eine erste Ausrüstung angeschafft. Leider ist dafür kein Budget vorhanden. Die Verschuldung der Familie steigt. Hält seine Frau ihm das vor, so weicht er diesem unangenehmen Thema aus: Er erklärt ihr, dass er sich das genau überlegt habe und das in Ordnung bringe (obwohl er sich nichts überlegt hat). Oft beginnt er in solchen Situationen schnell ein anderes Thema, oder er entzieht sich, indem er z. B. vorgibt, irgendetwas erledigen zu müssen. Es kommt jedenfalls zu keiner ernsthaften Auseinandersetzung mit dem Problem. Kürzlich hatte Hubertus erheblichen Stress, weil ihn die Bank wegen der laufenden Überziehungen zu einem ernsthaften Gespräch gebeten hatte. Sein Kreditrahmen wurde für eine begrenzte Zeit erhöht. Auf dem Heimweg kaufte er sich daraufhin ein neues Fahrrad, um sich mehr Bewegung zu verschaffen.

> Seine Schwäche: Impulsivität.

In der Firma mögen die Kollegen einerseits die fröhliche Art von Hubertus. Andererseits gibt es doch Unzufriedenheit mit ihm – besonders bei seinem Chef: Hubertus hält kaum Termine von Vorhaben ein. Er sagt stets schnell zu: »Kein Problem, das kriegen wir hin«. Er ist ein unverbesserlicher Optimist. Jeder weiß aber, dass er mindestens doppelt so lange brauchen wird, bis wirklich alles fertig ist.

Seinen Chef ärgert auch, dass alles, was Hubertus abliefert, noch Fehler enthält. Diese Kontrollen kosten ihn zu viel Zeit. Wenn er Hubertus darauf anspricht, gelobt der sofortige und 100%ige Besserung – um spätestens nach einer Woche wieder in den alten Trott zu verfallen. Es gelingt Hubertus einfach zu wenig, sich vor Beginn der Ausführung der Aufgabe gründlich mit der Materie und ihren Tücken auseinanderzusetzen. Dadurch läuft er immer wieder in diese Schwierigkeiten hinein.

Ein Kollege hatte Hubertus darauf hingewiesen, dass seine Mitarbeiterinnen sich von ihm durch anzügliche Bemerkungen belästigt fühlen. Hubertus hat dem keine Bedeutung beigemessen. Als in seinem Unternehmen eine Mitarbeiterbefragung durchgeführt wird, erhält Hubertus ein ziemlich negatives persönliches Feedback von seinen Mitarbeiterinnen. Sein Vorgesetzter macht ihm deshalb Druck, diese Werte zu verbessern. Sein Aufwand, die Mitarbeiterinnen wieder für sich zu gewinnen, ist immens und schwächt seine Möglichkeit, diese seinerseits zu fordern. Und das alles, weil er mal wieder die kritischen Signale beiseite geschoben hatte.

Kürzlich hat Hubertus einfach einen Brief der Behörde nicht geöffnet: »Lass liegen, das erledigt sich von selbst!« Als er nach zwei Wochen ein weiteres Schreiben erhielt, war das teure Bußgeldverfahren bereits unabwendbar.

Sein Umfeld kann kaum verstehen, welche Veranlagung Hubertus hat und warum es immer wieder diese Probleme mit ihm gibt: Hubertus erlebt das, was für ihn von Bedeutung ist, emotional intensiver als die meisten Menschen. Er ist viel hin und her gerissen zwischen all dem, was auf ihn einstürmt. »Sturm« ist die richtige Bezeichnung für das, was emotional in Hubertus abläuft. Er kann sich für Menschen wie für Sachen und Ideen begeistern und dabei auch leicht »abheben«. Er sieht dann in seiner Begeisterung gerne weit mehr Positives, als tatsächlich vorhanden ist. Da er Nachteile und Probleme gerne ausklammert, ist die Enttäuschung schließlich umso größer: Der Lack blättert ab. Dann verliert er jedes Interesse und wendet sich genauso schnell wieder ab. Heute kauft er sich einen Heimtrainer, um ihn übermorgen im Keller auf Dauer wegzustellen. Heute schwärmt er seiner Frau vor von seiner neuen Bekanntschaft. Morgen redet er nicht mehr von ihr. Als ihn seine Frau fragt: »Was ist denn nun mit ...?« ist er fast verwundert, dass sie noch danach fragt.

Völlig fremd scheint ihm die Regel »Weniger ist mehr«. Im Gegenteil: Er neigt in vielerlei Hinsicht zur Übertreibung. Ob es zu schnelles und riskantes Autofahren, die Alkoholmenge auf Feiern, das Gefühl: »Ich kann nicht weiterleben, wenn ich das ... nicht kaufe!« ist, ob es die unkritische Schwärmerei für eine bestimmte Person ist, Hubertus gibt überall eine Spur zu viel Gas. Allerdings leidet er nicht unter den zwangsläufigen

Enttäuschungen, die eintreten, wenn der »Rausch« verflogen ist. Hubertus findet immer etwas, über das er sich freuen und positiv denken kann – auch wenn das aus der Sicht anderer gelegentlich skurrile Züge annimmt.

Im Überblick: Hauptprobleme der Präferenz »Humor«

- Seine Schwierigkeit, das rechte Maß zu finden

- Mangelnde Stabilität in Beziehungen zu anderen

- Probleme und Schwierigkeiten vorherzusehen

- Spontanes und sprunghaftes Denken und Erleben

- Rationalisierung (Scheinbegründungen)

- Impulsivität

- Abnorme emotionale Erlebnisreaktion

- Ausblendung der negativen Aspekte

- Instabilität

- Übertreibung, exzessives Verhalten

Ein spezieller Denkfehler macht Hubertus stressanfällig:

Es gibt Untersuchungen, die belegen, dass Humor und Spaß das Gesundheitsrisiko und die Heilungschancen verbessern. Es gibt sogar »Lachseminare«, weil die heilsame Wirkung des Lachens wissenschaftlich nachgewiesen ist. Dabei sind Menschen mit dieser Neigung durchaus realitätsnah in ihren Anschauungen.

Bei Hubertus ist diese Eigenschaft allerdings übermäßig ausgeprägt: Er ist instabil in seinen Neigungen, Zuneigungen, Interessen und Beziehungen zu anderen. Spontaneität ist bei ihm mehr als kreative Umstellungsfähigkeit: Sie äußert sich als Sprunghaftigkeit und unüberlegtes Verhalten. Hubertus lebt sehr in Situationen, im Hier und Jetzt. Das ist seine Stärke und zugleich sein Risiko.

> Noch mehr Leistung, Anstrengung und Einsatz ist die Fluchtrichtung.

Das Grundproblem von Hubertus ist die mehr oder weniger aktive Vermeidung, etwas Negatives, Schlechtes, Schwieriges zur Kenntnis zu nehmen. Es wird ausgeblendet, übergangen, nicht gehört, nicht registriert, vergessen, übersehen. Die späteren Folgen dieser Vogel-Strauß-Politik sind denn auch oft schlimmer als das Unangenehme, das er jetzt gerade vermeidet.

Jeder lässt es sich gerne gut gehen und vermeidet Unangenehmes. Bei Hubertus aber ist das Motiv, glücklich und »super drauf« zu sein, wie ein Zwang.

Wir alle haben Wünsche und Sehnsüchte. Sie führen gelegentlich dazu, dass wir uns weniger rational verhalten (z. B. noch ein paar neue Schuhe, obwohl weder Geld noch Platz dafür vorhanden ist; ein neues Auto, obwohl es kaufmännisch eindeutig Unfug ist; einen Partner suchen, den es nicht gibt).

Bei Menschen mit einer übertriebenen Neigung zum »Humor« geht das aber so weit, dass sie überflüssige Anschaffungen machen und anschließend die Miete nicht mehr bezahlen können. Über der Suche nach dem Glück blenden sie die Folgen ihres Verhaltens aus.

Sie sind das »erzogene« Opfer, z. B. für verlockende unseriöse Angebote. Haben sie durch Werbung oder einen geschickten Verkäufer erst einmal Feuer gefangen, sind sie zu vorschnellen Entscheidungen bereit. Das kann z. B. finanziell schlimme Folgen haben, wenn sie hoch spekulative Aktien oder Schrottimmobilien kaufen.

Besonders auf Hubertus trifft dieser Denkfehler zu: Er legt sich in seinen Gedanken und Gefühlen die Dinge so zurecht, wie es seiner Sehnsucht nach dem Schönen, Idealen, Positiven entspricht – bis »alles passt«. Der Psychologe nennt das »Rationalisierung«. Damit ist gemeint, dass jemand Scheinargumente ins Feld führt, bei denen eindeutig ein (emotionaler) Wunsch der Vater des Gedankens war. Solch eine »rationale« Begründung wird besser akzeptiert, als wenn er die Wahrheit sagen würde: »Ich wünsche mir das.« Deshalb wird seine Frau verzweifelt erfolglos mit Argumenten kämpfen. Hubertus wird immer »Tatsachen« sehen, die ihm recht geben.

Dieses impulsive Handeln äußert sich sowohl in maßloser Begeisterungsfähigkeit wie in der unklugen Ablehnung von Vorschlägen und Maßnahmen, die ihm viel Ärger und Probleme hätten ersparen können.

So ist Hubertus' Stressfalle entstanden

Hier stehen oft belastende Erfahrungen – wiederum meist in der frühen Kindheit – im Hintergrund. Sie haben dem Betroffenen Angst gemacht, die er nicht wieder erleben oder erinnern möchte (z. B. chronischer Streit zwischen den Eltern, Trennung der Eltern, Gewalt). Er hat sozusagen »genug« von Problemen und will deshalb keine mehr erleben.

Diese Flucht vor Problemen kann panisch werden, wenn als Kind gelernt wurde, dass z. B. auch schon kleinste Streitigkeiten mit hoher Wahrscheinlichkeit zu schweren Auseinandersetzungen eskalieren. Das war für das Kind eine schwere seelische Belastung, die oft genug auch noch Schuldgefühle in ihm auslöst.

Diese Angst ist schließlich generalisiert worden. Sie besteht nicht mehr nur bei Problemen in der Familie, sondern ist auf alle Arten von Problemen übertragen worden.

Deshalb lauert auch heute, im Erwachsenenalter, die Angst, es könne Probleme geben, beständig im Hintergrund. Das Motiv für das Ignorieren und Übersehen von Problemen ist also auch hier wieder die Vermeidung von Ängsten, die als Kind erworben und später generalisiert wurden.

Ihre selbst erfüllende Prophezeiung: Die Vermeidung von Problemen wird so übertrieben, dass daraus schließlich erst Probleme entstehen – oder genauer gesagt: Die Vermeidung von jetzt bestehender, überschaubaren Problemen wird durch die Flucht ins Positive so übertrieben, dass daraus später schließlich ernsthafte Probleme zu entstehen drohen.

Wenn die Schwierigkeiten zunehmen (gestrichelter Pfeil):

Hubertus sieht alles durch die rosa Brille.

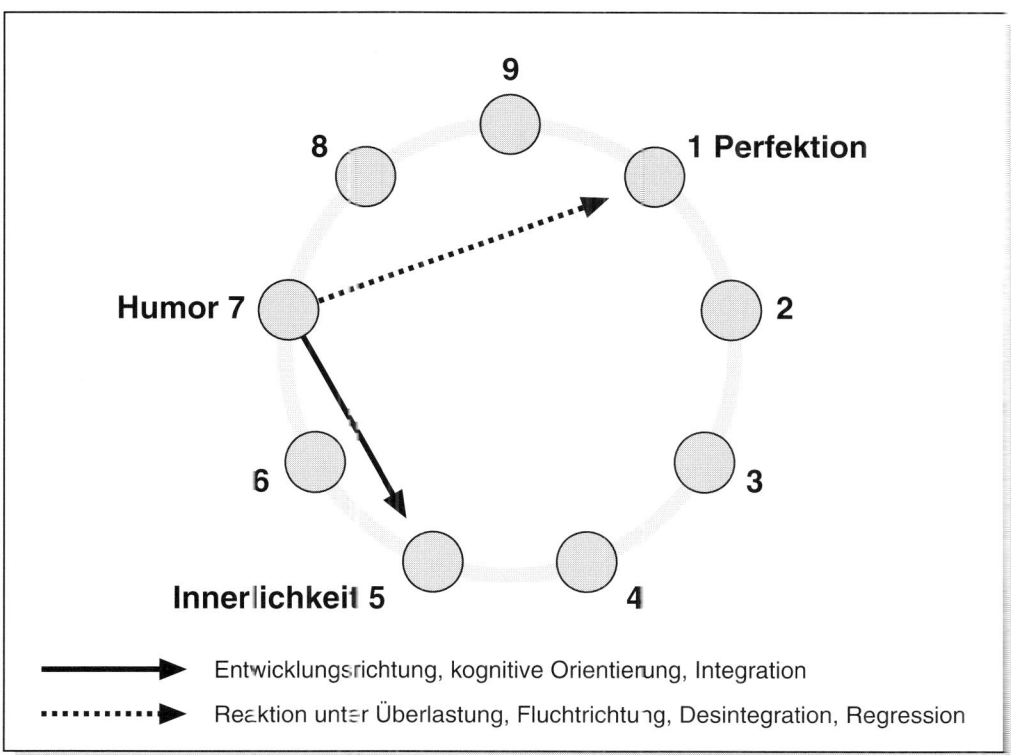

9

8   1 Perfektion

Humor 7   2

6   3

Innerlichkeit 5   4

———————▶   Entwicklungsrichtung, kognitive Orientierung, Integration

••••••••••▶   Reaktion unter Überlastung, Fluchtrichtung, Desintegration, Regression

Wenn durch diese Fluchtreaktion die Probleme unausweichlich zu werden drohen, wird es für ihn immer schwieriger, diesen zu entkommen. Er versucht schließlich dann alles, um zu verhindern, das sie Wirklichkeit werden. Dies geschieht in der Regel durch übermäßige Leistung und größten persönlichen Einsatz. So versucht er dann, alles wieder zum Positiven, Idealen, Glücklichen zu wenden und den Zustand »happy-easy-super« wieder herbeizuführen. Dann hat Hubertus richtig Stress – ganz im Sinne der Präferenz »Perfektion«.

Im Überblick: Was Hubertus unter Druck setzt und bei ihm Stress auslöst

- Probleme, Schwierigkeiten, Negatives

- Spätere Auswirkungen seiner Neigung, Probleme zu ignorieren und zu übersehen.

Hubertus kann etwas gegen seinen Stress tun

Am Beginn sollte die Nachdenklichkeit über seinen Zwang zum Positiven und seine Abneigung gegen alles Schwierige, Kritische, Belastende stehen. Er sollte sich bewusst machen, wie zwanghaft dieses Weglaufen vor Schwierigkeiten ist und welche Schwierigkeiten er sich dadurch erst recht einhandelt. Darüber sollte er Buch führen.

Wir wissen, dass alles menschliche Verhalten der eigenen Bedürfnisbefriedigung dient. Hubertus muss sich fragen, welchen Nutzen er davon hat, Problemen und schmerzlichen Gedanken auszuweichen. Sein Nutzen ist ja, dass er seiner stets lauernden Angst vor Problemen (jedenfalls im Augenblick) entkommt. Und er sollte auch aufschreiben, welche Nachteile er davon haben wird. Die hat er. Woher rührt sonst sein Stress und Leidensdruck? Ihm muss klar werden, wie groß und gefährlich sein (seelischer) »Blinder Fleck« ist.

»Yin und Yang« ist das Symbol für Hubertus: Alles hat eine positive und eine negative Seite. Als sein Therapeut würde ich ihm einen Anhänger mit diesem fernöstlichen Symbol schenken.

Während viele Menschen nach dem Motto vorgehen: »Lerne zu klagen, ohne zu leiden«, muss Hubertus überhaupt erst einmal lernen zu klagen. Er sollte fürs Erste jeden Tag etwas negativ finden und das auch gegenüber einer anderen Person äußern.

Er sollte zunehmend akzeptieren lernen, dass in seinem Innern auch Sorgen, Ängste und Probleme bestehen. Als Orientierung sollte ihm weniger der äußere Anreiz, die Sensation des Neuen oder die Begeisterung an einer Sache dienen. Er sollte mehr im Sinne der positiven Seiten der Präferenz »Innerlichkeit« nachdenklich werden. Nicht mehr so viel »Was gibt es draußen zu erleben?«, sondern mehr »Was ist in mir?« sollte ihn täglich beschäftigen.

Hubertus muss nüchterner, zurückhaltender und stabiler werden. Er sollte lernen, sich selbst und seine inneren Impulse besser zu kontrollieren. Er sollte lernen, eine Nacht über Entscheidungen zu schlafen. Mühsam muss er lernen, keine spontanen Entscheidungen mehr zu treffen.

Es wird Hubertus allerdings alleine ziemlich schwerfallen, das umzusetzen. Es wird ihm vorkommen, als solle er auf den wichtigsten Teil seines Lebens und seiner Erfüllung verzichten – nämlich auf das spontane, emotionale Erleben, auf das Sensationelle, auf das »Abheben«, auf das, warum es sich aus seiner Sicht zu leben lohnt.

Denjenigen mit dieser Verhaltenspräferenz, die in der vorteilhaften Lage sind, Hilfe von einem Partner zu bekommen, sei empfohlen, diesem offiziell zu verkünden, dass er zukünftig ein offenes Ohr für Kritik und Beratung haben wird, weil ihm jetzt selber klar geworden ist, wie sehr er sich mit seinem Verhalten Stress bereitet.

Auch für Hubertus eignen sich Entspannungstechniken besonders gut – gerade dann, wenn es mal wieder mit ihm durchzugehen droht.

Sprüche wie: »Ich kenne keine Probleme, ich kenne nur Lösungen« sind Gift für ihn. Für ihn sind dagegen die Abschnitte 7.1 und 7.2 wichtige Hilfsmittel. Sein Spruch muss vielmehr heißen: »Ohne sorgfältige Analyse und Beschreibung des Problems kann keine adäquate Lösung gefunden werden.«

5.9 Dorothee und ihre »Dominanz«

Irrationaler Glaubensgrundsatz:
Es ist eine Katastrophe, wenn jemand stärker ist als ich!

Ein gewöhnlicher Tag mit Dorothee

Dorothee ist leidenschaftliche Autoliebhaberin. Vor einem Jahr ist sie dem vor sich hin dümpelnden örtlichen Club der Opel-Freunde beigetreten. Sie hat diesen Verein regelrecht »aufgemischt«: Bereits in ihrem zweiten Clubtreff hat sie den Vorsitzenden, einen großmäuligen Macho, so attackiert, dass der ganz klein wurde. In ihrer vierten Sitzung wurde Dorothee zu seiner Nachfolgerin gewählt. »Mir stinkt es, mir im Winter draußen den A ... abzufrieren! Wir brauchen ein Clubheim!« Das fanden die anderen dann auch, obwohl keiner sich vorstellen konnte, dass das jemals klappen könnte. Aber sie hatten ja ihre Powerfrau Dorothee. Wenn die etwas »ansagte«, dann wurde das auch was. Sie bot der Stadt die Betreuung einiger schwieriger Jugendlicher im Club an, was – mit Fördermitteln der Stadt und viel Einsatz der Clubmitglieder – am Ende tatsächlich zu einem kleinen Clubheim führte.

Die Arbeit mit den schwierigen Jugendlichen war wahrlich nicht einfach. Sie kamen unregelmäßig, hatten meistens zu nichts Lust, tranken und rauchten zu viel und redeten viel dummes Zeug. Dorothee nahm sich einen nach dem anderen gezielt vor. Dann machte sie auf ihre Art Druck, mit der sich jeder Sozialarbeiter in einer behördlichen Einrichtung ein Disziplinarverfahren eingehandelt hätte. Wenn einer nicht zu den Clubabenden erschien, holte sie ihn notfalls mit mehreren von zu Hause ab, was manchmal schon fast zur Entführung geriet, fluchte und beschimpfte den Armen so in Grund und Boden, bis der fast in Tränen ausbrach und lieber freiwillig wiederkam.

Es war fast so, als ob Dorothee es als persönliche Demütigung empfand, wenn jemand nicht zu den Clubtreffs kam oder gar den Verein verlassen wollte.

Einer der schwierigen Jugendlichen hatte einmal versucht, Dorothee sexuell zu nahezutreten. Sie machte sich einen Spaß daraus, den jungen Mann an »Schamlosigkeit« so zu überbieten, dass diese Versuche im Club nie wieder auftraten. Sie war alles andere als »zimperlich« im Umgang. Leider traf sie damit auch gelegentlich die Falschen. Es gab doch einige Kritik an ihrem Stil, den Jugendliche gegenüber ihren Betreuern äußerten. Sie würde einem über den Mund fahren, nähme kaum Rücksicht, kenne keine Selbstkritik und sage anderen Schwächen nach, die sie sich selber durchgehen lasse. Schließlich wurde Dorothee darauf von der Behörde angesprochen. Ihre Reaktion bestärkte ihr Gegenüber in seinen Befürchtungen: Dorothee fühlte sich angegriffen, wurde sehr zornig und erklärte die gesamte Behörde für unfähig nach dem Motto: »Angriff ist die beste Verteidigung«. Sie kämpfte wie eine Löwin für ihre Überzeugung, nur Härte sei das richtige Mittel, um den Jugendlichen beizukommen.

Die Vertreter der Stadt kündigten ihr schließlich an, die Mittel zu streichen. Daraufhin wandte sich Dorothee an die Zeitung: Man kümmere sich mit großem Engagement individuell um die Jugendlichen, habe Verständnis für deren Schwierigkeiten, betreue sie einfühlsam und zuvorkommend. Man hole sie von der Straße, es gebe weniger Gewalt-Kriminalität in der Stadt, die Bürger könnten ruhiger schlafen, und überhaupt sei das ganze Projekt ein Riesenerfolg, der zu geringsten Kosten erzielt wurde. Der Redakteur hatte allerdings schon von einem Mitarbeiter des Jugendamtes, seinem Schwager, von Dorothee gehört. Als sie auf seine kritischen Fragen ziemlich unsanft reagiert, erklärt er ihr, dass zur Zeit kein Bericht erscheinen könne. Dorothee verlässt schließlich wutschnaubend die Redaktion.

Es geht ihr gar nicht gut. Sie ist der Meinung, dass sie nur von »Idioten« umgeben ist, die ihre guten Absichten böswillig durchkreuzen. Ihre Schlussfolgerung: »Dann eben nicht!« Von da an wurde sie nie mehr im Opel-Club gesehen. Ein Bekannter kommentierte die Ereignisse so: »Es ist immer dasselbe mit Dorothee: Was sie mit den Händen aufbaut, reißt sie mit dem Hintern wieder ein.«

Dorothee hat ihr Leben stets voll ausgeschöpft. Mit ihren 24 Jahren hat sie bereits »wilde Zeiten« erlebt. Beziehungen zu Männern waren eigentlich meistens eher Abenteuer als Begegnungen, die auf Dauer angelegt waren. Sie lebt jetzt mit einem Mann zusammen, der sich in allem von ihr unterscheidet: Das Leben empfindet er als »viel zu schwer«. Er betätigt sich als Hausmann. Im Verlauf der Beziehung zu Dorothee hat sich seine Neigung verstärkt, sich schon früh am Tag das eine oder andere Bier zu gönnen. Dorothee kümmert sich rührend um ihn. In seinen zunehmenden Problemen sieht sie eine neue Herausforderung. Irgendwann wird ihr dann allerdings doch alles zu viel. Kurzerhand wirft sie ihn hinaus, um ein halbes Jahr später eine Beziehung mit einem anderen Mann einzugehen, den im Grunde dieselbe Hilflosigkeit auszeichnet wie seinen Vorgänger.

Ein spezieller Denkfehler macht Dorothee stressanfällig:

Dorothee hat eine ganz spezielle Art, andere Menschen wahrzunehmen: Sie kann sie nicht einfach so nehmen, wie sie sind, sondern sieht immer auch die Stellung des anderen im Vergleich zu ihr: Wer ist der Stärkere, wer der Schwächere? Ist der andere auf Augenhöhe? Wie viel ist an ihm dran? Wie stark ist er wirklich? Wenn sie den Eindruck gewinnt, der andere sei ihr gewachsen, dann verwickelt sie ihn umgehend in ein »Kämpfchen«, um die gegenseitige Stellung abzuklären.

Besonders treibt es sie, wenn der andere überlegen erscheint oder – ganz schlimm – den Überlegenen spielt. Dann läuft sie zu höchster Form auf und kann jede Party lahmlegen. Das ist aber kein negativer, d. h. gesundheitlich belastender Stress, sondern es ist mehr so eine Art Spiel für sie, jemanden zu haben, mit dem sie ihr Kämpfchen austragen kann. Das kann fast so etwas wie ihre Form der Kontaktaufnahme werden.

Allerdings hat das auch einen ernsten Hintergrund: Sie vermeidet dadurch die Angst, zu unterliegen, erniedrigt zu werden, Opfer zu werden. Sie braucht stets die Kontrolle – nicht über sich selbst, sondern über die Situationen, in denen sie mit anderen zusammen ist. Darin liegt für sie Bedürfnisbefriedigung.

Dorothee geht oft in die Offensive, regt vieles an, löst Diskussionen aus, setzt andere in Bewegung. Das gelingt ihr, weil sie viel weniger innere Barrieren hat als andere Menschen: »Normale« Moral und gesellschaftliche Normen erlebt sie als für sich nicht unbedingt verbindlich (»Gute Mädchen kommen in den Himmel, böse Mädchen kommen überall hin«). Sie fühlt sich weniger an so genannte »Selbstverständlichkeiten« gebunden. Einhaltung von Regeln, Gehorsam, Anpassung finden wir bei dieser Verhaltenspräferenz weniger als bei anderen. Mit so genanntem »Benehmen« oder auch »Höflichkeit« hält sie sich nicht lange auf. Sie ist sehr direkt. Ihre Regel lautet vielmehr: Erlaubt ist, was nicht (streng) verboten ist. Die Schattenseite dieser Grundhaltung ist mangelnde Sensibilität für Empfindungen anderer. Unter Schuldgefühlen leiden Menschen mit der Präferenz »Dominanz« am wenigsten. Sie wirken daher auf andere oft provozierend oder gar schamlos. In ihrer Gegenwart wünscht sich jeder mehr Schlagfertigkeit.Der verbreitete Denkfehler, von sich auf andere zu schließen, wirkt sich bei ihnen als besonderes Risiko aus. Sie gehen davon aus, dass Äußerungen, die ihnen nicht wehtun, auch anderen nicht wehtun. Sie entschuldigen sich grundsätzlich nicht und meinen, dass sie sich auch für nichts entschuldigen müssen.

Das ist aber genau nicht so. Im Gegenteil, die meisten Menschen schätzen Einfühlungsvermögen und Wertschätzung bzw. Höflichkeit und Respekt ihres Gesprächspartners. Durch dominantes Verhalten fühlen sie sich – im psychologischen Sinne – schnell »bedroht«. Die meisten Menschen empfinden Kritik und Widerworte als Kränkung und Verletzung. Sie suchen nach Bestätigung, nicht nach Widerstand. Dorothee hat – bei Lichte betrachtet – ein hohes Risiko, sich alle Sympathien zu verscherzen, weil sie als anmaßend erlebt wird. Menschen wie sie schaffen es problemlos, eine ganze Gruppe gegen sich aufzubringen oder zumindest eine Gruppe zu spalten. Einigen gelingt es auch, Anhänger zu finden, die ihren Schutz genießen. Es gibt schließlich genug Gruppen, die Rücksichtslosigkeit als Stärke bewerten.

Regeln und Normen bieten vielen Menschen Sicherheit, weil sie bestimmtes Verhalten in ihrem Umfeld, dem sie sich nicht gewachsen fühlen würden, nicht fürchten müssen. Treffen sie dann aber auf jemanden mit der Präferenz »Dominanz«, dann wenden sie sich ab, weil sie beobachten, dass die gewohnten und sicheren Grenzen im Umgang ignoriert werden. Was soll man tun, wenn einem aufgrund einer Bemerkung von Dorothee die Luft wegbleibt? Das stört. Mit hoher Wahrscheinlichkeit kommt es immer wieder dazu, dass andere sich verletzt oder bloßgestellt fühlen.

Die meisten Menschen tun in der Situation aus Angst vor weiteren Attacken nichts und machen ihrer Frustration hinter dem Rücken des Dominanten Luft. Da kann schnell eine ganze Fraktion zusammenkommen, die mit Ablehnung antwortet. Wo ein Motiv ist, ist auch immer ein Weg, ihm Schwierigkeiten zu machen oder sich seiner ganz zu entledigen. Menschen wie Dorothee erleichtern ihren »Feinden« dieses Geschäft sogar, weil sie häufiger impulsiv und unüberlegt Fehler machen, die man ihnen dann leicht vorwerfen kann. Einige Opfer rächen sich durch verdeckte Formen von Aggression: Sie bilden »Verschwörungen«, oder sie untergraben Vorhaben, die für den Betroffenen wichtig sind. Auch Mobbing kann eine Form dieser Rache sein. Besonders schwierig wird es für Menschen mit dieser Präferenz, wenn andere ihnen klare Grenzen gesetzt haben, für deren Überschreitung sie über keine Möglichkeiten verfügen.

Dann hilft ihnen schließlich kein Kraftaufwand und keine Durchsetzungsfähigkeit mehr weiter. Es ist, als ob sie mit ihren Anliegen und Wünschen vor einer Mauer stehen. Wenn sie Ohnmacht spüren, andere Menschen und die Dinge nicht mehr beeinflussen können, ihr Handlungsspielraum eingeengt wird, sie nicht mehr Herr der Situation sind, dann haben Menschen mit diesem Muster Stress.

So ist ihre Stressfalle entstanden:

Menschen mit diesem Muster haben als Kind erlebt, dass sie gnadenlos herumgeschubst und unterworfen wurden, wenn sie sich nicht wehrten. Ganz auf sich selbst angewiesen, haben sie gelernt, sich hart und unnachgiebig durchzusetzen, weil sie sonst unweigerlich zum Opfer wurden. Sie konnten niemandem vertrauen als nur sich selbst. So wurde ihr Sozialverhalten zum ständigen »Präventivschlag«.

Im Überblick: Hauptprobleme der Präferenz »Dominanz«

- Situative Impulsivität mit mangelnder Selbstkontrolle

- Mangelnde Planung und Vorausschau

- Ausgeprägtes Machtmotiv

- Geringes Einfühlungsvermögen, wenig Gespür für Zwischentöne

- Konfrontation, Aggressivität, wird leicht als »rücksichtslos« erlebt

- Neigung zur Selbstgerechtigkeit, zum Leugnen und Abstreiten

- Sturheit, lässt nur die eigene Welt gelten

Wenn die Schwierigkeiten zunehmen (gestrichelter Pfeil):

Dorothee zieht sich zurück und hadert mit der Welt

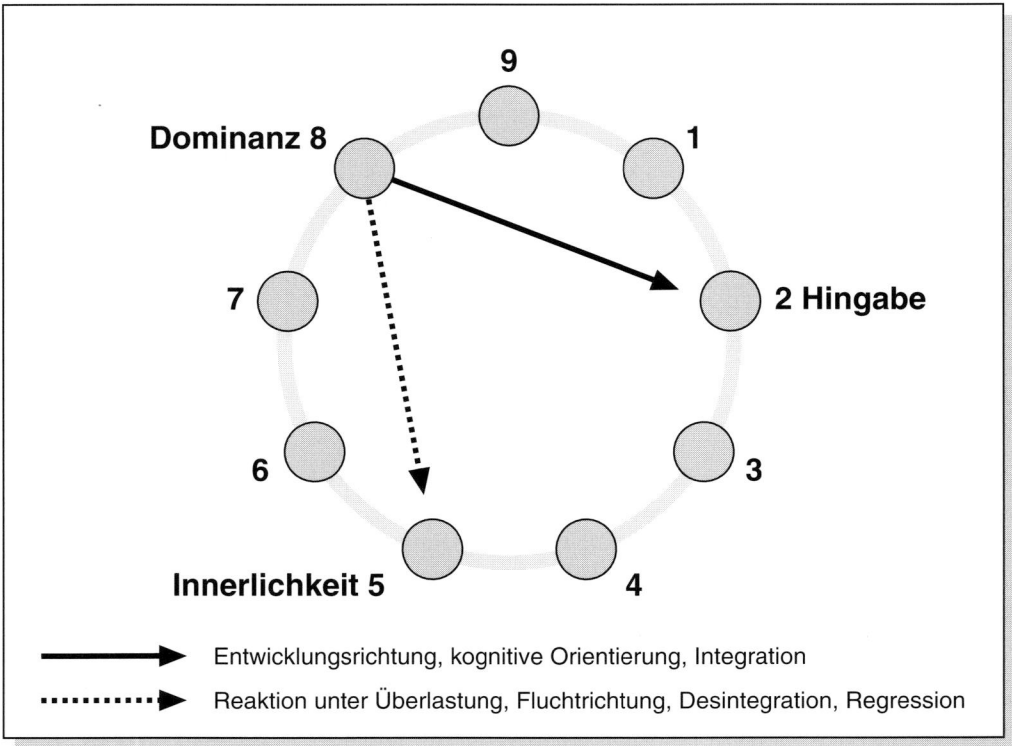

Entwicklungsrichtung, kognitive Orientierung, Integration

Reaktion unter Überlastung, Fluchtrichtung, Desintegration, Regression

Menschen mit einem ausgeprägten Dominanz-Muster sind im Grunde Einzelkämpfer, die eigene Auffassungen oder Ideen (wage-) mutig verfolgen.

Verschärft wird ihre Stress-Situation, wenn sie hilflos werden und für sich keine Handlungsmöglichkeiten mehr sehen. Das Gefühl der Ohnmacht gehört zum Schlimmsten, was ihnen widerfahren kann.

Sie neigen dann dazu, sich zurückzuziehen in eine innere Welt – in Richtung des Musters »Innerlichkeit«. Sie grübeln und hadern mit der Welt. Das Ergebnis ihres Grübelns stellt gewöhnlich weniger sie selbst als vielmehr alle anderen infrage.

Das ist zwar menschlich verständlich, aber sicherlich keine Lösung ihrer Stress-Anfälligkeit. Sie werden immer wieder in dieselbe Stress-Falle treten.

Im Überblick: Was Dorothee unter Druck setzt und bei ihr Stress auslöst

- Zwang zur Anpassung/Überanpassung/Unterordnung

- Abhängigkeit, Kontrolle durch andere

- Erfolgloser Widerstand, Grenzen, Freiheitsbeschränkung

- Sich stetig und planvoll zu verhalten

Dorothee kann etwas gegen ihren Stress tun

Zunächst sollte sie begreifen, dass ihre Kampfeslust kein Zeichen von Überlegenheit und Stärke ist. Im Gegenteil. Diese Flucht vor der Angst, zu kurz zu kommen und schlecht behandelt zu werden, ist eine ausgesprochene Schwäche. Sie hat sich zu wenig unter Kontrolle, geht erhebliche soziale Risiken (Ablehnung, Einsamkeit) ein und wirkt letztlich zerstörerisch in sozialen Beziehungen und Arbeitsgruppen – je nachdem, auf welche Partner sie trifft.

Die meisten Menschen empfinden anders als Dorothee. Das wird sie herausfinden, wenn sie sich vorsätzlich auf das Zuhören konzentriert. Ihr sei besonders Teil 6 als Übungsfeld empfohlen. Sie lernt dort, wie sie es praktisch anstellen kann, anderen mehr Raum zu geben und deren Vertrauen zu gewinnen. So kann sie ihre Akzeptanz verbessern.

Ein wichtiger Entwicklungsschritt für Dorothee ist auch die kritische Distanz zu ihrer Neigung zur Selbstgerechtigkeit. Wie schon beim Thema »Vernunft« (Abschnitt 2.3) besprochen, hat auch Dorothee ihre eigene, subjektive Vernunft, die ihr als Wahrheit erscheint. Sie sollte im Sinne der positiven Seiten des Musters »Hingabe« lernen, anderen zuzuhören, deren Ansichten und Gefühle zu verstehen, sich besser in sie hineinzuversetzen.

Je weiter sie darin fortschreitet, desto mehr wird sie ein Gespür dafür bekommen, was ihr Verhalten bei anderen auslöst. Das konnte sie sich nämlich bislang zu wenig vorstellen.

Ihr Bedürfnis nach Einflussnahme und Machtausübung könnte sie weiter befriedigen – allerdings wesentlich geschickter als bisher: Sie braucht nur den Grundsatz umzusetzen: »Menschen stehen weit mehr hinter den Lösungen, wenn sie das Gefühl haben, in die Entscheidung einbezogen worden zu sein.« Wenn sie das beachtet, wird jede Gruppe froh sein, so eine engagierte Ideenlieferantin zu haben. Wenn Dorothee es dann auch noch schafft, Kreativität in die Frage: »Wie kann ich möglichst viele Aufgaben delegieren?« zu stecken und sich in ihrem Wunsch nach Kontrolle beschränkt, dann wird ihr Stress zum Typ B-Stress: Sie wird, sozial gut eingebunden, viel Erfüllung in ihrer Aufgabe finden.

5.10   Harriet und ihre »Harmonie«

Irrationaler Glaubensgrundsatz:
Es ist eine Katastrophe, wenn ich mich mit jemandem streite!

Ein gewöhnlicher Tag mit Harriet

Harriet hat heute Abend Besuch von zwei Kolleginnen, die sie lange bearbeitet hatten, bei einer Wanderreise mitzumachen. Sie müsse mal raus und was anderes sehen; das würde ihr bestimmt gut tun. Bis heute Abend, so war es vereinbart, sollte sich jede überlegen, wohin man fahren könne.

Harriet brauchte da nicht lange zu überlegen: Sie wollte immer schon mal die berühmten Cinque Terre sehen. Das Gespräch kommt heute Abend sehr schnell zum Thema: »Wohin soll die Reise gehen?« Carola holt als Erste mächtig aus: »Wir müssen unbedingt nach England. Ihr glaubt nicht, welche wundervollen Parks die Engländer haben. Nicht diese künstlichen symmetrischen Anlagen aus Italien und Frankreich, sondern naturnahe Gestaltung. Viel romantischer!«

Renate unterbricht sie mit einer ähnlich begeisterten Schilderung der norwegischen Fjordlandschaft und zeigt zur Unterstützung noch beeindruckende Fotos aus einem Kalender: »Da müssen wir hin!«. Auch sie kommt mit ihrer Schilderung nicht zu Ende, weil Carola wieder von England schwärmt. So geht das ohne Pause weiter – zwischen Renate und Carola.

Harriet schweigt. Schließlich greift sie doch ein und schlägt vor, einmal die Vor- und Nachteile von England und Norwegen aufzuschreiben, damit man endlich entscheiden könne. Dass am Ende die Entscheidung zustande kommt, ist ihr zu verdanken. Sie hat die Einigung herbeigeführt.

Anschließend fragt Renate Harriet: »Wo wolltest du eigentlich hin?« Mit halbem Ohr hört sie gerade noch ein gehauchtes »Nach Cinque Terre« von Harriet, um dann fortzusetzen: »Wir müssen jetzt einen genauen Plan aufstellen, was alles gemacht werden muss und wer das macht.« Der Rest des Abends wird mit Reiseplanungen für England verbracht.

Harriet ist froh über diesen Abend. Zwar kommt sie nun doch nicht nach Cinque Terre, aber während des Gesprächs waren ihr sowieso schon Zweifel gekommen, ob die anderen beiden Ziele nicht doch interessanter wären. Sie ist froh, dass alles am Ende gütlich geregelt worden ist. Das erscheint ihr nicht selbstverständlich, ist ihr aber sehr wichtig.

Sie bewundert oft, wie andere sich durchsetzen. Sie schließt sich gerne an, weil sonst doch zu wenig in ihrem Leben passiert. Sie liest sehr viel und schaut gerne Fernsehen, aber gelegentlich wäre etwas Abwechslung, bei der man selbst etwas tut, eben doch schön. Sie mag aber von sich aus nicht auf andere zugehen, weil sie sich nie sicher ist, ob die anderen sich dafür interessieren würden. Sie schweigt dann lieber. Die Vorstellung, sie könnte irgendjemandem zur Last fallen, wäre ihr äußerst unangenehm. Sie schließt sich aber gerne anderen an, um an deren Unternehmungen teilzunehmen.

Kürzlich hat ihr eine Bekannte Vorhaltungen gemacht: »Du machst zu wenig aus deinem Leben. Unternimm doch mal was. Geh unter Leute. Besuche einen Kurs in der Volkshochschule!« Harriet hatte das sehr getroffen. »Die hat gut reden. Und recht hat sie auch noch. Aber ich kann das eben nicht.« Nach diesem Gespräch ist sie traurig, weil sie Dinge nicht schafft, die anderen keine Probleme bereiten.

Harriet ist seit Langem verheiratet. Auslöser für ihre Beziehung waren die Beschützerinstinkte, die sie damals bei ihrem heutigen Mann hervorrief. Er ist das unternehmungslustige Gegenteil von ihr, steckt voller Interessen und Aktivitäten. Er hat mit den Jahren eingesehen, dass er auch eigene Wege gehen muss, um sein Leben zu vollziehen. Das tut er nach Kräften.

Anfangs hatte er Harriet immer noch zu allen möglichen Unternehmungen animiert. Dabei hatte er immer viel Rücksicht auf sie genommen, denn alles, was zu viel Umstellung erforderte, war ihr nicht geheuer. So wurden z. B. schon in jungen Jahren viele interessante Reisen unmöglich, weil Harriet nicht zelten mochte. Sie wollte auch möglichst immer mit ihm allein sein. Sie ist oft eine Bremse für ihren Mann, weil an seinen Ideen und Vorschlägen immer irgendetwas ist, was sie nicht möchte.

Einmal waren die beiden dann doch in einer Pension am Gardasee. Das Personal war so freundlich und zuvorkommend, dass Harriet dort am liebsten jeden Urlaub verbringen wollte. Sie träumte sogar von einer kleinen Wohnung in diesem Ort, in der sie dann alle ihre Urlaube verbringen könnten. Das scheiterte allerdings an ihrem Mann. Um des lieben Friedens willen hat sie diesen Traum längst aufgegeben.

In der Arbeit musste Harriet einmal die Firma wechseln, weil sie zum Mobbing-Opfer ihrer Kolleginnen geworden war. Der Vorgesetzte unternahm damals nichts, sondern kommentierte die Ereignisse schlicht mit der zynischen Bemerkung »Hm, Stutenbiss!«. Seitdem ist Harriet eigentlich noch stiller geworden, als sie es sowieso schon war.

Bei der Arbeit gilt sie ansonsten als korrekt, hält in Bezug auf Fleiß das Mittelmaß und kommt jetzt mit allen Kollegen gut zurecht. Einmal wurde ihr eine Position als Leiterin einer Gruppe angeboten, was sie ablehnte. Sie fühlte sich dem nicht gewachsen.

Überhaupt tut sich Harriet mit Veränderungen schwer. Das Schlimmste, was ihr im Leben bisher passierte, war wohl der Wechsel der Firma. Auch zu Hause mag sie alles so lassen, wie es ist. Wenn z. B. ihr Mann Möbel umstellen möchte, bereitet er sie sehr einfühlsam darauf vor. Zu seinem Glück hält Harriet ihren Standpunkt in Diskussionen nie lange durch, wenn gegensätzliche Meinungen auftauchen. Sie vermeidet Streit, wo sie kann, und versucht zu schlichten, wo es möglich ist.

Ein spezieller Denkfehler macht Harriet stressanfällig:

Harriet hat ein klares Bild von sich: In allem ist sie schwächer, schlechter, uninteressanter, unbegabter und überhaupt unattraktiver als andere. Das ist ihre »objektive Wahrheit«.

Wir wissen, dass es ihre subjektive Meinung ist. Wir wissen deshalb auch, dass aus ihrer Sicht jeder, der behauptet, sie sei »liebenswert, interessant, für irgendetwas begabt und überhaupt attraktiv«, jemand ist, der aus irgendwelchen Gründen lügt. Dabei ist sie wirklich sympathisch und liebenswert.

Harriet hat ein negatives Selbstkonzept. Sie sieht nur ihre vermeintlichen Schwächen.

Auch sie sitzt in einem Teufelskreis der selbst erfüllenden Prophezeiung: Sie ist fest davon überzeugt, schwach zu sein. Folge: Sie traut sich vieles nicht zu. Folge: Sie tut vieles nicht und sammelt keine Erfahrung. Folge: Wenn sie es denn doch tun muss, stellt sie sich ungeschickt an und lässt es wieder. Für sie ist der Beweis erbracht: »Ich bin schwach!«

In Wahrheit hat sie sich das nur bewiesen, weil sie vorher schon daran geglaubt hatte, nicht aber, weil es so ist. Menschen unterscheiden sich erheblich nach ihrer Zuversicht. Harriet fehlt etwas, das von größter Bedeutung für die Widerstandsfähigkeit gegen Stress ist: die Überzeugung, dass sie ihr Leben durch eigenes Tun kontrollieren kann (siehe Abschnitt 4.3). Harriet ist in dieser Hinsicht mit einem (erlernten) Denkfehler »geschlagen«, der ihren Lebensvollzug stark einschränkt. Das, was aus diesem Teufelskreis des Denkens herausführen könnte, nämlich regelmäßige Erfolgserlebnisse, wird durch ihre Art, über sich selbst zu denken, immer wieder verhindert. Neue Herausforderungen, ganz gleich, ob mit Menschen, in der Arbeit oder in allen anderen Bereichen, sind für sie eine seelische Belastung, deren Ausmaß sich andere, die ihr Problem nicht haben, eben kaum vorstellen können. Das Risiko, unter Stress zu geraten, ist bei Harriet deshalb hoch. Er kann schon durch die vielfältigen kleinen Alltagsanforderungen des Lebens ausgelöst werden. Und dieses Problem wird mit den Jahren immer schlimmer.

Sie reagiert mit Unsicherheit, Vorsicht und Rückzug, wenn es schwierig wird. Gerne verschiebt sie alles, was anstrengend und herausfordernd ist, auf den letzten Moment. Es liegt ihr nicht, die Initiative zu ergreifen und von sich aus etwas in Bewegung zu setzen. Vieles, was anderen wichtig erscheint, ist aus ihrer Sicht gar nicht so wichtig.

Stress wird bei ihr sehr leicht ausgelöst durch (fast) jede ernsthafte Aufgabe, der sie sich gestellt sieht. Sie tut sich schwer, Entscheidungen zu fällen, und neigt schnell zur Untätigkeit. Automatisch gerät sie so unter Druck und erneuten Stress, der durch etwas mehr Glaube an ihre Selbstwirksamkeit vermeidbar gewesen wäre.

Wenn Harriet Stress bekommt, fühlt sie sich schnell hilflos und ohnmächtig. In ihrer Hilflosigkeit lehnt sie sich gerne an andere an, um sich von ihnen mittragen und beschützen zu lassen – solange keine Herausforderungen damit verbunden sind. Das Grundproblem bleibt allerdings: Niemand anders als sie selbst kann ihre Probleme lösen. Siegmund Freud hat einmal gesagt: »Das Leben ist eigentlich viel zu schwer für uns«. Genau das trifft auf die Selbstwahrnehmung von Harriet zu.

Harriet lebt insofern gefährlich, als

- jede Herausforderung für sie seelische Belastung bedeutet
- diese (erlernte) Hilflosigkeit und das Gefühl, an ihrem Schicksal nichts ändern zu können, später zu Depressionen und schließlich zu schwerer Erkrankung führen kann.

So ist ihre Stressfalle entstanden

Als Kind haben viele dieser Menschen erlebt, dass Stellung zu beziehen zu Herabsetzung, Missachtung und sogar Strafe führt. Viele sind auch übermäßig kritisiert worden von Eltern, die sich durch das Kind ihre eigenen Sehnsüchte von Größe und Überlegenheit erfüllen wollten. Beständig an Anforderungen gemessen zu werden, die das Kind nicht erfüllen kann, ist oft in der Entstehungsgeschichte dieser Verhaltenspräferenz zu beobachten.

Im Überblick: Hauptprobleme der Präferenz »Harmonie«

- Minderwertigkeitsgefühle
- Ängstlichkeit
- Ist leicht zu verunsichern
- Wird leicht zum »Opfer« (= provoziert andere, in die Verfolger-Rolle zu gehen)
- Gibt zu leicht eigene Standpunkte auf, insbesondere in Konfliktfällen

Wenn die Schwierigkeiten zunehmen (gestrichelter Pfeil):

Flucht in die falsche Richtung

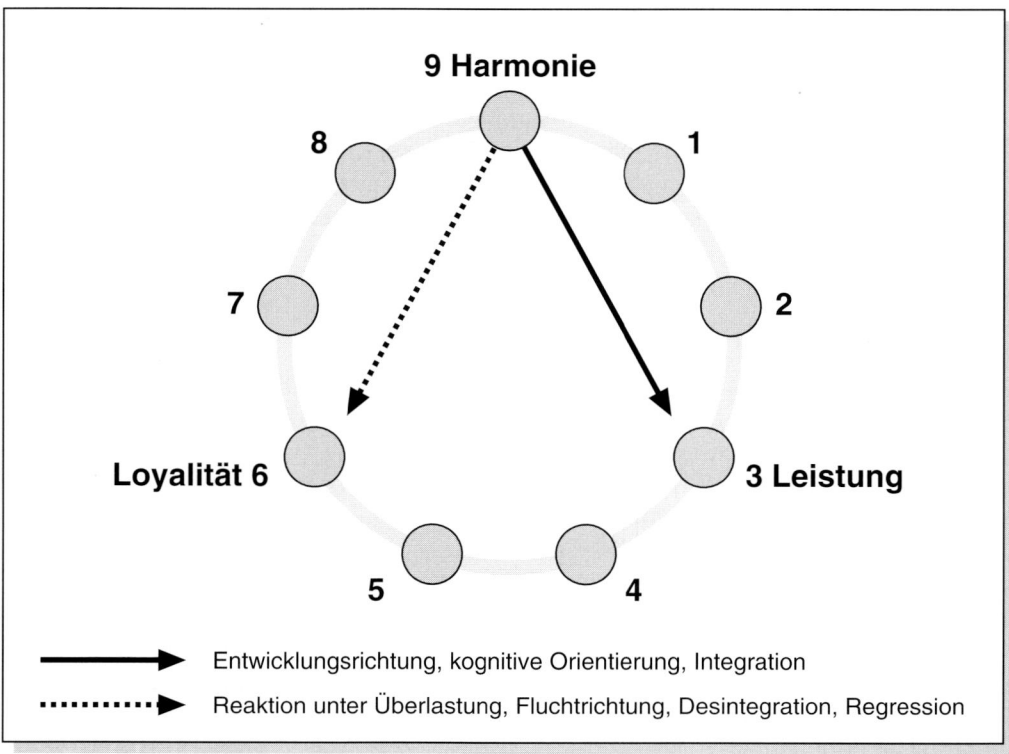

Wenn Menschen mit dem Muster »Harmonie« in Schwierigkeiten und unter Stress geraten, suchen sie gerne die Anlehnung an eine starke Person, die ihnen hilft, die Initiative ergreift, die Richtung weist.

Dieser Weg ist insofern ein Irrweg, als genau das nicht passiert, was aus den Problemen heraushilft, nämlich Eigeninitiative und Anstrengung.

Im Überblick: Was Harriet unter Druck setzt und bei ihr Stress auslöst

- Andere um etwas bitten zu müssen
- Neues, Ungewohntes erleben oder tun zu müssen
- Berufliche Herausforderrungen, Wettbewerb
- Soziale Herausforderungen (»Beziehungsstress«)

Harriet kann etwas gegen ihren Stress tun

Der Kern, der bei Harriet zu Stress führt, ist ihr mangelndes Selbstwertgefühl. Folglich sollte hier etwas geändert werden. Das ist allerdings alles andere als einfach, denn es sitzt tief und ist für Harriet »tausendfach bewiesen« worden.

Der Weg heraus führt über Erfolgserlebnisse, die Harriet sich selbst zuschreiben kann.

Diese kommen nicht von allein, sondern nur durch besondere Anstrengungen, die sie unternimmt. Hier liegt die nächste Hürde: Harriet muss ihre Scheu vor Herausforderungen und ihre phlegmatische Neigung überwinden. Für sie ist der Abschnitt 4.1 mit seinen Übungen sozusagen »maßgeschneidert«.

Der »Königsweg« liegt für sie in der Festlegung von Zielen. Sie sollten zunächst kleine, später anspruchsvoller werdende Zustände beschreiben, die sie sich selbst zu erreichen vornimmt. Der Abschnitt 7.3, »Meine Ziele«, beschreibt eine probate Methode. Hilfreich ist dabei besonders, das Vorhaben in überschaubare Schritte zu unterteilen, die sich jeweils wieder durch ein abschließendes Ziel beschreiben lassen.

Da es schwierig ist, sich dauernd selbst zu motivieren, wäre jemand, der sie beobachtend unterstützt ein Segen. Noch mal: Es ist äußerst wichtig für Harriet, dass sie Erfolgserlebnisse hat und dass sie lernt, sich dafür selbst zu loben. Allein das Gefühl, etwas geschafft zu haben, muss für sie zum Erfolgserlebnis werden.

Und noch ein wichtiges Motto für Harriet: »Es passiert nichts, außer ich tue es sofort!«

6 Umgang mit anderen ohne Stress

In diesem Teil lernen Sie, Gespräche so zu steuern und zu führen, dass sie einen konstruktiven Verlauf nehmen – ganz gleich, wie sie begonnen haben. Machen Sie sich auf einiges Umdenken gefasst.

6.1 Schwierige Gespräche führen

Für alle, deren Stressanfälligkeit etwas mit dem Zusammensein mit anderen Menschen zu tun hat, ist diese Methode äußerst hilfreich. Sie ist das Geheimnis vieler Psychologen und Seelsorger, die von ihren Gesprächspartnern als besonders angenehm, vertrauenswürdig und hilfreich erlebt werden.

Die Nicht-Direktive Gesprächsführung wird eingesetzt, wenn ich:

- aggressionsmindernd auf den Partner einwirken möchte,

- das Vertrauen des Gesprächspartners gewinnen möchte,

- den Gesprächspartner verstehen möchte,

- den Gesprächspartner dazu bewegen möchte, mehr zu erzählen, wenn ihm das schwerfällt,

- (auf der Beziehungsebene) die Voraussetzungen schaffen möchte für eine sachgerechte Einigung mit dem Gesprächspartner,

- ihn dabei unterstützen möchte, dass er sich selbst helfen kann, indem er sein Problem selbst klarer erkennt.

Die Schwierigkeit im Erlernen der Methode liegt nicht im technischen Vorgehen, sondern im Umdenken – oder besser gesagt im »Umfühlen«. Es klingt fast paradox: Wir müssen lernen, unsere Ziele zu verfolgen, indem wir sozusagen mit unserer Wahrnehmung von uns selbst weg hin zu unserem Gesprächspartner wechseln. Es geht dabei ausschließlich um ihn und nur um ihn. **Das ist Partnerbezug.**

In schwierigen Gesprächen ist es wichtig, Verständnis für den Partner zu zeigen – völlig unabhängig davon, wie der Partner sich verhält.

Sehr wichtig: Die Nicht-Direktive Gesprächsführung wird nur in bestimmten Phasen des Gespräches eingesetzt. Wir können damit also kein komplettes Gespräch führen.

Professionelles Zuhören ist Schwerstarbeit

Als Erstes müssen Sie größte Disziplin im aufmerksamen und hochkonzentrierten Zuhören entwickeln. Die meisten Menschen können nicht zuhören, weil sie sofort alles bewerten, was der andere sagt. Ihnen gehen dabei Gedanken durch den Kopf, und insgeheim basteln sie vielleicht schon an ihrer Antwort oder irgendwelchen Ratschlägen. Alles völlig verkehrt! In der Phase des Zuhörens brauchen Sie eine ganz andere Leitvorstellung:

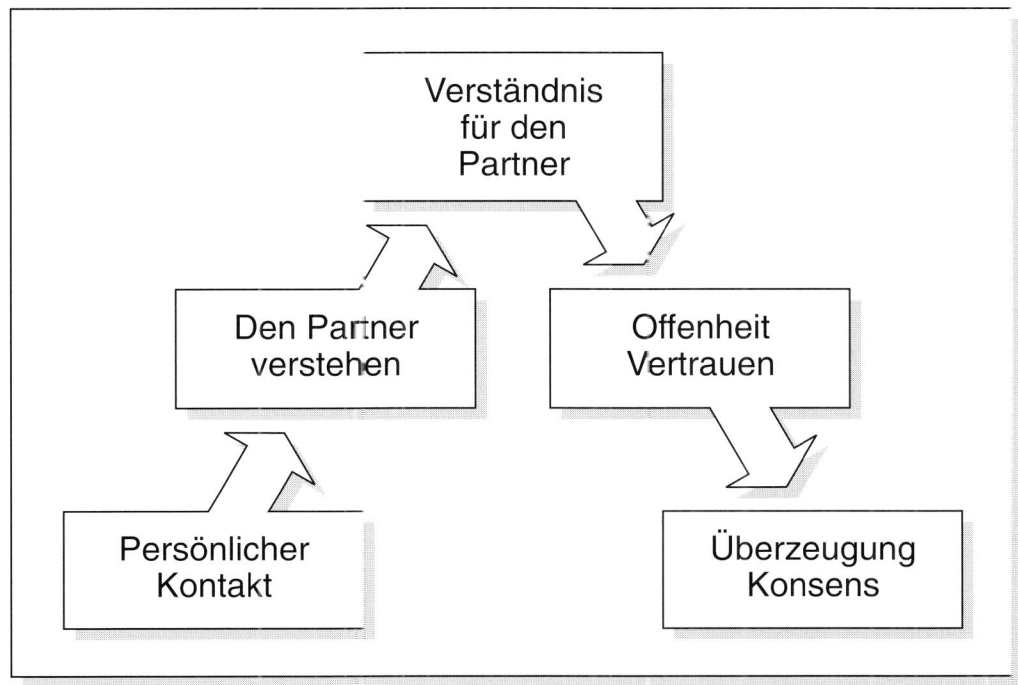

Werden Sie (für kurze Zeit) ein seelenloser Computer

Stellen Sie sich vor, Sie wären ein Computer mit einem Spracherkennungsprogramm. Alles, was ins Mikrofon gesprochen wird, wird aufgezeichnet. Weder kennt der Computer irgendwelche Emotionen, noch macht er sich eigene Gedanken zu dem, was diktiert wurde. Erst recht gibt er keine Ratschläge. Genauso sollen Sie sich in den Phasen des Zuhörens verhalten – auch innerlich. Um es nochmals deutlich zu machen: Einen Computer können Sie mit den wüstesten Ausdrücken beschimpfen oder ihm die größten Schweinereien eingeben, er zuckt nicht einmal mit der Wimper. Genauso muss es Ihnen beim Zuhören völlig egal sein, was der andere von sich gibt – selbst wenn es gegen Sie gerichtet ist oder sonst wie zum Himmel schreit.

Signalisieren Sie insbesondere auch durch Ihren Gesichtsausdruck und Ihre Körperhaltung, dass Sie ernsthaft an jedem Wort interessiert sind, das Ihr Gesprächspartner zu Ihnen sagt! Signalisieren Sie ihm, dass Sie ganz bei ihm und seinem Anliegen sind, dass Sie ihn ernst nehmen und ehrlich bemüht sind, ihn zu verstehen.

Im Übrigen: Wundern Sie sich nicht über das, was andere von sich geben. Gehen Sie niemals davon aus, dass andere die Welt genauso erleben und dieselben Gefühle haben wie Sie. Demzufolge gibt es übrigens auch keine »Selbstverständlichkeiten«.

Für alle die, die immer meinen, dass man sich gleich verteidigen muss

Wenn Sie das tun, wirken Sie schwach. Sie signalisieren, dass es »gesessen« hat. Passen Sie gut auf: Oft äußert sich ein anderer so schlimm, weil er sich z. B. an Ihnen »rächen« will, indem er Sie verletzt, beschimpft und beleidigt. Wenn Sie sich sofort verteidigen, dann »belohnen« Sie den anderen, weil ihre Reaktion zeigt, dass ihm das gelungen ist, was er wollte, nämlich Ihnen wehzutun. Verweigern Sie ihm diese (psychologische) Belohnung, indem Sie keine Wirkung zeigen. Dann lässt er mehr und mehr von diesem unkonstruktiven Verhalten ab. Gleich werden Sie sehen, dass Sie das keinesfalls wehrlos macht.

Unterscheiden Sie zwischen »Logik« und »Psychologik«

In einem Gespräch, erst recht bei schwierigen, belastenden Themen und bei Konflikten registrieren die meisten Menschen – wenn überhaupt – nur die Argumente des Gegenübers. Sie haben es schon oft erlebt: Es ist manchmal, als ob das beste Argument der Welt nichts helfen kann, wenn der andere nicht will. In diesen Situationen ist es sehr unklug, weiter gegenan zu argumentieren. Sie machen alles nur noch schlimmer und unbefriedigender. Viele Menschen glauben irrtümlich, den anderen durch noch mehr Argumente irgendwann überzeugen zu können. Welcher Stress!

Aber gegen Gefühle und Sehnsüchte helfen oft keine Argumente oder Beweise. Wenn der Mann meint, man solle das Leben genießen und nicht immer jeden Cent dreimal umdrehen, seine Frau dagegen sparsam ist und viele seiner Ausgaben als unnötige Verschwendung betrachtet, dann können Diskussionen leicht zum Stress werden, an deren Ende das Problem dennoch nicht gelöst ist. Wehe, Sie greifen als Dritter ein und ergreifen Partei! Dann machen Sie sich sofort zum Feind dessen, gegen den Sie argumentieren (und am Ende gegen beide).

Hier heißt der Königsweg: **Verständnis entwickeln.** Sie sehen also, in einem Gespräch nur die inhaltliche, »logische« Seite zu beachten kann fatale Folgen mit viel Stress haben. Lernen Sie deshalb, immer auf die seelische Befindlichkeit aller Beteiligten, d. h. auf die »Psychologik« des Gesprächs zu achten.

Junge Leute äußern sich gelegentlich herablassend über ältere Ehepaare, die – z. B. im Restaurant – längere Zeit schweigend am Tisch sitzen. »Schau mal, die haben sich nichts mehr zu sagen« klingt fast wie: »Diese Ehe ist am Ende«.

Völlig falsch! Bei den älteren Leuten ist im Laufe der Partnerschaft bereits wesentlich mehr gesagt worden als jemals in der Beziehung der beobachtenden jungen Leute. Im Laufe der Jahre nimmt die Bedeutung dessen, was gesagt wird, ständig ab. Was bleibt ist die emotionale Ebene, das gute Gefühl, dass man nicht alleine ist, dass jemand da ist, dass man jemanden hat, dem man vertrauen kann. Allein die Gefühle, die durch das Zusammensein entstehen, zählen. Mit anderen Worten: Das, was emotional während des Zusammenseins läuft, ist hier das Wichtige. Das Inhaltliche (die Logik) ist eher bedeutungslos geworden. Lassen Sie den Menschen das.

Die große Bedeutung der emotionalen Ebene können Sie getrost auf jede Gesprächssituation übertragen:

> Wenn zwei Mathematiker zusammen ein mathematisches Problem wälzen, dann sieht es so aus, als ginge es hier ausschließlich um strengste Logik. Dabei können sie wahre Glücksgefühle haben: Es ist jemand da, der einen versteht; der ein für einen selbst zentrales Lebensthema teilt, der interessant ist und intellektuell attraktiv. Indem er mit mir diskutiert, erweist er mir menschlichen Respekt und Anerkennung. Na, wenn das keine Gefühle sind?

Wann immer Sie mit Menschen Probleme haben: Bleiben Sie kritisch gegenüber dem, was aus dem anderen an »Argumenten, Ansichten, Wahrheiten und Beweisen« herauskommt. Registrieren Sie das gelassen als »seine persönliche Sicht«. Sie werden wesentlich weniger Stress haben.

Registrieren Sie aufmerksam: Ist der Gesprächspartner freundlich, mir zugewendet, schätzt er mich – oder ist er verschlossen, abweisend, desinteressiert oder gar aggressiv (Blick, Tonlage)? Wir hatten ja besprochen, dass die Gefühle die Richtung des Denkens vorgeben. Überlegen Sie also auch, welche Gefühlslage den anderen dazu bewegen könnte, diese (scheinbar sachlichen) Argumente vorzubringen.

Gewöhnen Sie sich an, während des Gesprächs stets zwei Dinge im Auge zu behalten:

Erstens den Inhalt, über den Sie mit dem Partner sprechen, und zweitens die Beziehung, in der Sie zueinander stehen.

Im Grunde haben Sie selbst es schon oft erlebt, wenn Sie sagen: »Das sagt er jetzt nur, weil ...«. Damit wollen Sie ausdrücken, dass hinter dem, was der andere sagt, nicht die Suche nach Wahrheit, Fortschritt oder gemeinsamer Lösung steht, sondern Gefühle, die gegen Sie oder irgendjemand anderen – eventuell auch ihn selbst – gerichtet sind.

Vielen entsteht Stress ja dadurch, dass sie sich sofort gezwungen fühlen, ihrerseits eine Meinung zu äußern. Viele umgehen das, indem sie Fragen stellen, statt etwas zu sagen. Das ist oft schon wesentlich besser als zu antworten.

Damit haben wir den ersten wichtigen und schwierigen Schritt besprochen: das Zuhören. Dabei lassen wir es aber nicht bewenden. Gehen wir zur nächsten »Stufe der Professionalität«, mit der wir sozialen Stress wirksam mindern können. Sie heißt:

Aktives Zuhören

Auch dies gilt nicht für das ganze Gespräch, sondern ist *eine* Möglichkeit, an der einen oder anderen Stelle im Gespräch zu reagieren: Wiederholen Sie gelegentlich, was Ihr Gesprächspartner gesagt hat; fassen Sie seine Aussagen zusammen (selbstverständlich nicht wie ein Papagei). Geben Sie Ihrem Gesprächspartner zu verstehen, dass seine Aussagen so wichtig für Sie sind, dass Sie nochmals überprüfen wollen, ob Sie alles richtig verstanden haben. Damit diese Wiederholung nicht unvermittelt im Raum steht, leiten wir sie mit einer kurzen Begründung ein, etwa:

»Nur damit ich Sie richtig verstehe« ... + Wiederholung

»Sie haben also gesehen, dass« ... + Wiederholung

»Sie haben sich also bereits gut informiert und meinen, dass« ... + Wiederholung.

Setzen Sie dieses Mittel gelegentlich ein, wenn Ihr Gesprächspartner von sich erzählt – ganz gleich, ob unter Tränen, mit hochrotem Kopf oder ganz entspannt. Je mehr er unter Gefühlsdruck steht, desto wirksamer hilft ihm Ihre Art zu reagieren. Sein Vertrauen zu Ihnen wächst.

Das ist die zweite Stufe. Sie merken: **Bei beiden Reaktionsformen kommt von Ihnen nichts** an eigenen Einstellungen, Überzeugungen und Ideen. Allein das Gegenüber zählt. Das nutzt zweifach: Erstens gewinnen Sie an Vertrauenswürdigkeit und zweitens wird alles für Sie – und vielleicht sogar auch für Ihren Gesprächspartner – klarer und handhabbarer.

Kommen wir zur stärksten Form, dem

Spiegeln der Gefühle des Gesprächspartners

Mit diesem millionenfach erprobten Vorgehen können Sie wahre »Wunder« im Gespräch erreichen. Lassen Sie mich aber noch ein paar Punkte vorab klären: Sie können auch Misserfolge erleiden, wenn Sie nicht innerlich dahinter stehen, sondern es als reine Technik einsetzen. Damit meine ich, Sie sollen auch **innerlich für Ihren Gesprächspartner sein** (selbst wenn der sich vielleicht nicht so benehmen kann, wie Sie das erwarten). Sie wissen ja noch: In Situationen, in denen sich jemand mir gegenüber »unmöglich« verhält, denke ich daran, wie arm der dran sein muss, wenn er so mit den Menschen umgeht. Das hatten wir bereits beim Thema »Autonomie«. Die höchste Stufe der Professionalität erreicht ein Angegriffener, wenn er dennoch in der Lage bleibt, den armen Kerl »lieb zu haben« und für ihn zu sein. Wer sich allerdings gleich angegriffen und beleidigt fühlt, der belohnt – wie gesagt – den Angreifer und fördert seine Aggressivität. Statt den anderen zu führen, bringt er sich in eine stressige Situation, die wie ein Schicksal über ihn kommt.

Eines möchte ich nochmals betonen: Seminarteilnehmer haben mich oft gefragt, ob sie sich durch Zuhören und Aktives Zuhören in eine Position der Schwäche begeben, weil sie den anderen gewähren lassen. Nein, das ist nicht der Fall. Wir kommen noch auf Ihre Interessen zu sprechen. Es ist eher so, dass Sie den anderen laufen lassen und auch noch ermuntern zu laufen – um ihn nachher wieder einzufangen.

Beginnen wir mit einer Vorübung zum »Spiegeln«: Unten finden Sie neun Äußerungen von Gesprächspartnern. Ihre Aufgabe ist es, in die Spalte rechts daneben zu schreiben, welche Gefühle Ihr Gesprächspartner bei seiner Aussage haben könnte. Versetzen Sie sich in den anderen. Welche Gefühle könnten ihn bewegen, sich so zu äußern?

Es ist einfacher, wenn Sie jemanden haben, mit dem Sie die Aufgabe zusammen machen.

Aussage meines Gesprächspartners	Gefühle meines Gesprächspartners
»Sie haben es gerade nötig, von Vertrauen zu reden!«	
»Viele Wege führen nach Rom. Warum muss es bei Ihnen gerade dieser sein?«	
»Ich lehne jede Zusammenarbeit mit Ihnen ab!«	
»Sie haben mich in eine unmögliche Lage gebracht durch die Terminüberschreitung!«	
»Ein wunderbarer Tag heute!«	
»Einiges von dem, was Sie damals gesagt haben, sind Versprechungen geblieben.«	
»Mit der Uhr, die Sie mir empfohlen haben, sind wir sehr zufrieden.«	
»Sie haben Ihren Führerschein wohl im Fernkurs gemacht?«	
»Sie sind der größte Idiot, der mir je begegnet ist!«	

Ganz schön schwierig, nicht wahr? Ja, wir sind es einfach nicht gewohnt, Gefühle zu registrieren. Dabei sind sie meistens ausschlaggebend dafür, ob wir Stress mit anderen haben oder mit ihnen am Ende gut auskommen.

Dafür ist der nächste Übungsschritt einfach: Jetzt sagen Sie Ihrem Gesprächspartner, wie er sich fühlt. Nehmen wir als Beispiel: »Sie haben es gerade nötig, von Vertrauen zu reden!«. Die Gefühle meines Gesprächspartners haben sicherlich mit Enttäuschung zu tun. Und genau das sage ich ihm jetzt: »Sie sind enttäuscht, weil ...«

Achtung: Viele heben die Stimme am Ende des Satzes. Dann wird eine Frage daraus, d. h. eine direktive Handlungsaufforderung. Das dürfen wir nicht tun. Wir setzen den Partner damit unter Druck, etwas zu sagen. Diesen Fehler machen Anfänger gerne, weil sie kein Vertrauen in die Wirkung der Methode haben. Der Profi senkt die Stimme am Ende des Satzes, lehnt sich beruhigt zurück und wartet. Er kennt die Wirkung dieser Art zu reagieren.

Selbstverständlich bedarf das alles der Übung – am besten mit einem Vertrauten, vor dem Sie sich problemlos auch mal eine Blöße geben können. Und: Beginnen Sie mit leichten Situationen. »Spielen« Sie erst einmal vereinzelt (aber regelmäßig) damit.

Deshalb hier noch einige Beispiele:

Sagt eine Mutter zu Ihnen: »Mit meinem Sohn klappt es in der Schule gar nicht so recht. Hoffentlich ist die nächste Arbeit wenigstens eine 4, hoffentlich ...«

Welches Gefühl hat die Mutter? Ihre Diagnose: Sorge, Befürchtung.

Ihre Reaktion mit Partnerbezug: »Sie machen sich <u>Sorgen</u>, ob er es schafft.«

Oder: »Sie befürchten, dass er es nicht schafft.« Punkt! Pause! Abwarten, was kommt. (Nicht vergessen: <u>Betonung</u> auf »Sorgen«. Stimme am Ende runter, damit es keine Frage wird).

»Der Lehrer hat gesagt, ich hätte ihn belogen, und hat mir eine 5 gegeben. Dabei habe ich die Hausaufgaben wirklich vergessen.«

Diagnose: fühlt sich ungerecht behandelt.

Reaktion: »Du fühlst dich <u>ungerecht</u> behandelt.«

»Ich weiß nun wirklich nicht mehr, was ich glauben soll: Auf der einen Seite reden Sie immer von Vertrauen zwischen Ihnen und uns, und auf der anderen Seite werden wir kontrolliert wie die kleinen Jungs.«

Diagnose: Unsicherheit, Zweifel.

Reaktion: »Sie wissen nicht genau, <u>woran</u> sie bei mir sind.«

»Einiges von dem, was Sie vor einem Jahr gesagt haben, sind Versprechungen geblieben.«

Reaktion: »Sie sind <u>enttäuscht</u>, weil ...«

Machen Sie aber kein übertriebenes Psychologisieren daraus. Es sind ganz einfache Beobachtungen, die Sie beim Partnerbezug wiedergeben. Achten Sie darauf:

Beim Spiegeln zart bzw. annehmbar formulieren

Begriffe so wählen, dass der Gesprächspartner innerlich zustimmen bzw. das zugeben kann.

Also nicht:

»Sie haben ein Problem ...«, »Sie haben Komplexe ...«, ... befürchten, dass Sie nicht intelligent/zielstrebig/schön/reich genug sind ...«, usw.

Sondern:

»zart« und annehmbar formulieren.

Beispiele

Ihr Gesprächspartner hat einen (inneren) Konflikt:

»Sie zweifeln ...; Sie fühlen sich nicht wohl bei ...; ... es fällt ihnen schwer, sich zu entscheiden ...; sie sind sich nicht sicher, ob ...; sie wissen nicht, woran sie sind ...«

Ihr Gesprächspartner ist aggressiv gestimmt:

»Sie sind ungehalten ...; sie haben sich darüber geärgert ...; das stört sie ...; sie befürchten, dass ...; das berührt sie ...«

Ihr Gesprächspartner ist depressiv gestimmt:

»das bedrückt sie ...; darüber sind sie enttäuscht ...; das belastet sie ...; das macht ihnen zu schaffen ...; das ist schlimm für sie ...; dadurch fühlen sie sich eingeengt ...; das macht sie betroffen ...; sie sind traurig ...«

Ihr Gesprächspartner ist positiv gestimmt:

»... das freut sie ...; das macht ihnen Spaß ...; sie sehen darin für sich gute Möglichkeiten ...; darüber sind sie froh ...; sie stehen darüber ...«

Soweit die Methode mit dem Partnerbezug. Jetzt kommen wir auf die Phasen des Gesprächs zurück, in denen es umgekehrt ist: S i e haben ein Problem und möchten eine Lösung. Auch hier müssen wir wieder völlig umdenken. Gewöhnen Sie sich allmählich an den verlockenden Gedanken, nicht »norma « zu sein (»normal« ist für mich in vieler Hinsicht schon fast ein Schimpfwort).

Der Profi hat während eines Gespräches laufend eine Frage im Hinterkopf mitlaufen: »Wer hat eigentlich gerade das Problem?«

6.2   Wer hat eigentlich gerade das Problem?

Bisher (Zuhören, Wiederholen, Spiegeln der Gefühle) haben wir mit Partnerbezug darauf reagiert, dass unser Gesprächspartner ein Problem hat. Das wird jetzt anders. Es gibt Phasen im Gespräch, in denen ich selbst ein Anliegen oder gar ein Problem habe. Schauen wir uns zunächst mal an, wie der »normale« Mensch damit umgeht:

Beispiel: Eine Frau ärgert sich über ihren Mann: »Du kommst immer zu spät zum Essen!«. Plötzlich kann der normale Mensch das, was uns im vorigen Abschnitt so schwergefallen ist: Er kann wunderbar über den anderen reden, das bedeutet, mit Partnerbezug reagieren. Allerdings genau zum falschen Zeitpunkt: Es wird durch diese Reaktion einfach verdreht, wer von beiden Gesprächspartnern wirklich »das Problem« hat und um wen es geht. Das kostet Glaubwürdigkeit.

In Wirklichkeit hat nämlich die Frau das Problem. S i e ärgert sich. Der Ehemann hat gar kein Problem (im Gegenteil: er konnte sich Zeit lassen).

Noch ein Beispiel: Eine Mutter sagt zu ihrem Kind, das von einer Baustelle kommt: »Du machst dich immer so schmutzig!« (= du bist das Problem). In Wirklichkeit hat sich das Kind wunderbar amüsiert – die Mutter hat das Problem! Aber die Mutter reagiert an der falschen Stelle mit Partnerbezug.

Wir machen es anders und setzen auch hier wieder die gewohnten Regeln »normaler« Gespräche außer Kraft.

Merke: Reden Sie im Verlauf des Gesprächs immer über den, der gerade das Problem hat.

Die Ehefrau hätte besser mit Eigenbezug reagiert: »Es ist für mich sehr unangenehm, wenn du nicht pünktlich zum Essen kommst, weil dann alles kalt wird und nicht mehr schmeckt.« Auch die Mutter hätte besser mit Eigenbezug reagiert: »Jetzt brauche ich wieder viel Zeit, um deine Sachen zu waschen«.

	»normal«	»Profi«
Mein Partner hat ein Problem	Eigenbezug	Partnerbezug
Ich habe ein Problem	Partnerbezug	Eigenbezug

6.3 Die drei Fragen, die sich der Profi stellt

Jetzt kennen Sie alle drei Fragen, die Sie sich im Gespräch stellen können, um angemessen reagieren zu können (die Fragen 1 und 2 hatten wir schon einmal in den Abschnitten 2.3 und 2.4 besprochen):

1. Wie lautet die »Vernunft« meines Gesprächspartners?

Zweck: Ich kann besser verstehen, wie er erlebt, denkt und handelt. Dadurch kann ich ihn besser akzeptieren. Dadurch baue ich weniger unnötige Widerstände und Hindernisse auf. Das mindert den Stress im Gespräch.

2. Welchen Nutzen hat mein Gesprächspartner davon, sich so zu verhalten, wie er sich verhält?

Zweck: Ich erkenne leichter, was ihn bewegt/was seine Motive sind. Dadurch kann ich mich bei der Lösungssuche besser auf ihn einstellen.

3. Wer hat eigentlich das Problem?

Zweck: Ich weiß, ob ich mit Partner- oder Eigenbezug reagiere.

Jetzt wissen Sie, was sich der Profi denkt, wenn er in eine schwierige Gesprächssituation gerät. Durch Üben kommen Sie allmählich dahin, dass Sie sich nicht mehr so schnell erschrecken oder hilflos werden, weil Sie wissen, wie Sie reagieren können. Das macht viele Gespräche konstruktiver, fördert das gegenseitige Vertrauen und führt zu besseren Lösungen.

6.4   Meta-Ebene und Feedback: Das Gespräch über das Gespräch

Wenn wir darüber sprechen, wie wir miteinander sprechen, dann befinden wir uns auf der »Meta-Ebene« des Gesprächs, sozusagen »hinter« dem Gespräch. Wenn wir dem Gesprächspartner sagen, wie wir ihn gerade erleben, dann geben wir ihm »Feedback« (Rückmeldung).

Eine wichtige psychologische Grundregel lautet: »Jeder ist sich selbst der Blindeste«. Das eigene Selbstbild hat viel zu tun mit unseren Wünschen und Sehnsüchten. Die können uns ganz schön in die Irre führen, wie Sie an den Denkfehlern gesehen haben. Wenn uns das geschieht, besteht die Gefahr der Fehlanpassung und Einsamkeit. Andere finden uns dann »komisch, merkwürdig«.

Jeder ist sich selbst der Blindeste.

Viele kennen die Geschichte des Ehepaares, das anlässlich des 20. Hochzeitstages herausfindet, dass jeder lieber die andere Hälfte des morgendlichen Brötchens genommen hätte, aus Liebe zum Partner sie aber diesem überlassen hatte.

Es würde mich nicht wundern, wenn sich diese Geschichte tatsächlich so zugetragen hätte. Viele Menschen, die sich nahe stehen, wissen erstaunlich wenig voneinander – erst recht, wenn sie unterschiedlichen Geschlechts sind.

Jeder Mensch hat das Bedürfnis, etwas über die eigene Wirkung auf andere zu erfahren. Das ist eine Grundlage für das eigene Selbstbewusstsein. Kinder tauschen das noch spontan und offen aus. Später ist doch einigen von uns im Leben manches Erlebnis dazwischen gekommen, das uns vorsichtig gemacht hat. Das führt bei vielen dazu, dass sie kaum mehr etwas über die eigene Wirkung auf andere, d. h. ihr »Fremdbild«, erfahren. Kennen Sie das »Öffentliche Geheimnis«?: Das ganze Umfeld redet *über* jemanden, nur nicht *mit* Ihm.

Gewöhnlich sind es zwei Gründe, weshalb wir anderen nicht sagen, wie sie auf uns wirken:

Erstens haben die meisten von uns erfahren, dass Kritik am anderen oft wie ein Bumerang zurückkommt und man selber plötzlich zum Opfer von Vorwürfen oder Aggressionen wird. Dieses Risiko wird lieber gemieden – besonders von Menschen, die Konflikte nicht gut ertragen können (siehe Sandkastenbeispiel mit Thomas im Abschnitt 2.1, S. 32).

Wenn dann dem Partner doch einmal etwas gesagt wird, dann wird das Problem gerne zurückgegeben: Der Kritisierende wird daraufhin als »einseitig, falsch, der hat was gegen mich, der ist da zu empfindlich« usw. eingestuft. So lernen wir allerdings wieder nichts über uns selbst.

Erst wenn mir eine ganze Gruppe erklärt, dass sie dies oder jenes an mir verbesserungsbedürftig findet, bricht der Widerstand aus Angst vor Liebesentzug zusammen. Aber wann bekommen wir schon mal von einer ganzen Gruppe Rückmeldung?

Zweitens haben viele schon früh die bittere Erfahrung machen müssen, dass auch das Äußern positiver Gefühle gegenüber anderen schmerzhafte Folgen haben kann:

Hiltrud sagt zu Dorothee: »Du bist meine Freundin!« Daraufhin Dorothee zu Hiltrud: »Ich finde dich doof!« Das tut Hiltrud weh. Um Schmerz zukünftig zu vermeiden, sagt sie niemandem mehr, dass sie ihn leiden mag, unterlässt also positive Rückmeldung und Lob.

Das sind die Gründe, warum die meisten zu wenig über die Wirkung ihres Verhaltens auf andere erfahren. Das bedeutet, dass sie ihr Verhalten zu wenig korrigieren können. Wenn z. B. jemand dazu neigt, in Gesprächen stets zu klagen, dann wird er für andere eventuell unattraktiv. Da es ihm niemand sagen mag, erfährt er den Grund nicht, weshalb die anderen seine Nähe meiden.

Erinnern Sie noch: Man glaubt ja gar nicht, wie verrückt man denkt, wenn man immer nur alleine denkt! So kann man viel Stress bekommen, weil man mit dem, was man tut und sagt, »daneben liegt«.

Der Nutzen von Rückmeldung

- Ich kenne meine Wirkung auf andere besser

- Ich kann mich besser auf andere einstellen

- Der andere kann sich besser auf mich einstellen

- Offenheit und Vertrauen werden gefördert

In diesen Situationen können Sie Rückmeldung anwenden:

- 1. Wenn ich wirklich wissen will, wie andere mich und mein Verhalten erleben.

- 2. »Rückmeldung« gebe ich ...
  ... wenn mir der Partner wichtig ist;
  ... wenn mir am Partner etwas gefällt;
  ... wenn bestimmte Verhaltensweisen des Partners mich stören, belasten;
  ... wenn der Partner »Rückmeldung« haben will
  (Prinzip der gegenseitigen Freiwilligkeit).

Wählen Sie den richtigen Augenblick für die »Rückmeldung«

Vorteilhaft ist es, »Rückmeldung« sofort in der Situation zu geben, dann wirkt sie am besten. Ich kann mich aber auch mit dem Partner zurückziehen und ausführlich »Rückmeldung« über Vergangenes austauschen.

Jede »Rückmeldung« hat zwei Phasen

Phase 1: Sie beschreiben das Verhalten des Partners. Diese Beschreibung sollte sein:

brauchbar:	nur veränderbares Verhalten beschreiben
konkret:	nicht allgemein (nicht: »Du kannst nichts zugeben!«, sondern: »Ich verstehe deine Worte so, dass du das Problem ausschließlich bei deinem Chef siehst.«)
beschreibend:	ohne Interpretation (nicht: »Du machst das, weil du ...«)
ohne Wertung:	(nicht »gut« oder »schlecht«)

Phase 2: Gefühle mitteilen, die durch dieses Verhalten bei Ihnen ausgelöst werden.

Reagieren Sie professionell, wenn Sie »Rückmeldung« empfangen:

Hören Sie genau zu. Stellen Sie Fragen, um den anderen noch besser zu verstehen – ganz egal, in welcher Form er es sagt.

Wenn Sie genau verstanden haben, was er meint, dann bedanken Sie sich für die Rückmeldung, denn er hat Ihnen ermöglicht, etwas zu lernen.

Keinesfalls sollten Sie sich verteidigen oder rechtfertigen, denn »Rückmeldung« ist kein Angriff, sondern eine Hilfe, die der andere mir gibt. Es fällt den meisten schon schwer genug, diesen Mut aufzubringen und ihre »Hürde der negativen Erfahrungen mit Rückmeldung« zu überspringen!

7 Meine Pläne und Schritte zur Stressvermeidung

In Stresssituationen spielen Gefühle eine Rolle. Das erschwert uns das Ordnen der Gedanken. Mit den Schritten in diesem Kapitel gehen Sie systematisch vor. Am Ende steht Ihr Programm, das speziell auf Ihre Situation zugeschnitten ist. Sie wissen dann genau, welche Schritte Sie gehen müssen, um widerstandsfähiger gegen das zu werden, was Sie bisher immer wieder unter Stress setzt.

7.1   Meine Ausgangslage: Wo stehe ich?

Wenn ich herausfinden will, wo ich hin will, dann sollte ich vorher genau überlegen, wo ich stehe. Ordnen Sie sich deshalb zuerst selbst ein.

Wir beginnen ganz grob mit drei Feldern (nach Ruth Cohn), in denen wir Stress haben können.

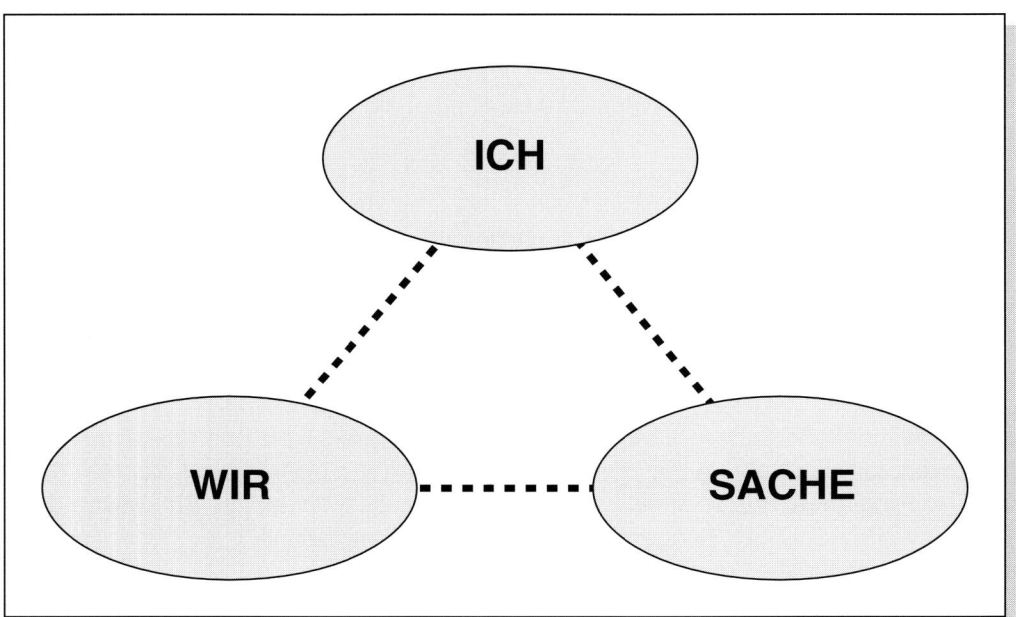

Stressfeld »ICH«:

Hier ordnen sich alle ein, die Stress haben, weil sie mit sich selbst Probleme haben.

a) Sie sind unzufrieden mit Ihren Fähigkeiten; Sie zweifeln an sich.

b) Es fällt Ihnen schwer, Ihr Verhalten zu kontrollieren. Sie trinken oder rauchen zu viel, Sie nehmen Drogen.

c) Es gab ein für Sie schreckliches Ereignis, das Sie einfach nicht verarbeiten können. Sie leiden fortwährend sehr darunter.

d) Sie sind überlastet mit der Verantwortung für einen anderen Menschen.

e) Sie leiden unter Schlaflosigkeit.

f) Sie sind oft niedergeschlagen, entmutigt, erschöpft.

g) Sie sind unglücklich über Ihr Äußeres.

h) Sie sind im Allgemeinen unzufrieden mit Ihrem Leben.

i) Sie leiden unter Einsamkeit.

j) Sie wissen nichts Rechtes mit sich anzufangen.

Stressfeld »WIR«:

Hier ordnen sich alle ein, die Stress haben, weil sie Probleme mit anderen haben.

a) Sie bekommen immer wieder Streit mit einer oder mehreren Ihnen nahestehenden Personen.

b) Sie leiden unter Ihrem Partner.

c) Sie sind enttäuscht von der Beziehung zu Ihrem Partner.

d) Sie haben enttäuschte Erwartungen oder gar Sehnsüchte in Bezug auf einen bestimmten Menschen oder eine Gruppe.

e) Sie ärgern sich so gut wie jeden Tag über bestimmte Personen am Arbeitsplatz (Kollegen, Vorgesetzten).

f) Ihre Arbeit wird Ihnen unnötig erschwert durch andere (unklare Aufträge, Unzuverlässigkeit, Planlosigkeit, mangelnde Information und Absprache, Anspielung auf Ihr Geschlecht).

g) Jemand ist einfach nicht nett zu Ihnen, der es eigentlich sein sollte.

h) Sie leiden unter mangelnder Anerkennung, Beachtung und Wertschätzung (Arbeit, privat).

i) Man »knallt Ihnen einfach Dinge (Arbeit, privat) vor die Nase« nach dem Motto: »Friss, Vogel, oder stirb«.

j) Meine Versuche, meine Aufgaben zu organisieren, werden ständig durchkreuzt durch Änderungen und Zusätzliches von außen.

k) Der Umgang mit anderen Menschen ist für mich von vornherein stressig.

Stressfeld »SACHE«:

Hier ordnen sich alle ein, die Stress haben, weil sie mit irgendeiner Sache nicht zurechtkommen.

a) Sie fühlen sich durch Menge oder Zeit Ihrer Aufgaben überfordert (Arbeit, Familie, Angehörige).

b) Sie fühlen sich Ihren Aufgaben nicht gewachsen (Wissen, Können, menschlich).

c) Sie werden bei der Arbeit gestört.

d) Ihre Arbeit (beruflich oder privat) macht Ihnen keinen Spaß.

e) Sie haben Angst um Ihren Arbeitsplatz.

f) Sie finden einfach keine Arbeit, obwohl Sie es wollen.

g) Zu viel Neues, zu viel Veränderung in der Arbeit.

h) Meine tägliche Umgebung macht mir Stress (Lärm, Enge, zu viele Menschen, Verkehr).

i) Ich habe Geldsorgen.

Beschreiben Sie ganz genau, in welchen Situationen bei Ihnen Stress entsteht

Gerade eben haben Sie grob eingekreist, in welchem Bereich bei Ihnen Stress entsteht. Das sollten Sie jetzt konkreter machen.

Nehmen wir als Beispiel aus dem Stressfeld »WIR« den Punkt b: »Sie ärgern sich so gut wie jeden Tag über bestimmte Personen am Arbeitsplatz (Kollegen, Vorgesetzten)«.

Das sollten Sie jetzt viel genauer beschreiben: Über wen genau ärgern Sie sich? Was an ihm ärgert Sie? Wann und wie häufig tritt das auf? Was löst das in Ihnen aus?

Angenommen, diese Fragen beantworten Sie so (aufschreiben!): »Es ärgert mich fast jeden Tag, wenn mein Kollege Huber die Umsatzzahlen nicht bis 14 Uhr geliefert hat. Ich werde dann hektisch, weil ich die Ergebnisse um 15 Uhr verarbeitet und weitergemeldet haben muss. Dazu habe ich eigentlich überhaupt keine Zeit. Ich muss dann eine spätere U-Bahn nehmen. Zudem ist mein Vorgesetzter sauer auf mich. Ich gehe dann immer mit einem schlechten Gewissen nach Hause.

7.2 Problem, Ziel, Weg und Aktionsplan: die Problemlösung

Sie haben jetzt herausgefunden, was Ihre Stressoren sind und warum gerade Sie dazu neigen, durch diese Stressoren besonders gestresst zu werden. Falls nicht, sollten Sie daran noch weiter arbeiten.

Das ist besonders wichtig, weil sich Fehler, die wir am Beginn eines Problemlöseprozesses (oder einer Therapie) machen, besonders schwerwiegend auf den Rest des Weges auswirken.

Wo stehen Sie jetzt?

1. Mir ist das Problem noch nicht richtig klar, warum ich immer wieder unter Stress gerate.

2. Mir ist mein Problem klar, aber ich habe noch kein Ziel.

3. Ich habe ein Ziel, aber ich weiß nicht, wie ich dahin kommen soll.

4. Ich kenne verschiedene Wege, weiß aber nicht, für welchen ich mich entscheiden soll.

5. Ich kenne den Weg zu meinem Ziel, habe aber Schwierigkeiten, das durchzuziehen (Aktionsplanung).

Überlegen Sie genau, vor welchem dieser Meilensteine Sie stehen. Gehen Sie dann (unten) zu diesem Meilenstein.

Achtung: Der häufigste Fehler bei der Problemlösung ist es, sofort an Lösungen zu denken. Das verwirrt Sie nur. Nehmen Sie sich die Zeit, die fünf Schritte in Ruhe (schriftlich!) durchzugehen. Lassen Sie sich dabei mehrere Tage Zeit und überarbeiten Sie Ihre Ergebnisse immer wieder.

Sie stehen vor Meilenstein 1:

Mir ist das Problem noch nicht richtig klar, warum ich immer wieder unter Stress gerate

Gratulation: Sie starten an einem Punkt, den die meisten anderen zu überspringen versuchen. Das verbessert Ihre Erfolgsaussichten.

Diese vier Ebenen werden häufig verwechselt:

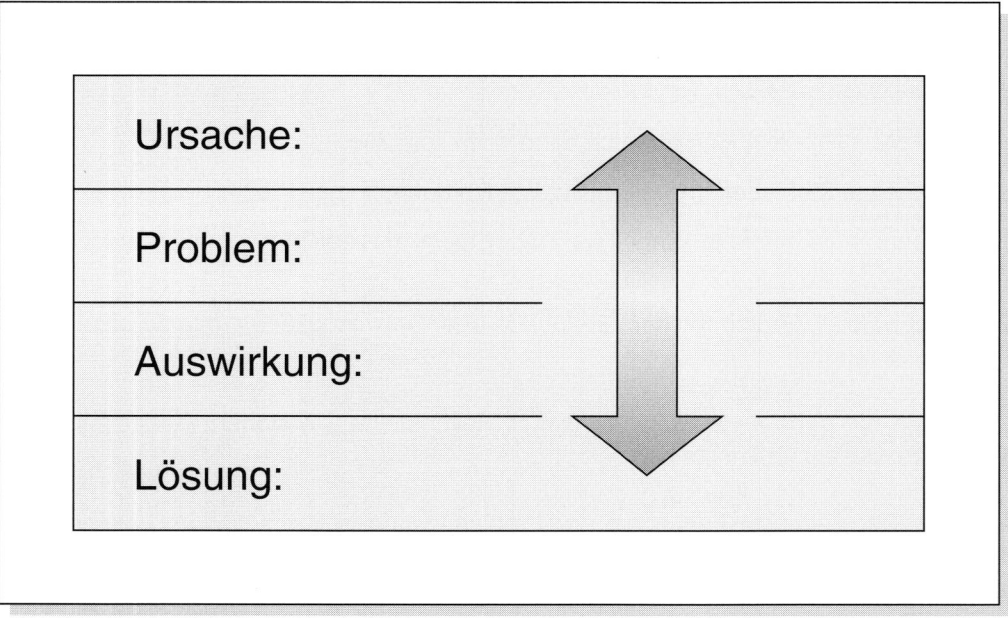

Ursache:

Problem:

Auswirkung:

Lösung:

Im vorangegangenen Abschnitt haben Sie verschiedene Anregungen gesehen, um Ihr Stressfeld zu finden. Nehmen Sie sich ein Blatt Papier, zeichnen Sie diesen Kasten mit den vier Ebenen. Tragen Sie Ihr Stressfeld am besten erst mal unter »Problem« ein. Sicherlich hat es auch eine Auswirkung – sonst würden Sie es ja nicht als Problem bezeichnen.

Interessant wird es bei der Frage der Ursache: Sie wissen, dass die Suche von Ursachen bei anderen in den meisten Fällen ein Irrweg ist. Lesen Sie evtl. noch mal nach: Abschnitt 3.4 (Drei Fehler, die garantieren, dass Ihr Stress anhält) und Abschnitt 4.2 (Autonomie ist ein lebenslanges persönliches Entwicklungsziel). Suchen Sie also so weit wie möglich nach Quellen in Ihnen selbst.

Machen wir ein Beispiel:

Ihr erster Durchgang: Angenommen, Sie werden von Kollegen gemein behandelt (»Mobbing«). Das betrachten Sie als Ihr »Problem«. Als Ursache fällt Ihnen sofort ein, dass die Kollegen ... Stopp – Die Frage muss lauten: Wo liegen Gründe oder Ursachen in mir? Jetzt kommen Sie vielleicht darauf, dass Sie sich nicht genug zur Wehr setzen. Also sieht das Schema bis jetzt so aus:

Ursache: Ich wehre mich nicht genug.

Problem: Meine Kollegen mobben mich.

Auswirkung:

Lösung:

Ihr zweiter Durchgang: Jetzt verschieben Sie alles um eine Ebene. Ihr bisheriges »Problem« wird jetzt also zur »Auswirkung«. Ihre bisherige Ursache wird jetzt zum »Problem«. Das sieht dann so aus:

Ursache:

Problem: Ich wehre mich nicht genug.

Auswirkung: Meine Kollegen mobben mich.

Lösung:

Jetzt fehlt die Ursache. Da Sie jetzt erkannt haben, dass das Problem in Ihnen liegt, gehen Sie auf die Suche. In diesem Beispiel lesen Sie noch mal bei den Verhaltens-präferenzen nach, was das Problem von Harriet und ihrer Neigung zur Harmonie ist. Sie stellen schließlich fest, dass es für Sie schwierig ist, Konflikte zu ertragen.

Ihr dritter Durchgang sieht dann so aus:

Ursache: Ich kann nur schwer Konflikte ertragen.

Problem: Ich wehre mich nicht genug.

Auswirkung: Meine Kollegen mobben mich.

Lösung:

Die Kette Ursache – Problem – Auswirkung können Sie beliebig oft nach unten verschieben, bis Sie bei der richtigen Ursache angekommen sind (nur nicht bei Ihren Eltern!).

Wenn Sie mit Ihrer Suche nach der Ursache zufrieden sind, können Sie endlich nach der »Lösung« suchen. In diesem Fall schauen Sie bei Harriet nach, wie eine Lösung aussehen könnte. Selbstverständlich können Sie sich auch andere Lösungen überlegen, die Ihnen sinnvoller erscheinen. Das, was unter den Verhaltenspräferenzen beschrieben ist, sind ja nur Anregungen. Sie helfen Ihnen aber, die Richtung zu finden, die Ihnen hilft, Ihre Widerstandsfähigkeit gegen Stress zu verbessern.

Häufige Fehler bei der Problemdefinition:

Fehler Nr. 1: Statt des Problems wird eine Lösung genannt

Wenn wir statt des Problems eine Lösung nennen, dann liegt die Lösung sofort fest – eine Lösung, die eventuell gar nicht zum eigentlichen Problem passt oder zumindest nicht die beste ist. Wir engen unseren Blickwinkel von vornherein unnötig ein.

Fehler Nr. 2: Statt des Problems wird eine Auswirkung genannt

Wenn wir statt des Problems von dessen Auswirkung ausgehen, dann kennen wir unser Problem nicht. Möglicherweise können wir unser Problem infolgedessen auch nicht lösen oder verschwenden Energie auf Maßnahmen, die unser Problem nicht lösen.

Fehler Nr. 3: Statt des Problems wird eine Ursache genannt

Damit laufen wir Gefahr, Energie auf Lösungen zu verschwenden, die gar kein Problem darstellen. Erst aus Sicht des Problems können wir feststellen, was eine zu behebende Ursache ist.

Sie stehen vor Meilenstein 2:

Mir ist mein Problem klar, aber ich habe noch kein Ziel

Die wenigsten Leute – selbst in der Wirtschaft – sind in der Lage, ein Ziel sachgerecht zu formulieren, so dass dieser Schritt seine mächtige seelische Kraft entfaltet. Hier die richtige Form:

Ein Ziel ist immer ein Zustand – niemals eine Tätigkeit. Richtig wäre z. B.: »Pro Woche habe ich mindestens zweimal eine halbe Stunde Bewegung« oder »Spätestens alle drei Tage habe ich die Bitte eines anderen abgelehnt«. Falsch wäre: »Spazieren gehen« oder »widersprechen«. Ein Ziel ist also immer ein Punkt, an dem etwas erreicht ist oder aber ein Punkt, ab dem etwas dauerhaft besteht (Beispiel: »Seit Beginn des Urlaubs rauche ich nicht mehr«).

Ein Ziel sollte immer einen Termin enthalten, an dem oder ab dem etwas erreicht ist. Deshalb fangen Ziele übrigens meistens mit »A« an: Am 31.03. bin ich für die Foto-gruppe der VHS angemeldet. Am 31.03. habe ich mein Vorhaben X abgeschlossen. Ab 31.03. rauche ich nicht mehr, usw.

Nach meiner Beobachtung ist das Schwierigste an der ganzen Problemlösung die Definition des Zieles. Wundern Sie sich also nicht, wenn Sie daran zu knabbern haben. Soweit es Ihnen möglich ist: Es würde Ihnen das Vorgehen sehr erleichtern, wenn Sie Ihre Überlegungen mal jemand anderem erzählen könnten, der zuhören kann.

Bei Ihrer Zielfindung ist es hilfreich, wenn Sie zunächst überlegen, wo Sie den Hebel ansetzen wollen:

1. Kann ich das Eintreten der Situation verhindern? Kann ich irgendwie sicherstellen, dass es gar nicht erst wieder zu dieser Situation kommt oder dass sie seltener ent-steht? Kann ich dabei andere einbeziehen?

2. Kann ich den Ablauf der Situation beeinflussen? Gibt es irgendwelche Mittel und Wege, in der Situation etwas zu tun, zu verhindern, anders zu machen, Neues zu probieren?

3. Kann ich die Folgen der Situation beeinflussen? Kann ich nach der Situation etwas an deren Auswirkungen ändern? Kann ich das z. B. technisch-organisatorisch lösen oder durch eine andere Einstellung zu den Folgen?

Im nächsten Abschnitt finden Sie die Kopiervorlage »Meine Ziele«. Bitte füllen Sie diese sorgfältig aus. Ein gründlich durchdachter Plan erhöht die Erfolgsaussichten beträchtlich.

Sie stehen vor Meilenstein 3:

Ich habe ein Ziel, aber ich weiß nicht, wie ich dahin kommen soll

Jetzt ist Ihre Kreativität (übrigens: jeder kann kreativ sein) gefragt. Einige Anregungen finden Sie schon bei den Verhaltenspräferenzen. Wichtig ist in dieser Phase: »Spinnen« Sie kräftig herum, finden Sie Lösungen, über die Sie nur schmunzeln können, die völlig unrealistisch sind, träumen Sie. Der Mensch denkt nämlich assoziativ, das bedeutet, ihm fällt zu allem Möglichen immer noch alles Mögliche ein. Auch Witziges, Unrealistisches fördert neue Ideen. Irgendeine wird dann schon realistisch und zweckmäßig sein. Wenn Sie mit jemand anders zusammen Ideen suchen, gilt eine wichtige Regel: Wenn Sie zwischendurch nicht mal kräftig gelacht haben, machen Sie bei der kreativen Suche nach Lösungen arbeitstechnisch einen schweren Fehler.

Vladimir Rentla in DIE ZEIT

Sie stehen vor Meilenstein 4:

Ich kenne verschiedene Wege, weiß aber nicht, für welchen ich mich entscheiden soll

Drei Gründe können Entscheidungen sehr erschweren:

1. Ihr Vorhaben ist sehr komplex.

2. Die Lösungsmöglichkeiten machen Sie gefühlsmäßig sehr betroffen.

3. Sie sind müde.

Für den Fall, dass es für Sie schwierig ist, sich zu entscheiden, ob Sie etwas tun, oder sich zu entscheiden, welche der Lösungsmöglichkeiten Sie wählen sollen, darf ich Ihnen aus dem »Meer« der Methoden eine einfache Möglichkeit vorschlagen:

Tragen Sie mehrere Tage einen Notizzettel mit sich und notieren Sie, was alles für und was alles gegen die Lösungsmöglichkeit spricht. Lassen Sie sich dazu Zeit (oder machen Sie es schneller mit anderen zusammen). Schließlich zeichnen Sie eine Tabelle:

Das spricht für die Lösung	Gewichtung: 1 = unwichtig 5 = wichtig	Das spricht gegen die Lösung	Gewichtung: 1 = unwichtig 5 = wichtig
Argument 1		Argument	
Argument 2		Argument	
	Summe		Summe

Diese Tabelle verwenden Sie, um zu entscheiden, ob Sie etwas machen sollen oder nicht: Vergleichen Sie die Summe von Pro und Kontra.

Wenn Sie sich zwischen mindestens zwei Lösungsmöglichkeiten entscheiden wollen, sieht die Tabelle so aus:

Das spricht für die Lösung Nr. 1	Gewichtung: 1 = unwichtig 5 = wichtig	Das spricht für die Lösung Nr. 2	Gewichtung: 1 = unwichtig 5 = wichtig
Argument 1		Argument	
Argument 2		Argument	
	Summe		Summe

Auch hier hilft Ihnen der Vergleich der Summen bei Ihrer Entscheidung. Diese Tabelle können Sie beliebig erweitern für mehr Lösungsmöglichkeiten.

Sie stehen vor Meilenstein 5:

Ich kenne den Weg zu meinem Ziel, habe aber Schwierigkeiten, das durchzuziehen

Änderungen von Einstellung und Verhalten gehören zum Schwierigsten für uns. Es ist deshalb für die erfolgreiche Umsetzung wichtig, den »Berg« in überschaubare Portionen aufzuteilen. Dazu eignet sich eine Aufgabenliste.

Aufgabe	Zu erledigen bis:
Aufgabe 1	Termin 1
Aufgabe 2	Termin 2
Aufgabe 3	Termin 3

Wichtig ist, zuerst einmal alle Aufgaben zu sammeln, die auf dem Weg zum Ziel erledigt werden müssen.

Die zeitliche Reihenfolge tragen Sie am besten in ein Balkendiagramm ein:

Aufgabe	Grobtermine (z. B. Monate)
Was?	Feintermine (z. B. Wochen)
Aufgabe 1	
Aufgabe 2	
Aufgabe 3	
Aufgabe 4	
Aufgabe 5	
Aufgaben	

Sie sehen, wir haben hier die Zeit nicht als Termine eingetragen, sondern als Balken. Sie zeigen den Beginn, die Dauer und den Abschluss einer Aufgabe ein. Dieses Schema hat den großen Vorteil, dass es viel übersichtlicher ist als eine Tabelle, in der das Datum in Zahlen steht. Dieses Bild hängen Sie sich an die Wand.

Um Misserfolgen vorzubeugen: Dies ist eine Planung. Eine Planung enthält immer Fehler, die z. B. durch Unvorhergesehenes entstehen. Wenn das passiert, dann ändern Sie Ihren Plan entsprechend ab – und machen tapfer weiter.

Vergessen Sie nicht, sich kräftig zu belohnen, wenn Sie wieder eine Aufgabe abgeschlossen haben (siehe Abschnitt 4.4, Wofür lebe ich eigentlich?)!

Und noch ein kleiner Hinweis: Sie sollten sich ernst nehmen. Deshalb tragen Sie immer und überall Zettel und Stift bei sich. Die besten Ideen fallen einem an den unmöglichsten Orten zu den unmöglichsten Zeiten ein. Notieren Sie Ideen sofort, bevor Sie sie vergessen oder die Erinnerung von dem, was dazwischen wieder alles passiert, hinweg gespült wird. Profis haben stets eine Kladde (einen Ringblock mit leeren Seiten) bei sich. Sie tragen dort alles Wichtige ein – eben auch ihre Ideen. Über jede Eintragung gehört das Datum.

Und nun viel Erfolg!

7.3   Meine Ziele

Name:

Meine persönlichen Ziele für 20...

begonnen am:

Meine persönlichen Ziele für das Jahr 20...

1. Arbeitsschritt: »Klarheit schaffen«:

Meine Visionen und Wünsche für das Jahr 20...

Eine Vision ist eine allgemeine grobe Richtung, von der Sie sich wirksame Verbesserung Ihrer Widerstandsfähigkeit gegen Stress versprechen. Hier finden Sie Beispiele für Bereiche Ihres Lebens, in denen Sie suchen können:

- **Selbst-Belohnung**
- **Ehe, Partnerschaft, Familie**
- **Leidenschaft, Hobby, Interessen**
- **Aktivitäten, Arbeit, Karriere, Beruf**
- **Freunde, Beziehungen, Kontakte**
- **Kenntnisse, Wissen, Fortbildung**
- **Sport, Fitness, Gesundheit**
- **Kultur: Theater, Kino, Literatur u. a.**
- **Finanzen, Einkommen**
- **Wohnung, Haus**
- **Urlaub, Entspannung**

Auf der nächsten Seite tragen Sie Ihre Visionen und Wünsche ein

Meine persönlichen Ziele für das Jahr 20...

Meine Visionen und Wünsche für das Jahr 20...

(Bitte zunächst erst einmal alles aufschreiben, was Ihnen in den Sinn kommt, denn Papier ist geduldig ...)

mindestens zehn Nennungen:

Meine persönlichen Ziele für das Jahr 20...

2. Arbeitsschritt: »Meine nächsten sechs Monate«

Welche dieser Visionen oder Wünsche werde ich in den nächsten sechs Monaten anstreben und realisieren?

Wählen Sie drei aus. Beschreiben Sie diese Ziele auf den nächsten Seiten genauer durch die folgenden Fragen:

- **Zweck: Warum ist dieses Ziel für mich wichtig? Was würde sich dadurch in meinem Leben und im Leben wichtiger anderer Personen verändern?**

- **Was genau will ich erreichen (Ziel)?**

- **Bis wann genau?**

- **Woran werde ich sehen, ob ich es erreicht habe?**

- **Wen und was genau brauche ich dazu?**

Meine persönlichen Ziele für das Jahr 20...

2. Arbeitsschritt: »Meine nächsten sechs Monate«:

Erste Zielbeschreibung:

- **Zweck:**

- **Das genau will ich erreichen (Ziel):**

- **Termin (auf den Tag genau):**

- **Daran werde ich sehen, dass ich es erreicht habe:**

- **Dazu brauche ich:**

  Folgende Personen:

  Folgende Dinge:

Meine persönlichen Ziele für das Jahr 20...

2. Arbeitsschritt: »Meine nächsten sechs Monate«:

Zweite Zielbeschreibung:

- **Zweck:**

- **Das genau will ich erreichen (Ziel):**

- **Termin (auf den Tag genau):**

- **Daran werde ich sehen, dass ich es erreicht habe:**

- **Dazu brauche ich:**

  Folgende Personen:

  Folgende Dinge:

Meine persönlichen Ziele für das Jahr 20...

2. Arbeitsschritt: »Meine nächsten sechs Monate«:

Dritte Zielbeschreibung:

- **Zweck:**

- **Das genau will ich erreichen (Ziel):**

- **Termin (auf den Tag genau):**

- **Daran werde ich sehen, dass ich es erreicht habe:**

- **Dazu brauche ich:**

  Folgende Personen:

  Folgende Dinge:

Meine persönlichen Ziele für das Jahr 20...

3. Arbeitsschritt: Zielfixierung

Welches Ziel ist für mich so wichtig und dringlich, dass ich es in den nächsten sechs Wochen realisieren werde?

(Formulieren Sie Ihr Sechswochen-Ziel möglichst positiv und präzise. Verwenden Sie die Gegenwartsform! Verwenden Sie kein »Ich will« oder »Ich möchte«, sondern beschreiben Sie den Endzustand – formulieren Sie einfach so, als ob Sie das Ziel schon erreicht hätten! Prüfen Sie, ob Sie das Ziel allein ohne Mithilfe anderer erreichen können.)

Mein Sechswochen-Ziel:

Meine persönlichen Ziele für das Jahr 20...

4. Arbeitsschritt: Zielerreichung

So weit habe ich Ziel Nr. 1 erreicht:

Ziel erreicht?

Meine Belohnung:

Falls nicht, warum?

So weit habe ich Ziel Nr. 2 erreicht:

Ziel erreicht?

Meine Belohnung:

Falls nicht, warum?

So weit habe ich Ziel Nr. 3 erreicht:

Ziel erreicht?

Meine Belohnung:

Falls nicht, warum?

7.4   Stress verringern durch intelligenteres Arbeiten

Diese Anregungen sind angelehnt an das Buch von Lothar J. Seiwert, »Mehr Zeit für das Wesentliche«. Es sei allen empfohlen, die in Arbeit versinken.

Am Beginn jeder Verbesserung der Organisation jeder Arbeit steht eine einfache Planung: Sie führen eine Liste der anstehenden Arbeiten, die Sie nach Wichtigkeit ordnen. Diese schreiben Sie jeden Tag neu.

Morgens nehmen Sie die erste Aufgabe in Angriff und bleiben dabei, bis sie erledigt ist. Versuchen Sie anschließend, die nächstwichtige Aufgabe in einem Zug zu lösen. Legen Sie fest, wann Sie damit aufhören. Erfinden Sie kleine Belohnungen, die Sie sich gönnen, wenn Sie etwas geschafft haben.

Die Aufgaben unterteilen Sie in:

a) Muss-Aufgaben

b) Soll-Aufgaben

c) Kann-Aufgaben

Dadurch vermeiden Sie die schlimmsten Sünden der Arbeitseinteilung:

... zuerst die leichteste Arbeit oder

... zuerst die interessanteste Arbeit oder

... zuerst die Arbeit mit dem geringsten Zeitaufwand.

Gehen Sie bei der Auswahl Ihrer Arbeit also nur nach der Dringlichkeit oder Bedeutung vor.

Ein paar Tipps gegen den Stress bei der Arbeit

Legen Sie Ziele für wichtige Vorhaben fest, die immer zu kurz kommen

Erinnern Sie sich an das bereits zitierte Gedicht von Tucholsky: »Irgendwas ist immer«.
Rechnen Sie fest damit, dass die ganze Welt (auch Sie selbst?) sich darin einig ist, Sie
von Ihren Vorhaben abzuhalten durch Dinge, die dazwischenkommen. Grundsätzlich
leiden wichtige Vorhaben immer unter Aufgaben, die der Alltag unvorhergesehen von
Ihnen fordert.

Verplanen Sie höchstens einen halben Tag

Viele nehmen sich zu viel vor. Wenn Sie Ihre Aufgaben geordnet haben, dann nehmen
Sie sich eine begrenzte Zeit, um die ersten davon zu erledigen. Nach der Erledigung
genießen Sie den Erfolg, etwas geschafft zu haben. Bei vielen bringt es schon viel,
wenn Sie sich wenigstens eine Stunde am Tag für wichtige Vorhaben reservieren, die
Sie dann aber konsequent durchziehen. Sorgen Sie dafür, dass Sie durch nichts, aber
auch gar nichts gestört werden können. Stress kommt nicht von Aufgaben, die wir nicht
erledigt haben, sondern von dem, was wir erledigen wollten, aber nicht geschafft
haben.

Behalten Sie das Unerledigte im Auge

Führen Sie Ihren Plan jeden Tag fort, indem Sie Unerledigtes auf den nächsten Plan
übertragen.

Erledigen Sie Kompliziertes zu Ihrer besten Tageszeit

Die Fähigkeit, schwierige Entscheidungen zu treffen und komplizierte Aufgaben zu
lösen, hängt extrem davon ab, wie ausgeruht Sie sind. Finden Sie heraus, wann Sie
geistig am besten arbeiten können. In diese Zeit legen Sie schwierige Aufgaben.

Das größte Problem: Die Selbstdisziplin

Denken Sie ja nicht, der Kampf mit dem Inneren Schweinehund wäre Ihre Erfindung.
Nein, wir alle haben ihn und jeder kämpft damit. Bedenken Sie den Lohn, der Ihnen
winkt: weniger Stress, weniger im Kopf, weniger schlechtes Gewissen – und am Ende
noch eine schöne Belohnung.

7.5 Entspannungstechnik

Diejenigen unter Ihnen, die keinen Kursus aufsuchen werden oder können, finden hier eine Kurzanleitung für Entspannungstechniken. Grundlage ist hier, dass sich der seelische Spannungszustand über die vorsätzliche Arbeit mit der Muskulatur verringern lässt. Diese Übungen müssen Tag für Tag wiederholt werden, damit sie lernen, sich vorsätzlich und in kurzer Zeit entspannen zu können.

Übung 1: Anspannen und Entspannen

Lesen Sie vor Beginn diesen Schritt bis zu Ende durch. Sie werden jetzt nacheinander verschiedene Muskeln kräftig für fünf bis zehn Sekunden anspannen. Das machen Sie mehrmals hintereinander, bis Sie die erste Entspannung spüren.

Machen Sie es sich also behaglich und bequem (Sessel/Liege/Bett). Schließen Sie die Augen.

Rechte Hand anspannen (Faust) und entspannen

Linke Hand

Rechter Arm

Linker Arm

Linke Hand und linker Arm

Rechte Hand und rechter Arm

Linkes Bein fest gegen Widerstand pressen (leicht angewinkelt) und entspannen

Rechtes Bein

Übung 2: Schweregefühl

Hier hilft Ihnen Selbst-Suggestion: Jetzt lassen Sie den rechten Arm lose und entspannt liegen. Reden Sie sich (fünf- bis zehnmal) ein: »Mein rechter Arm ist ganz schwer«.

Wiederholen Sie das mit dem linken Arm.

Rechtes Bein

Linkes Bein

Und jetzt mit dem ganzen Körper: »Ich bin so schwer«

Das richtige Schweregefühl stellt sich allerdings erst nach ca. einer Woche ein. Lassen Sie sich nicht entmutigen.

Bleiben Sie nach dieser Übung noch ein paar Minuten in der Entspannungshaltung. Danach spannen Sie den ganzen Körper ruckartig dreimal an und ab. Das bringt Sie wieder in einen alltagstauglichen Zustand.

Erst jetzt öffnen Sie wieder die Augen.

Übung 3: Wärmegefühl

Mit dieser Übung beginnen Sie erst, wenn Sie die vorhergehende Übung »Schwere-gefühl« beherrschen. Auch hier wenden Sie wieder Selbst-Suggestion an: Diesmal reden Sie sich ein: »Mein rechter Arm ist ganz warm«.

So wird Ihr Arm besser durchblutet. Er wird tatsächlich leicht wärmer (üben!).

Jetzt mit dem linken Arm.

Rechtes Bein, linkes Bein

Kribbeln ist ein gutes Zeichen für Durchblutung.

Übung 4: Ruhige Atmung

Mit dieser Übung beginnen Sie erst, wenn Sie die vorhergehende Übung »Wärmege-fühl« beherrschen.

Lassen Sie Ihrer Atmung freien, ruhigen Lauf: »Es atmet mich«.

Lassen Sie einen ruhigen Rhythmus entstehen.

Atmen Sie mit dem Zwerchfell durch Heben und Senken Ihrer Bauchdecke. Atmen Sie tief ein und langsam aus. Warten Sie ein wenig, dann wieder tief ein- und ausatmen.

Übung 5: Serie üben

Lassen Sie sich Zeit.

Führen Sie die Schritte 2 bis 4 nacheinander aus.

Verwenden Sie immer häufiger: »Ich bin ganz ruhig«.

Zeitpunkt: Wann sollten Sie sich entspannen?

Die Übungen sollten Sie zumindest zweimal am Tag machen, z. B. vor und nach der Arbeit.

Und jetzt kommt der Lohn für Ihre Mühe: Wenn Sie fortgeschritten sind, wird der Zeitaufwand immer kürzer. Nachher brauchen Sie tatsächlich nur noch mindestens fünf Minuten, bis Sie den Entspannungszustand erreichen. Das geht z. B. auch im Büro auf einem Stuhl. Sorgen Sie aber dafür, dass Sie wissen, Sie können nicht gestört werden.

Viele haben Schwierigkeiten einzuschlafen. Weder Alkohol, Schlaftabletten noch Fernsehen helfen Ihnen wirklich. Eine Entspannungsübung hilft besser. Vor allem: Ihr Organismus »lernt« wieder richtiges Einschlafen. Damit können Sie auch hervorragend das »Karussell« der finsteren Gedanken unter dem viele leiden bei nächtlichem Aufwachen anhalten.

»Schafe zählen« ist nicht jedermanns Sache. Vielen hilft es aber, sich eine schöne Phantasie zu machen. Erinnern Sie sich an eine Situation, die Sie total schön fanden, und lassen Sie die Gedanken laufen..

Machen Sie jeden Tag weiterhin Entspannungsübungen – damit Sie es nicht wieder verlernen.

Wenn es gar nicht geht:

Es gibt Menschen, die sich mit dem Entspannen sehr schwer tun. Oft befürchten Sie so genannten »Kontrollverlust«. Sie können es nur schwer ertragen, sich immer unter Kontrolle zu haben. Wer sich anstrengt, um sich zu entspannen, kann es selbstverständlich nicht schaffen. Anstrengung und Entspannung schließen sich ja gegenseitig aus. Sie sollten in diesem Fall doch einen Kursus besuchen oder die Hilfe eines Psychologen in Anspruch nehmen.

Für manche Menschen ist das Gefühl der Entspannung so ungewohnt, dass sie es als körperlich unangenehm empfinden. Wenn sich das nicht bald legt, sollten Sie die Übungen bitte nur unter Anleitung eines Psychologen fortsetzen.

Statt eines Schlusswortes:
Nun sind Sie wieder mit sich allein...

Das stimmt nicht ganz: Sie haben ja dieses Buch! Eine Freundin verwendet einen guten Trick: Sie hat auch ein Buch, aus dem sie für sich wichtige Vorhaben festgehalten hat. Sie lässt ihr Buch nicht im Regal verschwinden. Es liegt immer irgendwo in ihrer Wohnung herum. Nur weil es da liegt, wird sie immer wieder an die Dinge erinnert, die sie sich vorgenommen hat. Nur ganz gelegentlich blättert sie mal wieder darin.

Und noch eine Bemerkung zu Ihrem Plan, bzw. Ihren Zielen: Ein Plan ist stets nur eine Schätzung. Selten laufen die Dinge so, wie wir sie uns vorgenommen haben. Das geht jedem so. Sie sollten also bei Planabweichungen kein schlechtes Gewissen haben.

Es ist nämlich gar nicht so wichtig, ob Sie sich genau an Ihren Plan halten. Etwas anderes ist hingegen sehr wichtig, nämlich dass Sie überhaupt einen Plan haben!

Wenn Sie einen Plan haben und sich durch das bei Ihnen herumliegende Buch öfter mal an das erinnern lassen, was Sie sich vorgenommen haben, dann tritt allmählich ein Lerneffekt ein. Immer wieder werden Ihnen Gedanken durch den Kopf gehen. Wie war die Situation? Habe ich mich genauso verrückt machen lassen wie früher? Was hatte ich mir vorgenommen?

Kürzlich wurde ein Einfamilienhaus für ein Zehntel des Kaufpreises zwangsversteigert. Die bedauernswerte Familie war ruiniert und musste Privatinsolvenz anmelden. Sie hatte schrecklichen Stress. Aber worin bestand denn nun der Stress? Er bestand nur im Kopf. Nach unserem Gespräch waren sie von ihrer fixen Idee befreit und fanden neue Wege, mit ihrem Leben wieder Lohnenswertes anzufangen.

Ich wünsche Ihnen besten Erfolg, Ihrer Stressfalle zu entkommen!

Das ✦ Windmühle Verlagsprogramm

Seminarkonzepte und Übungen

Mehr Erfolg im Team
Francis/Young, 5. Auflage
ISBN 978-3-922789-64-2, € 35,00

Strategien der Konfliktlösung
Lumma, 3. Auflage
ISBN 978-3-937444-09-3, € 34,50

Die Teamfibel
Lumma, 4. Auflage
ISBN 978-3-937444-01-7, € 38,50

Icebreaker
Kalnins/Röschmann, 3. Auflage
ISBN 978-3-922789-80-2, € 32,50

111 x Spaß am Abend
Röschmann, 4. Auflage
ISBN 978-3-937444-02-4, € 17,50

Arbeitskatalog der Übungen und Spiele
Röschmann/Weber, 7. Auflage
ISBN 978-3-937444-06-2, € 75,00

Übungen zur Transaktionsanalyse
Rüttinger/Kruppa, 4. Auflage
ISBN 978-3-937444-00-0, € 24,50

Kreativ sein kann jeder
Wack/Detlinger/Grothoff, 2. Auflage
ISBN 978-3-922789-42-0, € 22,50

Das Outdoor-Seminar in der betrieblichen Praxis
Renner/Strasmann (Hrsg.)
ISBN 978-3-922789-86-4, € 29,80

Methodik/Didaktik

ModerationsMethode
Klebert/Schrader/Straub, 3. Auflage
ISBN 978-3-937444-07-9, € 42,50

Kurzmoderation
Klebert/Schrader/Straub
ISBN 978-3-922789-95-6, € 25,50

Winning Group Results
English edition of »Kurzmoderation«
Klebert/Schrader/Straub, 2. Auflage
ISBN 978-3-922789-36-9, € 28,50

Seminar für Trainer
Köhl
ISBN 978-3-922789-60-4, € 22,50

Workbook
Dierichs/Helmes/Schrader/Straub
ISBN 978-3-922789-12-3, € 106,00

Beratung in Aktion
Benien, 2. Auflage
ISBN 978-3-922789-98-7, € 29,80

Stolpersteine meistern
Bönsch/Poplutz
ISBN 978-3-922789-90-1, € 28,50

Verhalten und Einstellungen ändern
Martens, 4. Auflage
ISBN 978-3-922789-71-0, € 40,00

Das pädagogische Rollenspiel in der betrieblichen Praxis
Brenner/Clausing/Kura/Schulz/Weber
ISBN 978-3-922789-59-8, € 30,50

Optische Sprache
Schrader/Biehne/Pohley
ISBN 978-3-922789-40-6, € 21,00

Das ✹ Windmühle Verlagsprogramm

Personalführung/ Personalmanagement

Das Prinzip der minimalen Führung
Kissel/Tschinkel, in Vorbereitung

Lizenz zum Führen?
Freimuth/Zirkler (Hrsg.)
ISBN 978-3-922789-83-3, € 28,50

Erfolg durch Coaching
Meinhardt/Weber, 3. Auflage
ISBN 978-3-937444-03-1, € 32,50

Führung: Theorie und Praxis
Klutmann
ISBN 978-3-922789-96-3, € 25,00

Führung: Übungen für das Training mit Führungskräften
Klutmann, ISBN 978-3-937444-04-8, € 35,00

Kündigungsgespräche
Schrader/Küntzel
ISBN 978-3-922789-55-0, € 15,50

Kündigung als Chance
Schrader/Küntzel
ISBN 978-3-922789-66-6, € 5,00

Die ersten Tage im Betrieb
Schrader (Hrsg.), 2. Auflage
ISBN 978-3-922789-70-3, € 25,50

Personalentwicklung/ Organisationsentwicklung

Personalentwicklung im Werk
Fischer/Uhlenbrock/Beutel/Vomberger (Hrsg.)
ISBN 978-3-922789-25-3, € 25,00

Odysseus im Konzern
Runge/Weibel/Ruegg
ISBN 978-3-922789-81-9, € 30,50

Bereit zur Veränderung?
Straub/Forchhammer/Brachinger-Franke
2. Auflage, ISBN 978-3-922789-84-0, € 30,50

Reihe: Moderation in der Praxis

Band 1: Kurskorrektur Schule
Nissen/Iden 2. Auflage
ISBN 978-3-922789-75-8, € 25,50

Band 2: Konfliktmoderation
Redlich, 6. Auflage
ISBN 978-3-922789-63-5, € 28,50

Band 3: Prozesskompetenz in der Projektarbeit
Mayrshofer/Kröger, 3. Auflage
ISBN 978-3-937444-08-6, € 32,50

Band 4: Visualisieren in der Moderation
Schnelle-Cölln/Schnelle
ISBN 978-3-922789-50-5, € 25,50

Band 6: Kundenkonferenz
Böhm
ISBN 978-3-922789-73-4, € 22,50

Band 7: Potential:Konflikte
Redlich/Ellirg
ISBN 978-3-922789-78-9, € 30,50

Band 8: Seminarmoderation
Schwiers/Kurzweg
ISBN 978-3-922789-89-5, € 19,90

Band 9: Woran Workshops scheitern
Revers
ISBN 978-3-922789-93-2, € 19,90

Das  Windmühle Verlagsprogramm

Ratgeber

Entkommen Sie der Falle Stress
Oetting
ISBN 978-3-937444-10-9, € 16,50

Reihe: Assessment Center

Band 1: Das Assessment Center in der betrieblichen Praxis
Arbeitskreis Assessment Center (Hrsg.)
2. A., ISBN 978-3-922789-51-2, € 30,50

Band 2: Assessment Center auf dem Prüfstand
Arbeitskreis Assessment Center (Hrsg.)
ISBN 978-3-922789-58-1, € 25,00

Band 3: Assessment Center als Instrument der Personalentwicklung
Arbeitskreis Assessment Center (Hrsg.)
ISBN 978-3-922789-57-4, € 35,00

Band 4: Qualitätsstandards für Personalentwicklung in Wirtschaft und Verwaltung
Höft/Wolf
ISBN 978-3-922789-92-5, € 35,00

Reihe: Schule leiten – managen – moderieren

Band 1: Schulprogramm starten
Nissen
ISBN 978-3-922789-85-7, € 18,50

Band 2: Evaluation
Radewaldt u. a.
ISBN 978-3-937444-05-5, € 19,50

Windmühle Verlag GmbH
22122 Hamburg
Telefon +49 40 679430-0
Fax +49 40 67943030
www.windmuehle-verlag.de

 Windmühle

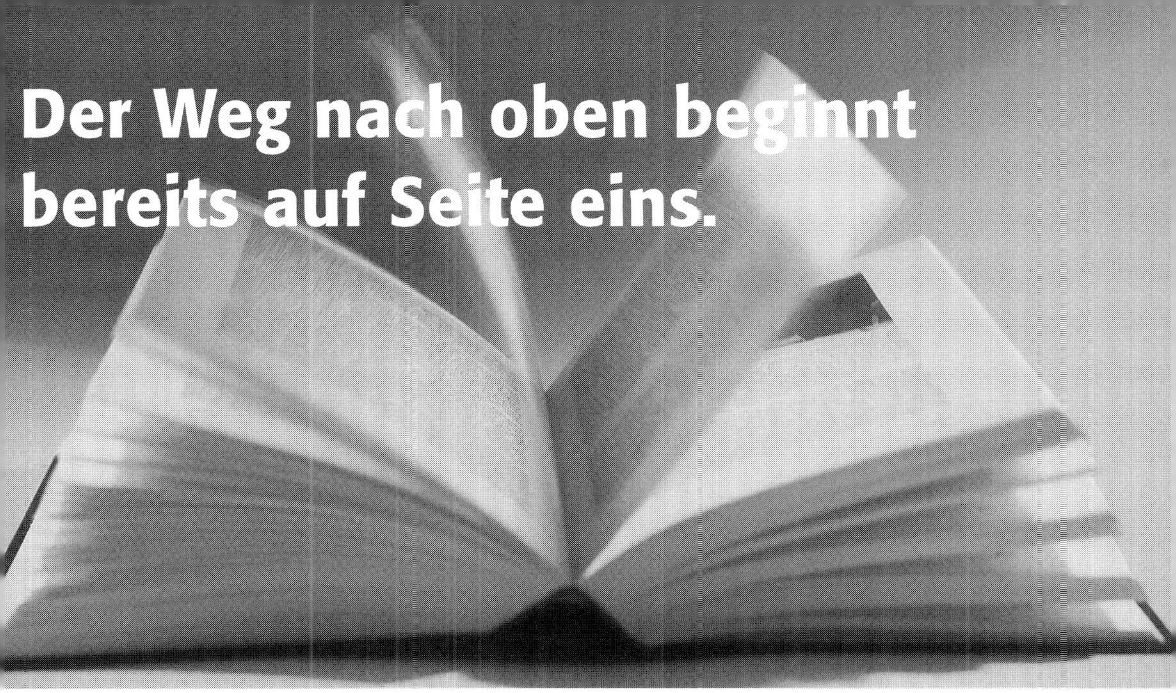

Der Weg nach oben beginnt bereits auf Seite eins.

Wer heute in der Berufswelt bestehen will, baut am besten auf eine solide Ausbildung – und sorgt mit gezielter Weiterbildung dafür, auch morgen noch auf dem neuesten Wissensstand zu sein. Der FELDHAUS VERLAG mit seinem umfassenden Angebot ist dabei der richtige Partner.

Unsere Titel auf einen Blick:

Kenntnisse des Ausbilders (AEVO)
- Die Ausbilder-Eignung
- Der Berufsausbilder
- Handlungsfeld Ausbildung
- Prüfungswissen
- Berufsbildung –
  handelnd lernen, lernend handeln

Praxis der betrieblichen Ausbildung
- Berufsausbildung –
  Richtig vorbereitet zum Erfolg
- Das Ausbilder-Lexikon
- Der Ausbilder vor Ort
- Ausbildung rationell und zuverlässig planen
- Objektives Beurteilen von Auszubildenden
- Betriebliche Beurteilung von
  Auszubildenden
- Die Auswahl von Auszubildenden
- Rhetorik und Kinesik für Ausbilder
- Prüfungen – ein Lotteriespiel?
- Materialien zur Berufsbildung (14 Bände)

Gastgewerbe
- Ausbildungsprogramm Gastgewerbe
  (12 Bände)
- Französisch im Gastgewerbe

Außenhandel
- Verkehrslehre
- Betriebslehre

Reiseverkehrskaufleute
- Stadt, Land, Fluss

Spedition, Transportwesen
- Transportmanagement

Büroberufe
- Betriebliches Rechnungswesen
- Management im Chefsekretariat

Ausbildungsnachweise (Berichtshefte)
- für alle Berufe

Ordnungsmittel
- Ausbildungsordnungen und -rahmenpläne

Formulare
- für die Berufsausbildung

Testverfahren
- Grundwissen-Test für Auszubildende

Berufliche Weiterbildung
- Berufliche Weiterbildung –
  Richtig durchgeführt zum Erfolg
- Berufliche Neuorientierung –
  Richtig informiert zum Erfolg
- Der Industriemeister
- Mathematik und Statistik
- Wirtschaftsmathematik und Statistik
- Volkswirtschaft und Betriebswirtschaft
- Arbeits- und Sozialrecht
- Physik und Chemie
- Grundwissen Qualitätsmanagement
- Qualitätssicherung
- Der Handwerksmeister
- Rechnungswesen der Handwerksbetriebe
- Der Industriefachwirt
- Der Technische Betriebswirt
- Personalfachkauffrau/Personalfachkaufmann
- Management im Chefsekretariat
- Business Talk

Fremdsprachen
- Handelskorrespondenzen für Französisch,
  Spanisch, Italienisch, Englisch, Japanisch
- Umgangssprache Spanisch, Japanisch

Alles für Ausbildung und Aufstieg!

FELDHAUS VERLAG
22122 Hamburg
www.feldhaus-verlag.de

Telefon 040 679430-0
Fax 040 67943030
post@feldhaus-verlag.de